VITOR MACHADO

O ESPECTRO JENIPAPO

Ciências, povos indígenas e redes de conhecimento

Diretor-presidente:
Jorge Yunes

Gerente editorial:
Claudio Varela

Coordenação da edição:
Célia de Assis

Edição de originais:
Nina Basilio

Edição de texto:
Ricardo Prado

Revisão:
Yara Affonso

Suporte editorial:
Nadila Vanessa

Diagramação:
Aline Benitez

Capa:
Aline Benitez

1ª edição — São Paulo

DADOS INTERNACIONAIS DE CATALOGAÇÃO NA PUBLICAÇÃO (CIP) DE ACORDO COM ISBD

M149e	Machado, Vitor
	O espectro jenipapo: ciências, povos indígenas e redes de conhecimento / Vitor Machado. – São Paulo : Companhia Editora Nacional, 2025.
	288 p. : il. ; 15,4cm x 16,0cm.
	ISBN: 978-65-5881-248-7
	1. Ciência. 2. Povos indígenas. 3. Ciências Sociais. 4. Conhecimento. 5. Interdisciplinaridade. I. Título.
	CDD 550
2025-157	CDU 55

ELABORADO POR VAGNER RODOLFO DA SILVA - CRB-8/9410

ÍNDICE PARA CATÁLOGO SISTEMÁTICO:
1. Ciência 550
2. Ciência 55

Rua Gomes de Carvalho, 1306 – 11º andar – Vila Olímpia
São Paulo – SP – 04547-005 – Brasil – Tel.: (11) 2799-7799.
editoranacional.com.br – atendimento@grupoibep.com.br

Apresentação

Em novembro de 2005, a Organização das Nações Unidas para a Educação, a Ciência e a Cultura (Unesco) lançou um documento intitulado "Rumo às sociedades do conhecimento". Nele, a organização incitava os governos nacionais a promover o acesso amplo da população de seus países às tecnologias digitais da informação e comunicação, entre outras medidas, para efetivar a transição mundial que estaria em curso das sociedades contemporâneas, de industriais para "sociedades do conhecimento". Atualmente, a expressão se tornou de uso corrente para definir o mundo em que vivemos, cujo modo de organização social prevalecente seria aquele no qual o conhecimento é tão importante quanto a agricultura ou a indústria para engendrar a vida das pessoas. Também é empregada usualmente a expressão "sociedade da informação" ou "sociedade informacional", que indicaria que informação e conhecimento, em sentido amplo, estariam fartamente disponíveis, ao alcance das mãos.

No entanto, para mencionar alguns poucos e significativos exemplos, quantas línguas indígenas conhecemos, entre as mais de 150 faladas no Brasil? O que sabemos – para além da literatura especializada – sobre a cosmogonia de trânsito Guarani? Sobre a produção de parentesco Krahô? Sobre a astronomia Tupinambá ou a pedagogia das plantas Ashaninka? E sobre as investigações científicas Maia, Runa, Munduruku, Jamamadi, Krenak ou Kïsêdjê?

Mesmo no interior da ciência feita segundo paradigmas ocidentais, a que se refere à "sociedade do conhecimento", questões essenciais relativas ao Universo e à vida na Terra ainda são desconhecidas por nós, mesmo porque ainda são pouco conhecidas pelos próprios cientistas: as origens e flutuações energéticas do *Big Bang*, singularidade que teria dado origem ao Universo e ao futuro do Universo; o que aceleraria – em tese – a expansão do Universo; o tipo de força antigravitacional que mantém as galáxias coesas; as condições circunscritas à aparição da primeira fita cromossômica do DNA; o que é a vida; as funções que teriam os mais de 90% do DNA sobre os quais pouco se sabe; o funcionamento do cérebro e da mente.

Neste livro, todos esses temas são discutidos, assim como a ciência de diversos povos indígenas, como anteriormente citado. De grande relevância é a própria noção do que se entende como vivo: a ciência ocidental exclui da ideia de vida seres que os povos indígenas jamais excluíram, como astros, rios e montanhas. Assim como aquilo que a ciência ocidental entende como ser dotado de consciência e agência inteligente sobre o mundo (basicamente a espécie humana) não é, nem de longe, o mesmo entendimento dos povos indígenas. No próprio âmbito da pesquisa acadêmica, já vêm tomando corpo trabalhos cujos resultados têm corroborado saberes tradicionais até então considerados mitologias ou crenças. Assim, mesmo à luz dos parâmetros do conhecimento científico ocidental contemporâneo, a compreensão de que as montanhas e rios são seres vivos, a noção de que plantas são agentes ativos de conhecimento que produzem ciência e também ensinam os seus conhecimentos, são palpáveis e verificáveis.

Como se vê, este é um livro necessariamente interdisciplinar, que procura integrar cosmologia, cosmogonia, metafísica, etnologia, física, biologia, química, neurociência, filosofia da mente, epistemologia, história, ecologia, climatologia, educação e ciência. Essa segmentação de conhecimentos em disciplinas, aliás, – como se verá –, é fruto de um processo social repleto de mortes e violências, e que, para a maioria dos povos originários, a fronteira entre essas "áreas do conhecimento" é tênue ou até mesmo inexistente.

Evoca-se aqui a imagem do jenipapo, árvore indócil, indomesticável e de importância central para os povos indígenas. Seja por pertencer a uma família muito poderosa de plantas, seja por oferecer a tinta preta com a qual grande parte dos povos indígenas pintam seus corpos. O espectro do jenipapo é o horizonte de conhecimento entre mais de 300 povos indígenas com suas ciências. É um conjunto de práticas, ritos, aulas e saberes de muitos seres. Espectro que, integrado aos conhecimentos da ciência ocidental, como será proposto neste livro, vai do fóton quântico ao espírito xamânico, do observável ao não observável, de uma ponta a outra da existência. O Espectro Jenipapo é um chamado de diálogo científico.

O livro está dividido em cinco partes principais que vão do futuro ao passado para regressar ao futuro possível dos sonhos. A relação do conhecimento com a vida e a matéria é o grande fio condutor desta aventura. Afinal, "educação é para sobreviver" e ciência que não se volte à sobrevivência é estéril. E, no horizonte futuro, temos uma ameaça eminente do "fim do mundo", ou "queda do céu", ou mutação climática, com extinções e degradação acelerada de biomas e biodiversidade. Por isso, a parte inaugural do livro se chama *Fins dos mundos: um futuro distante*.

Por meio de um passeio futurista sobre o cenário que espera o planeta se nada for mudado, a dimensão de terra enquanto corpo celeste e terra enquanto chão em que se vive é amalgamada pelo pensamento ameríndio. Assim, também se encontra nessa parte dezenas de mitos indígenas sobre o fim do mundo, cataclismas e apocalipses, mostrando que as suas narrativas milenares, quase sempre de conflagração pelo fogo ou pelo dilúvio, são compatíveis com a química do gás metano e do gás carbônico, principais agentes do aquecimento global. Visto de outro modo, os mitos de fim de mundo parecem antever os tempos de hoje, com uma diferença ontológica central que é explorada no final dessa primeira parte: o fim do mundo para os povos indígenas envolve o fim de muitos seres, incluindo não humano, e de sua cadeia de relações sociais, e implicam quase sempre um recomeço, enquanto o fim do mundo dos ocidentais, explorado à exaustão pela cinematografia hollywoodiana, é visto pelo prisma do fim da espécie humana. Como se vê, não se trata do mesmo fim, embora sejam coincidentes em causa. Essa parte finaliza argumentando por qual razão deveríamos entender a existência das rochas, dos rios e de todo o mais a partir de suas relações, e não a partir de uma suposta consciência capaz de aferir existência às coisas.

Na segunda parte, chamada *Vidas: um futuro imediato*, há um redirecionamento para o que entendemos por algo vivo, ou seja, a noção de vida – e de sobrevivência. Passeamos pela história geológica da Terra, pela origem abiogênica da vida conforme entendida atualmente pela ciência ocidental, saindo dos átomos, das moléculas até o primeiro ancestral comum e ao DNA. O Sol, ser vivo mais importante para as outras formas de vida, nos levará a uma jornada cosmológica, geológica e biológica para empreender um diálogo sério entre as ciências indígenas e a biologia a fim de aproximar as cosmologias indígenas e a cosmologia ocidental científica. A montanha de fato é viva. A operação que faz com que pensemos que isso é absurdo é uma operação filosófico-ontológica, mas a vida circula em tudo que existe. Nessa parte, será central o papel do DNA, um sólido cristal feito de gases, que alcançou mais rápido a grande finalidade do Universo, que é ficar inerte. Nesse sentido, tanto a ideia de vida como a já gasta dimensão de evolução biológica das espécies serão revisitadas de diferentes perspectivas, tendo a vitalidade – ou agencialidade – das coisas – premissa indígena – como fato.

Nas duas primeiras partes do livro, há um movimento de reconsideração conceitual sobre a ideia de existência, de vida e de evolução, sempre em diálogo entre as ciências indígenas e o estado da arte mais atual da ciência ocidental. Na terceira parte, busca-se a mais ousada mudança conceitual, relativa àquilo que serve como justificativa de que os seres humanos seriam especiais, melhores ou qualquer outra ilusão desse tipo: a noção de inteligência. *Mente: incertezas do presente* tem como fio condutor o conhecimento e as formas por meio das quais outros seres também conhecem. O que é a mente? Como o cérebro funciona? Um pensamento é capturável? São algumas perguntas que serão lançadas e respondidas na direção de ampliar o pensamento para os processos que envolvem trânsito de matéria. Assim, plantas também são evidenciadas como seres inteligentes, como se verá em uma vasta literatura botânica que corrobora essa afirmação, que, por sua vez, confirma algo que os povos indígenas sempre informaram: as plantas são inteligentíssimas e educam as outras espécies.

Se o conhecimento é uma instância para além dos humanos, também o são as suas formas de produção e investigação em diferentes espécies e em diferentes sociedades. Por isso, as investigações científicas de todos os tipos são exploradas na quarta parte. *Ciências: o passado presente* faz um regresso à raiz colonial da ciência moderna e às suas crenças. A mais convicta fé dos cientistas modernos é de que a ciência é objetiva. Aqui, essa crença será enfrentada. Passando por Galileu e a cosmofísica Tupinambá, pela história da ciência e pelas ciências indígenas e suas questões epistemológicas, com exemplos e casos reais de investigações em diferentes etnias, será buscada uma nova percepção (e definição) para a ciência e as investigações científicas, que não excluem as produzidas por povos indígenas e por seres não humanos. Esse movimento será essencial para olhar para o futuro no que se refere a ciência, mais precisamente, para os seres que mais nos remetem a ele: as crianças e o processo educacional.

A última parte do livro, *Ensinamentos: o pretérito futuro*, é uma reconexão com o futuro, na medida em que a educação é a expressão máxima da reconstrução do mundo com que sonhamos. Assim, a educação, o futuro e os sonhos são as últimas conexões com a única e exclusiva finalidade do conhecimento: a sobrevivência digna. Essa parte apresenta um conjunto grande de experiências educacionais indígenas e seus múltiplos atores em uma série de proposições gerais sobre inventar novas formas de educar, lecionar e empreender investigações. Daí o apelo final à imaginação que recorta e recostura todo o livro para que o fim avistado não seja paralisante e que o futuro não seja um destino posto sem a nossa participação ou anuência.

No mito Popukare (Apurinã), etnia de língua Aruak-maipure do médio rio Purus na Amazônia central, em que o mundo pega fogo e apenas duas irmãs se salvam, pois conseguem subir em um pé de jenipapo, é a força "casca grossa" do jenipapeiro que permite o replantio do mundo em um novo roçado. Quando se pinta o corpo com pasta feita do jenipapo ralado com cinzas de fogueiras, não se trata apenas de um hábito, mas de uma relação cosmológica de resistência, socialização e reconstrução do mundo. Por isso, o fim do livro refaz as conexões imaginativas de outros mundos sonhados e o papel do sonhar para reconfigurar esse mundo e cultivar novos seres. Aqui, além de um chamado, o espectro jenipapo é um veículo de saberes convidando ao novo.

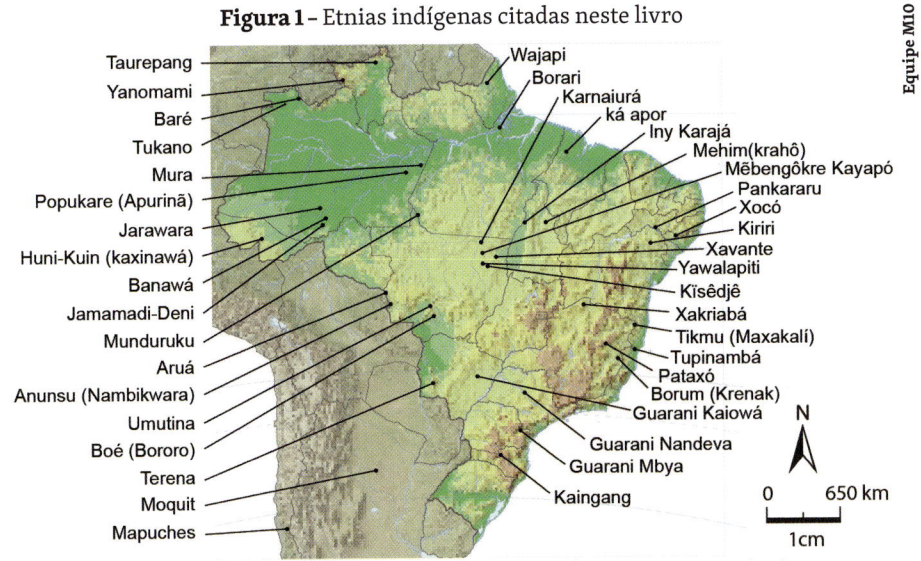

Figura 1 – Etnias indígenas citadas neste livro

Taurepang
Yanomami
Baré
Tukano
Mura
Popukare (Apurinã)
Jarawara
Huni-Kuin (kaxinawá)
Banawá
Jamamadi-Deni
Munduruku
Aruá
Anunsu (Nambikwara)
Umutina
Boé (Bororo)
Terena
Moquit
Mapuches

Wajapi
Borari
Karnaiurá
ká apor
Iny Karajá
Mehim(krahô)
Mẽbengôkre Kayapó
Pankararu
Xocó
Kiriri
Xavante
Yawalapiti
Kĩsêdjê
Xakriabá
Tikmu (Maxakalí)
Tupinambá
Pataxó
Borum (Krenak)
Guarani Kaiowá
Guarani Nandeva
Guarani Mbya
Kaingang

N

0   650 km
1cm

Equipe M10

Fonte: POVOS INDÍGENAS NO BRASIL. [S. l.], c2024. *Site*.
Disponível em: https://pib.socioambiental.org/pt/P%C3%A1gina_principal. Acesso em: 24 out. 2024.

Este livro trata de diferentes povos indígenas. Sugerimos ao leitor que, à medida que seja citado um povo especificamente, pesquise mais informações sobre a etnia em questão. O *site* "Povos Indígenas no Brasil", abrigado no portal do Instituto Socioambiental (ISA), é uma fonte abrangente e fidedigna sobre os povos indígenas no Brasil que oferece informações sobre mitologias, cosmologias, territorialidades, história e lutas desses povos.

As palavras e os conceitos com destaque em negrito contêm explicações adicionais no Glossário.

Sumário

PARTE 1

FINS DOS MUNDOS

UM FUTURO DISTANTE

[SER]

Intempéries cósmicas

Imagine que, de repente, todos os aparelhos elétricos do planeta Terra param de funcionar ao mesmo tempo. De controles remotos a pilhas, ventiladores, smartphones, geladeiras e computadores a usinas hidrelétricas, plantas industriais, satélites de telecomunicações. Mesmo aparelhos novos, guardados em lojas, já não funcionariam se ligados. O fenômeno que pode causar um evento assim, na realidade, já aconteceu uma vez na Terra, em 1859: uma tempestade solar de grande magnitude que ficou conhecida como **Evento de Carrington**. *São ventos solares originários de explosões periódicas no Sol e que atingem os planetas ao redor. Eles carregam partículas com cargas elétricas que podem alterar todos os dispositivos e equipamentos que dependam de elétrons e eletricidade. Pelas probabilidades, uma tempestade solar tão intensa como o Evento de Carrington já poderia ter acontecido novamente e atingido a Terra.*

Imagine então que tenha acabado de ocorrer. Dos inúmeros problemas acarretados pelo evento, considere um deles: a inoperância das geladeiras e freezers. Nem todas as pessoas têm esses eletrodomésticos, muitas sequer têm comida para armazenar, mas coloque-se no lugar de quem as têm. Com o fim da eletricidade, toda comida antes conservada no frio precisaria ser rapidamente consumida. O que você faria com toda a comida estocada? Procuraria técnicas como salgar a carne, por exemplo? Além disso, será que você e a maioria das pessoas gostariam de continuar estocando alimentos? Mas sem esses eletrodomésticos, como fazê-lo?

Geladeiras são máquinas do tempo. Item amplamente recorrente nas sociedades modernas (tal qual as cercas, elétricas ou não), possibilitam a prática acumulativa de coisas particulares para o futuro, deixando a cargo de cada um o estoque da própria comida. Será que as antigas geladeiras que funcionavam com querosene e amônia voltariam? Faça um exercício de imaginação. Talvez o antigo hábito de compartilhar as coisas voltasse a crescer... talvez. Quando acontecer um novo Evento de Carrington, estaremos prontos?

Uma paisagem do futuro

É um belo dia de sol em um planeta cheio de vida. A luz se espraia sobre os seres existentes por lá. Por vezes pode parecer um ambiente tóxico, mas uma das belezas da existência é a sua capacidade de adaptação. O planeta em questão é Kepler-442b e ele é muito parecido com um outro chamado Terra[1]. O sol brilhante que Kepler orbita é mais avermelhado. Afinal, essa estrela é uma **anã vermelha**, um tipo de astro menor e menos caloroso que o "nosso" Sol. Mas, apesar de mais fraco, o sol de Kepler oferece calor e luminosidade ao planeta, a ponto de manter a água em estado líquido, já que ele está bem mais perto do corpo celeste se comparado com a distância entre a Terra e o Sol. Por isso, Kepler-442b gira mais rápido em torno de sua estrela conforme a **terceira lei de Kepler** estabelecida em 1609 pelo astrônomo alemão Johannes Kepler, que dá nome a esse planeta. Enquanto aqui comemoramos um réveillon, os keplerianos-442b comemorariam três (se é que comemorariam alguma coisa), ou seja, as três voltas de seu planeta em torno da anã vermelha.

Uma estrela é algo com vida própria, indiferente aos corpos celestes sob sua influência e aos seres que neles habitam. Quando acaba a comida de uma estrela, ou seja, o seu combustível, ela simplesmente deixa de existir como tal, seja uma anã vermelha, seja o Sol que nos bronzeia. A luz emanada pela anã vermelha banha rapidamente os seres keplerianos-442b em dias mais curtos que os da Terra. Mas, como típica estrela, ela espalha luz para todos os lados, e uma parte dessa luz chega à Terra. Para vê-la, é preciso olhar para a constelação de Lyra, um pouco acima de Sagitário. Lá está Kepler-442b e sua estrela, a uma distância de aproximadamente 1 300 anos-luz.

A luz pode ser entendida como uma partícula chamada fóton, que se desloca no vácuo do espaço sideral à velocidade de cerca de 300 mil quilômetros por segundo. Assim, para quem está na Terra, pelo nosso

---

1 Para mais informações sobre Kepler-442b, conferir: Nasa, (disponível em: https://exoplanets.nasa.gov/exoplanet-catalog/4906/kepler-442-b/(acesso em: 9 out. 2023). Não se sabe ao certo se há ou não vida no planeta, somente que está em uma zona habitável.

referencial portanto, um fóton de luz vermelha emitido hoje pela estrela anã de Kepler-442b chegaria até nós daqui a 1 300 anos. Imagine-se um fóton viajando em direção à Terra a essa velocidade, a mais rápida de todas. Atravessando o espaço-tempo na companhia de uma cavalaria indizivelmente grande de outras centenas de trilhões e trilhões e muito mais de trilhões de outros fótons, somente aqueles que vão na mesma direção da sua viagem, você chegaria à Terra. Será que você incidirá em uma planta ou em paredes de concreto? Se penetrar na alma de uma folha, sua vida se transformará. Você será aprisionado por um átomo que vai utilizá-lo como combustível para criar moléculas. Mas o ano da Terra será 3322. Tente imaginar se você terá a sorte de ter uma planta para receber a sua luz.

Chegando às proximidades do planeta Terra, você percebe um monte de entulhos girando em volta desta esfera. Máquinas velhas, destroçadas, painéis, placas e detritos variados tocam-se no deslizar silencioso das órbitas. Não servem para nada, a não ser demonstrar a existência da gravidade nestas bandas do Universo. Destroços metálicos, restos de equipamentos espaciais, fios, circuitos, placas solares flutuam em volta do planeta, chocando-se por vezes. Vistas de perto, formam uma fina camada de lixo cósmico se avizinhando no horizonte celeste. Impelidas por essa força, em meio ao volumoso lixo espacial, estão algumas naves realmente grandes, que um dia guardaram a esperança de um pequeno número de seres humanos abandonarem o planeta e poderem viver fora dele. E você percebe que essa esperança fracassou. Lá embaixo, a ruína terá outros contornos.

Você adentra a atmosfera e encontra uma alta densidade de gás carbônico, de metano e de monóxido de carbono. Tudo é enfumaçado e diáfano. Esses gases sempre existiram na Terra, mas em quantidades muito menores. Em 3322, a concentração deles colore o planeta com um matiz ocre acinzentado. Foram gerados há séculos na queima do que havia para ser queimado para gerar energia ou produzir comida em larga escala. Carros, aviões, florestas, campos, savanas, lixos, petróleo, tudo fez parte de queimas em profusão, até que cessassem e a fumaça repousasse no costado celeste. Mas existem outras coisas nessa atmosfera, flutuando em silêncio. São partículas sólidas, menores do que grãos de areia, mas muito mais leves. Circulam por correntes de ar e podem atravessar o globo com facilidade. Sua origem é artificial. Um dia foram garrafas, painéis de carros, embalagens de produtos forjados a partir do petróleo escondido no fundo do chão: são plásticos. Com o tempo, não sendo possível se degradar, quebram-se em pequenas partes, cada vez mais, tornando-se microplásticos e espalhando-se pela atmosfera, pelos oceanos, no solo e dentro de cada organismo da face da Terra quando ingeridos com outras coisas (Microplásticos, 2020).

Aproximando-se do solo, você percebe que a névoa tóxica fica mais densa. O calor é elevado, maior do que você encontraria em um dia de verão em Kepler-442b. Sendo luz, você não tem a capacidade de alterar o seu próprio caminho. Pode ser levemente desviado na atmosfera mas, fora isso, só lhe resta testemunhar. Chegando mais perto, você vislumbra a grande ruína. Um apanhado de concretos erigidos há séculos, caídos, despencados e puídos. A chuva ácida corroeu o cimento e os ferros de suas entranhas. São destroços de uma era breve da história do planeta, indícios de que aconteceu uma catástrofe, resultado de uma sociedade particular de uma espécie particular. Um tal de *antropo* moderno, autodenominado humano, fabricante da era geológica mais curta do mundo: o **Antropoceno**, que poderia ser considerada uma era natimorta na escala de tempo da vida geológica[2].

No meio das ruínas, você percebe que nem tudo está destruído. Há ainda seres ali existindo. Eles apareceram nesse planeta há muito tempo, em um ambiente pior do que este que você encontrou. Em 3322, esses seres completarão mais de três bilhões e quinhentos milhões de anos de vida enquanto espécies habitantes da Terra, 77% do tempo de vida do planeta. Seres compostos de uma única unidade celular, bem pequena, porém muito resistente. São capazes de sobreviver em lugares extremos, excessivamente ácidos, ou excessivamente alcalinos, ou salgados demais, quentes demais, frios demais, com pressão atmosférica demais, sem oxigênio, na estratosfera, a altas taxas de radiação. Capazes até mesmo de se alimentarem de matéria inorgânica e de viverem em quantidades gigantescas dentro de outros seres, como os próprios humanos. São os microrganismos unicelulares chamados de arqueas, bactérias e cianobactérias, que ainda estarão vivendo no planeta Terra quando você

---

2   A maior parte da degradação ecológica da Terra se deu a partir das invasões coloniais, portanto, há 500 anos. Esse tempo na história do planeta Terra representa 0,00001% de sua existência. Apenas como comparação, os dinossauros andaram por aqui por 170 milhões de anos, apenas 3% do tempo de existência da Terra. E as plantas habitam este planeta já há 44% do tempo de vida dele (quase dois bilhões de anos).

chegar por meio de uma estrela anã vermelha na constelação de Lyra daqui a 1300 anos. E você pode até ser incorporado por um deles. Os seres que estavam aqui, muito antes de aparecerem todos os outros, adaptaram-se, testemunharam a destruição, participaram da ruína, e lá estarão para te receber de braços abertos. Talvez tenham aprendido a comer microplásticos ou a conviver com eles. Você saberá.

> ### Terra cicatrizada
>
> Imagine que todas as atividades de mineração do mundo parem e as minas do globo sejam desativadas. No subsolo ou a céu aberto, em um buraco ou em uma montanha partida ao meio, a desativação de uma mina implica a recuperação do local. É preciso que se estabeleça uma nova função para aquela paisagem perturbada, começando pela estabilização do terreno. O lugar onde antes circulavam máquinas e pessoas precisa ser preenchido com algo. O que você escolheria para preencher esse vazio?

T(t)erra

É uma manhã de verão em São Luís do Maranhão no ano de 2022, e estou escrevendo estas palavras após acordar cedo, colocar meus óculos, fazer um café preto, comer um pouco de melão, uma banana, metade de um mamão pequeno e um pão com queijo. Sento-me à mesa de ferro com um tampo de vidro transparente, tendo à frente o meu notebook e, ao lado, um ventilador velho de chão ligado horas a fio enquanto escrevo. Para além da janela, vejo navios cargueiros ancorados próximos à costa. Não tenho ideia do que levam, mas suspeito que, seja lá o que for, deverá ser trocado em algum momento por dinheiro – real ou virtual. O café preto, o melão, o mamão, o trigo do pão e o polvilho do pão de queijo vieram da terra, esse solo sobre o qual nascem plantas. E a terra veio da Terra. O ferro da mesa, o vidro, o silício dos circuitos do computador, o plástico do ventilador, do notebook e dos óculos vieram de jazidas de itabirito, quartzo ou de campos de petróleo do subsolo da Terra. Mas os átomos que compõem as moléculas das frutas, das jazidas, do petróleo, das rochas e da própria terra vieram de um berço quente: uma estrela.

As estrelas são a mãe de grande parte dos fótons do Universo e de grande parte da matéria que existe nele. O planeta Terra tem a sua estrela: o Sol. Como todas as estrelas, o Sol nasceu de uma gigantesca nuvem de hidrogênio gestada por milhões de anos, átomo a átomo, atraindo-se gravitacionalmente e ficando cada vez maior. Quanto mais massa se tem, mais massa se atrai. Essa nuvem é conhecida como **nebulosa molecular** e recebe o carinhoso apelido de berçário de estrelas. Quando consegue reunir massa suficiente, a força gravitacional em seu núcleo, a pressão e o calor iniciam o processo de fusão termonuclear, e assim surge uma estrela.

Fusão significa união de duas coisas que passam a virar uma só. No caso das estrelas o que é fundido é o hidrogênio inicialmente e, a cada nova fusão, novos átomos aparecem como resultado. O hidrogênio é composto de um próton e um elétron, formando o mais simples e fundamental átomo. Quando dois hidrogênios são fundidos no interior de uma estrela, há liberação de luz e de calor. O resultado dessa fusão é a formação de hélio, o elemento químico composto de dois prótons em seu núcleo (Hélio é o nome grego do Sol). Havendo hélio dentro da estrela, ele pode ser fundido com um hidrogênio, e o resultado da fusão somaria dois prótons de hélio com um próton de hidrogênio, formando o elemento químico que tem três prótons em seu núcleo: o lítio. Ou poderiam ser fundidos dois hélios, resultando no elemento químico com quatro prótons em seu núcleo: o berílio. Então, as combinações de fusões começam a se multiplicar dentro de uma estrela, conforme a disponibilidade dos elementos. Assim, vão sendo fundidos em uma estrela os elementos químicos, entre eles o carbono (com seis prótons no núcleo), o nitrogênio (com sete) e o oxigênio (com oito), elementos essenciais para as formas de vida biológica conhecidas. Uma estrela, portanto, é também uma grande fábrica de matéria. É no interior das estrelas que a quase totalidade dos elementos químicos são produzidos.

À medida que o tempo passa, o hidrogênio disponível em cada estrela vai acabando, depois o hélio, depois o lítio, e os elementos mais pesados passam a ser fundidos, o que vai se tornando mais difícil. O limite desse processo é o ferro, com 26 prótons em seu núcleo, porque, na fusão de um átomo desse elemento, a energia liberada é quase igual à energia gasta para fazê-lo. Para fundir o cobalto (27 prótons no núcleo), já se gasta mais energia do que se libera. Assim, com os elementos mais leves acabando, não há muita escolha para uma estrela, e ela começará a gastar mais energia do que libera, o que levará evidentemente à sua morte. Então, uma estrela que tem cobre, índio, nióbio, prata, chumbo, ouro, mercúrio e urânio ou qualquer outro elemento com mais de 26 prótons em seu núcleo precisa gastar mais energia do que libera para fundi-los.

Só então, depois de um desequilíbrio energético grande, uma estrela média cheia de ferro colapsa em uma espécie de explosão que libera a maior parte da matéria produzida para o espaço. O resultado recebe o nome de "nebulosa planetária" ou "berçário de planetas". No caso de estrelas muito massivas ou pouco massivas não é esse processo que acontece, mas sempre há liberação de matéria no fim da vida de estrelas. A matéria expelida pelas estrelas pode formar planetas, meteoros ou asteroides (meteoros de maior dimensão). A depender da região em que a estrela ejetar ferro misturado com todas as outras matérias, esse ferro pode reunir, por atração gravitacional, outros pedaços de ferro. Esse processo é conhecido como **acreção**, no qual gigantescos pedaços de matéria acrescentam-se uns aos outros, podendo dar forma a um planeta. Esse planeta pode raramente encontrar uma linha de órbita em torno de outra estrela e ali permanecer até essa estrela, por sua vez, explodir. É o caso da Terra, que orbita o Sol e é mais antiga que ele, mas não é todo planeta que consegue sua estrela para orbitar. Em 2012, o astrofísico Louis Strigari, do Instituto Kavli de Astrofísica e Cosmologia da Universidade de Stanford, e seus colaboradores verificaram que, para cada estrela com menos massa que o Sol, existem aproximadamente 100 mil planetas ou planetoides nômades, que não orbitam nenhum tipo de sistema e apenas "vagam" por aí (Strigari *et al.*, 2012).

Se a Terra é o resto de uma estrela morta, a matéria que compõe você que está lendo esta frase também o é, assim como a dos objetos ao seu redor. Matéria que veio de uma estrela já extinta, anterior ao Sol. Assim, se a matéria que o compõe é mais antiga do que o Sol, por qual razão você não o seria?

Mas antes de essa matéria que te forma virar vida, a Terra bebê era uma esfera incandescente de magma e ferro derretido com outros elementos. Foi o contato desse magma com o frio Universo que fez endurecer a crosta, uma fina camada de rocha que abriga o calor do início do planeta. O restante, a imensa maioria da matéria do planeta, permanece em movimento dentro da crosta, na forma líquida, circulando e criando o campo magnético que protege o planeta das "fracas" tempestades solares. Com ferro líquido misturado aos outros elementos químicos sintetizados pela estrela resfriados na crosta, sob pressão e outras condições químicas do local, a matéria pode ser transformada, mineralizada, assumindo novas cores, texturas e distribuição molecular. O coração das montanhas é um poderoso e potente centro de metamorfose da matéria. Rubis, diamantes, esmeraldas e petróleo são novas roupagens de elementos já existentes e adormecidos pelo tempo no silêncio escuro e comprimido do subsolo.

O **xamã** Davi Kopenawa, do povo indígena Yanomami, que habita o noroeste amazônico brasileiro e também da Venezuela, no livro *A queda do céu* (2015) escrito por ele e Bruce Albert, cujo nome remete ao fim do mundo, gosta de lembrar que não foi à toa que deus (Omama) deixou as coisas ruins escondidas embaixo da terra. Quando tirados de lá, o metal, o ouro, o petróleo, só podem fazer aquilo que sabem: exalar suas fumaças de morte. Diz o xamã:

> Não sabem que, fazendo isso, liberam o vapor maléfico de seu sopro. Este sobe então para todas as direções do céu, até chocar-se com seu peito. Depois volta a cair sobre os humanos, e é assim que acaba nos deixando doentes. Seu veneno é terrível. Não sabemos o que fazer para resistir a ele. (Kopenawa; Albert, 2015, p. 363)

Para dar razão a Davi (ou a Omama), por um lado, basta constatar que a vida na forma concebida pela biologia depende apenas de elementos químicos anteriores ao ferro (hidrogênio, oxigênio [água], carbono, fósforo, enxofre, potássio, nitrogênio, sódio) e... ao ferro. Com esses elementos, têm-se glicídios, proteínas, lipídios, ácidos nucleicos e sais minerais, essenciais à vida. Por outro lado, como se sabe, grande parte da extração mineral está hoje associada a uma série de impactos ambientais de larga escala para o planeta. O bule que aqueceu a água do meu café e o gás de cozinha que serviu de combustível são fontes inequívocas deste processo.

O café amargo da manhã

O café que fiz nessa manhã veio de uma fazenda próxima a Natal (RN), que, assim como a maioria das fazendas produtoras em larga escala, para aumentar a produtividade, utiliza fertilizantes agrícolas à base de nitrogênio, potássio e fósforo, parte essencial do ciclo das plantas. Além dos fertilizantes, para uma boa produtividade nas plantações de café e da maioria dos produtos agrícolas, são utilizadas grandes quantidades de herbicidas, fungicidas e outros "defensivos" agrícolas que podem ter a classificação de toxicidade mais alta, da faixa 5 (em uma escala de 1 a 5). O fosfato que contém o fósforo pode ter sido extraído, sob a forma do mineral apatita, de uma mina no Mato Grosso, quase na Bolívia, por onde andavam por mais de 7 mil anos em longos territórios o povo Boe (Bororo)[3]. Hoje, os Bororo são menos de 1 800, distribuídos em pequenas terras indígenas, e costumam resgatar os mitos de fim de mundo cada vez mais. O potássio que o fruto do café contém foi fundido no plasma de uma estrela, expelido ao Universo na morte dela, acrescido em um planeta, mineralizado no coração da montanha, extraído com máquinas de ferro e combustível de petróleo de uma mina, que pode ser a de Taquari--Vassouras em Sergipe, triturado, separado, ensacado, transportado, jogado ao solo de um cafezal no Rio Grande do Norte, sugado pelas raízes do cafeeiro, alocado em fruto e semente de café, colhido, secado pela luz do Sol, torrado, moído, embalado, transportado, comprado no mercado, infundido em água, derramado em uma caneca, ingerido, absorvido no trato digestivo, caído na corrente sanguínea (cheia de ferro) e alocado no cérebro virará, bilhões de anos após a sua origem, uma corrente elétrica na sinapse capaz de fazer com que eu, ou você, imaginemos como foi longa a vida dele até aqui. Sobre a mina em Sergipe, ficarão os buracos onde antigamente andava o povo Xocó, do qual restam menos de quatrocentos indivíduos vivendo pelas ilhas do rio São Francisco.

---

3 Procurei referir-me a cada povo indígena pelo nome com que ele próprio se designa, seguido do nome correspondente mais conhecido na literatura. Isso porque, muitas vezes, os nomes pelos quais conhecemos os povos indígenas foram dados por pessoas de fora das respectivas comunidades, tendo frequentemente conotação pejorativa. Quando não houver diferença, o nome aparecerá sem seu equivalente entre parênteses.

O leite de onde provém o queijo foi tirado de vacas malhadas em uma fazenda na divisa de Minas Gerais com o estado de Goiás. Naquela região existem muitos laticínios, e mesmo para pequenos criadores de bovinos leiteiros o uso de rações industrializadas para o rebanho é comum, nas quais se acrescentam químicos sintetizados artificialmente, como a ureia. As vacas ficam confinadas, separadas de seus filhotes, alimentando-se de rações à base de milho e farelo de soja. Por sua vez, as plantações de milho e soja no Brasil, em fazendas do Mato Grosso do Sul, por exemplo, utilizam fertilizantes e herbicidas e costumam cultivar variantes transgênicas dessas plantas. Ou seja, plantas com modificação genética para resistir aos herbicidas, que, assim, matam as espécies silvestres, mas não a soja e o milho, aumentando a sua produtividade.

Não somente os alimentos mas outros itens de meu cotidiano – e provavelmente do seu também – percorrem longas cadeias produtivas que impactam o meio ambiente. A energia elétrica que alimenta o meu ventilador e o meu *notebook* é gerada em uma usina termoelétrica próxima a São Luís, por meio da queima de óleo combustível extraído dos campos de petróleo na bacia de Campos, no estado do Rio de Janeiro. O alumínio do bule foi extraído das jazidas de bauxita do Pará e sintetizado a partir da energia gerada pela Usina Hidrelétrica de Belo Monte, cuja área alagada chegou a 500 km^2. Tal alagamento obrigou mais de 20 mil pessoas, na maioria pertencentes a povos indígenas de mais de 28 etnias diferentes, a procurar outro lugar para morar, perdendo seus territórios afetivos e materiais. Muitos desses povos, quando perguntados a esse respeito, relacionam o que têm visto a um prenúncio do fim do mundo. Do grande dilúvio mítico cuja finalidade é renovar a Terra. Mas esses povos sabem, por hora, quem são seus algozes. Talvez o mundo, tal qual o fóton verá daqui a 1 300 anos, seja mesmo como descreveram os mitos indígenas de cataclismas.

Entre os fogos e os dilúvios

Na década de 1990, houve uma onda de filmes de ficção científica, especialmente películas que tratavam de catástrofes de âmbito planetário. A depender de sua idade, talvez você se lembre do refrão *"don't want to close my eyes!"*, da banda de rock estadunindense Aerosmith, que servia de trilha sonora para uma equipe de petroleiros com a missão de explodir um meteoro em duas partes antes que colidisse com a Terra. Se ocorresse, o evento acabaria com grande parte da vida no planeta. Esse é o enredo de *Armagedon*, filme de 1998. No mesmo ano, outro filme deixou o meteoro cair na Terra: *Impacto profundo* (*Deep Impact*, no título original em inglês).

Nas décadas seguintes, o fim do mundo, apocalipses, a destruição total ou parcial da Terra, epidemias, vinganças da natureza e temas correlatos continuaram sendo constantes no cinema mundial, e talvez tenham permeado a sua vida nos últimos anos. *O dia depois de amanhã (The Day after Tomorrow*, 2004); *Filhos da esperança (Children of Men*, 2006); *Eu sou a lenda (I Am Legend*, 2007); *Wall-e* (2008); *A estrada (The Road*, 2009); *2012* (2009); *Presságio (Knowing*, 2010); *O Vingador do futuro (Total Recall*, 2012); *Expresso do amanhã (Snowpiercer*, 2013); *Oblivion* (2013); *Maze Runner* (2014, 2015 e 2018); *Interestelar* (2014); *Mad Max* (2015); *Guerra mundial Z (World War Z*, 2013); *A 5ª onda (The 5th Wave*, 2016); *Tempestade: Planeta em fúria (Geostorm*, 2017); *Zumbilândia (Zombieland*, 2017 e 2019); *Máquinas mortais (Mortal Engines*, 2018); *Bird box* (2018); *O último na Terra (Io*, 2019); *Fim do mundo (Rim of the World*, 2020); *O céu da meia-noite (The Midnight Sky*, 2020); *Destruição final (Greenland*, 2021) e *Não olhe para cima (Don't look up*, 2021) são mostras de que o tema do fim do mundo não parece ser moda passageira. As formas como são pensados, vislumbrados e filmados modificam-se, mas, todo ano, pode apostar, haverá um ou mais filmes novos sobre o fim do mundo. Por quais razões isso ocorre? Por que o imaginário social está constantemente às voltas com o problema do fim do mundo?

O mitologista estadunidense Joseph Campbell, ao pensar sobre as razões pelas quais culturas do mundo inteiro têm em seus mitos narrativas sobre origem e fim do mundo, oferece-nos uma hipótese. Toda mitologia desenvolve-se dentro de uma determinada sociedade e a partir de conhecimentos próprios que se relacionam aos acontecimentos do entorno. Esses eventos, interpretados, incorporam-se aos mitos, que, fluidos, modificam e são modificados à medida que novas gerações e outros povos apropriam-se deles. Um exemplo entre tantos pode ser encontrado entre o povo Moqoit, do Chaco Argentino, entre a cordilheira dos Andes e o rio Paraná. As narrativas desse povo contam que, por volta de 6 mil anos atrás, um xamã do povo foi avisado em um sonho sobre uma chuva de fogo vinda dos céus para destruir tudo. Por causa desse aviso, o povo mudou-se para um local seguro. Anos mais tarde, ocorreu talvez a maior chuva de meteoritos testemunhada pelos *sapiens*. Os "cocôs de estrelas", como os Moqoit chamam os meteoritos – de maneira cientificamente muito precisa, aliás –, rasgaram em fogo os céus e causaram numerosas explosões. Até hoje, o Campo del Cielo, que hoje é um parque nacional na Argentina, guarda inúmeros meteoritos com mais de 40 toneladas. Esses corpos, antes de adentrarem a atmosfera terrestre, eram muito maiores, desintegrando-se parcialmente pelo atrito com o ar antes de colidir com o chão e se fragmentarem[4]. Estima-se que a colisão de apenas um desses meteoritos tenha produzido uma explosão próxima à de uma bomba nuclear. Portanto, colocando-se no lugar dos Moqoit, testemunhar um evento desse é estar no fim do mundo. O evento modificou todo um conjunto de mitos Moqoit, ao qual se incorporou, segundo o regime de crenças próprio desse povo, os sentidos desse acontecimento. Temos assim um exemplo do raciocínio de Joseph Campbell, de que os acontecimentos do mundo costumam ser incorporados às narrativas mitológicas. E, como muito bem observou o antropólogo francês Claude Lévi-Strauss, os próprios mitos são sistemas de conhecimento sobre o mundo.

Em sua grande obra, mas sobretudo nos quatro livros das "Mitológicas" (*O cru e o cozido*, em 1964; *Do mel às cinzas*, em 1966; *A origem das maneiras à mesa*, em 1968; *O Homem Nu*, em 1971), Lévi-Strauss fundamenta e aplica uma análise estrutural de centenas de mitos de centenas de povos ao redor do mundo. Para além de traçar os seus elementos estruturantes, Lévi-Strauss demonstra como os mitos são fluidos, mudando conforme intenção, contexto, pessoa ou situação de quem o fala. Há elementos comuns que se relacionam com uma descrição operacional do mundo físico e espiritual. Portanto, mitos são sistemas epistemológicos e cosmogônicos que sustentam modos de vida e de relação com a vida.

Voltando aos filmes que tematizam o fim do mundo e ao aumento de produções apocalípticas nos últimos anos, considerando essas obras um extrato do imaginário social, permito-me pensar que a razão é sobretudo porque têm crescido as evidências do fim do mundo de fato, e por isso a consciência desse tipo de evento tem povoado nosso imaginário. Contudo, existem diferenças significativas entre o modo pelo qual as sociedades "modernas" produzem o fim do mundo – no sentido literal e narrativo do termo – e o modo pelo qual os povos indígenas narram o fim do mundo.

---

4   Há um belo documentário sobre essa história intitulado *El color que cayó del cielo*, dirigido por Sergio Wolf (Argentina, 2014). Para mais informações sobre o papel dos meteoritos na mitologia moqoit, consulte o artigo "Las señas: una aproximación a las cosmo-políticas de los moqoit del Chaco", de A. M. López (2017), disponível em: https://revistasacademicas.unsam.edu.ar/index.php/etnocontemp/article/view/430 (acesso em: 9 out. 2024).

Os apocalipses nos mitos indígenas

A América Latina, onde vivo, tem mais de oitocentos povos indígenas com centenas de etnias diferentes, cada qual com o seu conjunto de mitos. Apenas no Brasil, país de onde escrevo, são mais de 258 povos, 154 línguas diferentes, 705 terras e mais de 900 mil pessoas indígenas.

O esforço antropológico de recolher os mitos indígenas, ainda que duradouro e engajado, não dá conta de tamanha diversidade. Mas muita coisa sabemos sobre o fim do mundo para os povos indígenas. Nas já citadas *Mitológicas,* de Lévi-Strauss, o tema do fim do mundo é geralmente associado a dilúvios e, às vezes, ao fogo[5]. "Mundo apodrecido" e "mundo queimado" são expressões constantes nas narrativas. E, para contrariar o senso comum, o fim do mundo não é bem o fim do mundo quando observamos o que os povos indígenas contam. Excetuando-se pouquíssimos povos, dentre os quais os Apaches dos Estados Unidos e os Maia da América Central e México, para os quais o mundo acaba mesmo e não sobra ninguém, a maioria dos mitos de fim de mundo fala de grandes acontecimentos e, neles, há sobreviventes, que têm a chance de repovoar o planeta. Ou seja, o fim é quase sempre uma oportunidade de recomeço.

"A terra céu foi ser, porém o céu terra veio ser" é uma frase do povo Huni Kuin (Kaxinawá) do Acre para expressar o processo de renovação ocorrido com o planeta após os relâmpagos e o dilúvio, que destruiu quase tudo. Não é incomum, tal qual nos mitos cristãos, hindus e muçulmanos, que sejam os deuses que enviam o dilúvio. É o caso, por exemplo, dos mitos dos Jamamadi-Deni do oeste amazônico; dos Anunsu (Nambikwara) da média fronteira com a Bolívia; e dos Iny-Karajá do rio Araguaia. Mas pode ocorrer a destruição do mundo apenas por um descuido, como no mito dos Mehim (Krahô) do alto rio Tocantins, famosos pela corrida com troncos de árvores às costas. No mito Krahô, o Sol atendeu ao pedido de um pica-pau, dando-lhe uma brasa de presente, mas alertando que a jogaria de cima de uma árvore e que ele não poderia deixá-la cair. Quando o Sol jogou a brasa, o pássaro, conhecido

---

5   As afirmações e relatos sobre os mitos neste tópico foram extraídos dos trabalhos de Claude Lévi-Strauss (2004, 2005, 2006); Maria Alice Moura Pessoa (1950); Déborah Danowski e Eduardo Viveiros de Castro (2015); J. C. Abreu (1914); E. Schaden (1953) e de Davi Kopenawa e Bruce Albert (2015), sobre os Yanomami.

por ser atrapalhado, não conseguiu segurá-la, e assim o chão e tudo mais foram queimados por um incêndio do qual poucos se salvaram.

Para os Popukare (Apurinã) do médio rio Purus na Amazônia central, sem razão aparente, o mundo pegou fogo e somente duas irmãs conseguiram sobreviver ao subir em uma grande árvore de jenipapo. De lá puderam ver a velha-deusa-canibal recolher os restos mortais das coisas para plantar no mundo um novo roçado, para que tudo renascesse outra vez. O Jenipapo, árvore de imensa resistência e espírito bravio, como se verá mais adiante, guardará na carne a possibilidade de um mundo refeito. Os Yabanara, do Caribe, entendem-se no terceiro mundo já criado. O primeiro foi destruído pelo fogo, o segundo pelo dilúvio, sempre por ação de deuses. O terceiro mundo acabará também, e, no quarto, finalmente se poderá viver a felicidade eterna. Para os Guarani (Kaiowá, Mbya, Ñandeva) do Brasil e Paraguai, o primeiro mundo foi destruído por um dilúvio após o aviso de Ñanderu para que os Guarani dançassem, pois a Terra estaria para piorar. Mesmo dançando por três anos, o trovão rajou, o céu desabou e um jaguar azul devorou os vivos. Para os Mapuches do Chile e Argentina, o dilúvio destruidor do primeiro mundo veio da fúria da serpente dona do oceano como punição por maus hábitos dos humanos. Escaparam poucos ao subir no pico da montanha mais alta.

E há os casos nos quais simplesmente não há causa. O dilúvio simplesmente aconteceu, como os Kaingang do Sul e Sudeste brasileiro narram para explicar sua própria origem, a partir de um casal de crianças sobreviventes do dilúvio que subiram uma serra. Para os Boe (Bororo) do Mato Grosso, sem aviso, grandes ondas invadiram a floresta levando tudo, dando apenas tempo de três pessoas escaparem. Para os Aruá, do norte amazônico, o dilúvio simplesmente se deu sem aviso, mas houve uma intervenção divina, e salvaram-se apenas dois pares de crianças.

Poderíamos ocupar páginas e páginas discorrendo sobre essas dimensões do fim do mundo para os povos indígenas. Contudo, o importante é destacar o papel cíclico que muitos desses mitos carregam. De fato, os apocalipses periódicos fazem parte da maioria dos mitos de fim de mundo. Como lembram a filósofa Déborah Danowski e o etnólogo Eduardo Viveiros de Castro, quando esses povos entram em contato com os "brancos" e são invariavelmente violentados, têm seus territórios invadidos, veem a derrubada de árvores para dar lugar a monoculturas, pastos ou mineração, toda a noção do apocalipse ganha força. Ou seja, são testemunhas da destruição, que está diante de seus olhos como os mitos já prenunciavam. Danowski e Viveiros de Castro lembram ainda que os povos indígenas tornaram-se especialistas em fim de mundo, pois os seus mundos vêm sendo constantemente destruídos desde a chegada das naus invasoras há mais de 500 anos. E talvez sejam esses povos os principais especialistas que poderão ajudar a vislumbrar um futuro para o planeta.

Ailton Krenak, nas suas *Ideias para adiar o fim do mundo* (2019), aconselha: "talvez devamos criar paraquedas coloridos para minimizar a força do impacto". Aprender com o resultado da catástrofe, enquanto ainda há tempo, enquanto os xamãs continuam sustentando o céu até ele desabar, a viver uma outra vida. Davi Kopenawa dá a letra de forma clara: os Yanomami já enfrentaram epidemias (*xarawa*), invasões e continuam empreendendo sua luta contra os garimpeiros. Mas, diante da incompreensão dos brancos, só resta a Kopenawa descrever o fim:

> O céu ficará coberto de nuvens escuras e não haverá mais dia. Choverá sem parar. Um vento de furacão vai começar a soprar sem jamais parar. Não vai mais haver silêncio na mata. A voz furiosa dos trovões ressoará nela sem trégua, enquanto os seres dos raios pousarão seus pés na terra a todo momento. Depois, o solo vai se rasgar aos poucos, e todas as árvores vão cair umas sobre as outras. Nas cidades, os edifícios e os aviões também vão cair. Isso já aconteceu, mas os brancos nunca se perguntam por quê. Não se preocupam nem um pouco. Só querem saber de continuar escavando a terra em busca de minérios, até um dia encontrarem Xiwãripo, o ser do caos! [...] Mais tarde, na floresta, talvez morramos todos. Mas não pensem os brancos que vamos morrer sozinhos. Se nós nos formos, eles não vão viver muito tempo depois de nós. Mesmo sendo muitos, também não são feitos de pedra. Seu sopro de vida é tão curto quanto o nosso. Eles podem acabar conosco agora, porém, depois, quando quiserem se instalar nos lugares onde nós vivemos, vai ser sua vez de serem devorados por todos os tipos de seres maléficos perigosos. Assim que tiverem destruído os espelhos dos xapiri dos nossos grandes xamãs,

devastando a terra da floresta, esses espíritos vão se vingar. Já estão nos avisando, como eu disse: Não temam! Não tenham medo de morrer! Por mais que os brancos acreditem que podem aumentar sem limites, vamos colocá-los à prova! Veremos se são tão poderosos quanto pensam! Vamos mergulhá-los na escuridão e na tempestade! Vamos quebrar o céu, e eles serão esmagados por sua queda! (Kopeanawa; Albert, 2015, p. 496)

As ciências que os mitos contêm

Sob um certo olhar, podemos dizer que os mitos indígenas de cataclisma são corroborados pelas ciências não indígenas. Ou, para ajustar, as ciências não indígenas confirmam as ciências indígenas nestes termos. Há algo em comum entre o fim do mundo pela água de um dilúvio e o fim do mundo pela conflagração do fogo provocado por ações humanas, como o aquecimento global, processo de aceleração do efeito estufa da Terra por conta da ação humana de emissão de determinados gases, chamados de gases de efeito estufa. Presentes na atmosfera, eles impedem que boa parte do calor irradiado pela Terra consiga dissipar-se, aumentando gradativamente a temperatura global. Tal aumento desregula o clima do planeta, causando eventos extremos e alterando sobremaneira os ecossistemas ao redor do mundo. O aquecimento global, o principal epíteto do fim do mundo no século XXI, símbolo mais substancial do antropoceno, pode ser tanto consequência do fogo quanto de um dilúvio.

A reação de combustão, ou de queima de algo, por um lado é aquela que transforma todo composto orgânico (com carbonos e hidrogênios) em gás carbônico. Esse processo está longe de ser simples, dado que o fogo, resultado comum da combustão, não é propriamente uma matéria, mas uma nuvem de transformação energética da ligação do oxigênio com o carbono. A explicação íntima do fenômeno de **combustão** envolve transições de elétrons nas órbitas dos átomos que emitem luz e calor, além de serem responsáveis pelas religações de elementos para formar uma nova molécula. Uma fogueira é um conjunto muito grande dessas transformações espalhadas e movidas pelo vento (que contém o oxigênio). Um pedaço de árvore pode pegar fogo "sozinho" se a temperatura ao seu redor chegar próxima a 260 ºC. É a chamada temperatura de ignição, que todo composto orgânico possui. No planeta Terra, sem intervenção humana, somente uma lava de vulcão ou uma descarga elétrica de um raio podem oferecer calor acima de 260 ºC para iniciar uma conflagração. Demorou muito para que os *sapiens* aprendessem a criar o fogo a partir do atrito de pedras ou gravetos, e então "dominá-lo". Mas, uma vez dominado o fogo pelo ser humano, foi o fogo quem o dominou.

Em toda reação de combustão, há formação de dióxido de carbono e água (além do fogo, claro). Uma molécula de CO_2 tem um carbono no meio e dois oxigênios em lados opostos. Quanto mais as coisas queimam no mundo, mais dessas moléculas pairam na atmosfera. Mas por que dizemos que esse gás consegue "reter o calor", impedindo que saia do planeta? Tal como ocorre em um aparelho de micro-ondas, no qual a onda eletromagnética, ao incidir sobre as moléculas de água presentes nos alimentos, altera o movimento das moléculas, fazendo-as vibrar mais. Uma pedra exposta sob o sol aquece, pois uma onda eletromagnética específica do espectro do Sol (na frequência do infravermelho) incide sobre ela, aumentando a sua vibração molecular. Portanto, aumentando a sua temperatura. Assim, a luz gerada pelo Sol, chegando à Terra, aquece sua superfície e essa superfície emite ondas de calor infravermelho. Essas ondas de calor infravermelho, ao encontrarem uma molécula como CO_2 ou CH_4 (metano), dependendo da posição de incidência da onda, causam uma vibração específica nessa molécula. Vibração, já sabemos, é o aumento da temperatura da molécula, que aquece a atmosfera, além da superfície.

Portanto uma conflagração do planeta com o incêndio previsto pelos Krahô despejaria sobre a atmosfera toneladas e toneladas de CO_2, aumentando as ondas de calor absorvidas que deveriam ir embora da Terra, fazendo a temperatura global aumentar com todos os efeitos catastróficos associados a esse evento. E é evidente que o mito Krahô está em processo. O pica-pau atrapalhado que deixou a brasa oferecida por deus cair no chão e alastrar o fogo – pode muito bem representar os humanos – recebendo do Sol o fogo, deixou-o cair ao chão e nunca mais conseguiu parar de queimar as coisas todas. A pirofilia é um traço marcante desse povo. Com a industrialização que promoveu, esse ser começou a queimar as rochas, depois os vegetais, depois os gases, depois o petróleo e nunca mais parou. E nem parará, pois a queima é o que mantém a chama desse tipo de existência viva. Esse espécime de *sapiens*, desde que aprendeu a manusear o fogo, foi queimando o que podia. O fogo produz o *sapiens*, que, antes, sem ele gastava muita energia para digerir alimentos crus. Com o fogo, os alimentos cozidos permitem que a energia se aloque no cérebro para sonhar, pensar, projetar, mas também criar máquinas que queimam. Alguns povos entenderam rápido o poder dessa chama, passando a controlá-la. Outros apenas queimam para fabricar coisas.

Quando olhamos para o lado da água e do dilúvio do "mundo apodrecido", o problema permanece o mesmo, mas um pouco pior. Isso por conta das arqueas (ou archeas), aqueles seres resistentes e longevos deste planeta. No seu processo de incorporação para se alimentar, as archeas quebram moléculas orgânicas e expelem metano (CH_4), o mais nocivo gás de efeito estufa. Essas reações são conhecidas como metanogênese. Tal qual o CO_2 que é capaz de absorver raios infravermelhos na forma de vibração e assim gerar o efeito estufa, o metano (CH_4) é uma molécula simétrica com um carbono no meio e quatro hidrogênios igualmente espalhados. A diferença na absorção é que o metano consegue absorver a energia em qualquer posição e vinda de qualquer lado, e é capaz de transformar o infravermelho em vibração molecular. Assim, quando ocorrer o dilúvio universal, o alagamento das florestas fará com que as arqueas se multipliquem cada vez mais e decomponham as árvores em gás metano. De plantas a humanos, as arqueas farão a sua metanogênese, multiplicarão suas colônias para devorar tudo quanto possível e enviar para a atmosfera toneladas e toneladas e toneladas de metano. O metano acumulado será retido pela Terra, e o superaquecimento acontecerá.

Portanto, seja pelo fogo, seja pela ocorrência de um dilúvio, o desfecho dos cataclismas, dos mitos ou da industrialização é o mesmo. O destino final do dilúvio e da conflagração é o aquecimento global. O fim do mundo está diante de nós e, ainda que de fato a humanidade seja varrida da Terra, por milhares ou milhões de anos suas cicatrizes ainda farão parte da cartografia planetária.

Há muitas formas de imaginar o fim do mundo e há milhares de narrativas cataclísmicas criadas pelos povos do globo. No início deste livro há uma descrição especulativa sobre o cenário da Terra no ano de 3322, baseada nos efeitos que teriam causado no planeta, naquela altura, as ações antropogênicas. E é essencial destacar que os humanos

– diferentemente dos *terranos* – estão produzindo o fim do mundo. A distinção entre terranos e humanos foi proposta pelo antropólogo e filósofo da ciência francês Bruno Latour (2020) para lembrarmos que, entre a espécie humana, existem pessoas e Ciências (em todos os sentidos possíveis) ligadas à Terra, mas também da terra de onde vêm, por isso são chamados terranos. Neste sentido, uso o termo "T(t)erra" no título deste tópico. Trata-se de uma sugestão que tenta reunir em uma única formulação as ideias de planeta Terra e da terra enquanto solo, chão e espaço em que a vida flui. Não há distinção entre o corpo celeste e o solo cuja vida repousa inexoravelmente até para seres que voam e nadam. A escolha dos parênteses entre o t minúsculo remete ao uso matemático dos parênteses em funções. Assim, "(t)" tem a expressão de alguma função que depende da variável t, ou tempo. Uma alusão que, diante do mundo de hoje, a terra, enquanto planeta e enquanto chão, corre contra o tempo.

Falamos, portanto, de Ciências, cuja primazia é engendrar a sobrevivência de todos os seres e não a construção de algum tipo de objetividade, universalidade ou humanidade. Os humanos são os credores da humanidade, da razão universal, mas também, e por isso, da ciência moderna e das mercadorias. Teremos tempo suficiente para aprofundar essas ideias na segunda e na quarta partes deste livro.

Povos indígenas são terranos e, como nos lembra um deles, Ailton Krenak, a humanidade é uma premissa segregadora que cria a ilusão de superioridade de uma espécie sobre as demais. Dessa forma, quando falamos em humanidade como uma força geológica destruidora do planeta, excluam-se daí os terranos. Existem Ciências produzidas por outros seres, existem Ciências produzidas por não humanos e existem Ciências cientes. E, como veremos, nem todo humano é *homo sapiens*, nem toda planta é não humana e nem toda existência viva depende de consciência. O fim dos humanos não implica o fim do mundo, assim como outros mundos podem existir com ou sem humanos. Antes de acabar esta primeira parte do livro, é preciso ir mais a fundo nessa ideia sobre a existência das coisas. Afinal, parece haver uma suposição de que, para o fim das coisas, elas precisam de alguma maneira existir.

Quizz *filosófico*

1) *Imagine que uma árvore caiu em um bosque completamente desabitado. Ela emitiu som ao cair?*
( ) *Sim.*
( ) *Não.*
( ) *Essa pergunta não faz sentido.*
( ) *Essa pergunta faz sentido mas não tem resposta.*
( ) *Não sei.*

2) *Depois que você morrer (se você morrer), o mundo continuará existindo?*
( ) *Sim.*
( ) *Não.*
( ) *Essa pergunta não faz sentido.*
( ) *Não sei.*

3) *Se toda a humanidade morresse (ou todos os seres pensantes do Universo), e não houvesse tempo de uma nova civilização evoluir, o mundo continuaria existindo?*
( ) *Sim.*
( ) *Não.*
( ) *Essa pergunta não faz sentido.*
( ) *Não sei.*

A realidade sobre o fim do mundo

O ano é 1980. Um professor universitário chamado David Zimmer perde sua família em um acidente aéreo e encontra conforto nos filmes mudos de Hector Mann, um ator que desapareceu sem deixar pistas e foi dado como morto em 1929. Aos poucos, David Zimmer é absorvido pela história e pelo mistério em torno do ator desaparecido e inicia uma investigação sobre seus últimos passos. Esse é o enredo inicial do monumental *O livro das ilusões* (2002), do escritor de ficção estadunidense Paul Auster. Um livro que revira aquilo que costumamos pensar sobre a existência das coisas.

Zimmer visitando cidades e bairros, descobrindo pequenos vestígios do passado de alguém que começa a parecer ele próprio, o livro se desenrola nesse processo de busca. Muito tempo depois do início de sua investigação, David Zimmer recebe uma carta da esposa de Hector dizendo que ele está vivo, mas acamado e já à beira da morte. O endereço é de uma fazenda perdida no interior dos Estados Unidos. David ruma para o lugar e, com muita dificuldade, encontra-se finalmente com Hector, que está muito debilitado. Trocam poucas palavras. Naquela noite, David descobre que, durante os cinquenta anos em que esteve desaparecido, Hector ficou confinado naquela fazenda, junto com sua esposa e um casal de caseiros. Durante esse tempo, os quatro escreveram, filmaram e protagonizaram quase trinta filmes. Filmes mudos, que nunca saíram de lá, pois foram feitos para serem assistidos somente por essas quatro pessoas. E eis a principal razão do abandono de Hector do mundo: os filmes falados sequestravam a imaginação, e ele queria continuar fazendo filmes mudos.

A esposa de Hector conta então a David que fizera uma promessa ao marido: no instante seguinte à morte dele, juntaria todos os filmes e os queimaria. Depois, a fazenda seria abandonada ao esquecimento e todos os vestígios das pessoas que a habitaram seriam apagados. Hector está prestes a morrer, e David pede para ver os filmes. Ele tem tempo de assistir a sete películas, que considera as obras mais sublimes que já vira e dos mais geniais filmes da história do cinema. No sétimo filme, no meio da madrugada, Hector morre e, assim como prometido, os filmes são queimados, sob protesto e lágrimas de Zimmer. Em seguida, a casa também é queimada e todos abandonam o lugar.

David retorna para sua rotina e tenta contar tudo o que vira, mas não consegue convencer as pessoas de sua história. Um ator de cinema desaparecido há cinquenta anos, descoberto em uma fazenda, da qual, no entanto, já não há traço algum, fazendo filmes que ninguém viu... Zimmer é tido como um louco que carrega sequelas do trauma passado. A reflexão que o livro suscita – e parece sugerida por Auster – é que sem testemunhas a existência parece ser frágil. Poderíamos nos perguntar: "Os filmes existiram mesmo?" Há apenas uma pessoa bradando a existência deles. Essa pessoa é a garantia de que existiram aquelas películas? Sim, estamos falando da existência das coisas e do que é necessário haver para que as coisas existam. Mesmo sendo um livro de ficção criado e imaginado a partir da cabeça de um autor, que tipo de existência é essa?

O problema da existência

A história do livro de Paul Auster se relaciona com o "quizz filosófico" da abertura deste tópico. Lá, há uma pergunta sobre uma árvore que, caída em um bosque completamente desabitado, teria feito ou não barulho. Não há ninguém lá para saber. E ainda que houvesse – como no caso dos filmes – o que é necessário haver para garantir a existência de algo? No caso da árvore que cai no bosque desabitado, se defendemos que a árvore fez barulho, assumimos que existem coisas que acontecem sem a necessidade de alguém saber que aconteceu; se essa resposta não for boa o suficiente, talvez tenhamos que assumir que apenas algum tipo de consciência é capaz de instaurar a existência das coisas. Mas, entre consciência ou não como fiadora da existência, pretendo defender um outro caminho.

Durante esta primeira parte do livro, muitas vezes falei em "fim de mundo", seja nos mitos, seja no horizonte climático que se avizinha. Mas é preciso lançar uma suspeita sobre este "fim" que atribuem ao mundo. Fim aqui seria sinônimo de "fim da existência"? O mundo deixaria de existir? Não, não estamos falando do fim efetivo do planeta. Isso acontecerá daqui a 4 bilhões de anos quando o Sol explodir e arrasar os planetas mais próximos. O que a climatologia e os mitos indígenas alertam é para o fim de formas de vida, ou da vida humana. E, no caso dos mitos, este fim das formas de vida não é completo, dado que muitas vezes sobram seres para recomeçar o mundo. Ou seja, o "fim de mundo" aqui é como um cataclisma, um evento que dizima muitas coisas mas oferece a oportunidade de recomeçar. Mas, apesar de tudo isso, é bom lembrarmos que o fim mesmo de tudo está previsto e datado pela cosmologia.

Trata-se efetivamente do fim de todas as coisas sem nenhuma promessa de recomeço. Esse evento é a "morte térmica do Universo". Devido à expansão acelerada do Universo, o afastamento das galáxias será sucedido pelo esticamento do tecido espaçotemporal entre as estrelas, depois entre os planetas, o que, em última instância, esticará a matéria rompendo moléculas, depois os átomos, depois os prótons e nêutrons, depois os **quarks**, até que tudo esteja separado. É como desenhar com caneta um rosto em um balão de látex e esticá-lo infinitamente. Cada pingo de tinta do rosto se separa, depois o próprio micropingo se separa, e a bexiga continua sendo esticada até nada sobrar, sequer a informação que poderia ser captada e percebida por cada um desses pontos.

A expansão do Universo faria tudo reduzir próximo do **zero absoluto**, a mais baixa temperatura possível, aquela que nada vibra (equivalente a –273 °C). Esse processo significa também que o Universo chegará no limite máximo da **entropia**, em que toda a energia foi degradada. Qualquer coisa estaria distante o suficiente de alguma outra coisa para nem a luz chegar. Ou seja, o fim de fato. Um Universo de espaço e matéria rompidos e **radiação cósmica** de fundo sem comunicação com nada, no zero absoluto, é como se não existisse. Cada "coisa" nesse Universo, se existir, não terá contato com nenhuma outra coisa em nenhum lugar, pois sequer a luz, capaz de sair de um lugar e chegar em outro a transmitir uma informação, conseguirá chegar a algum lugar. O espaço, se comparado ao *Big Bang*, é muito maior, mas, ao mesmo tempo, não é nada, dado o afastamento radical de sua tessitura, que culminará na impossibilidade de interação.

Previsões estipulando uma data para o fim definitivo de tudo e a entropia total do Universo localizam este evento daqui a 10^{100}, ou dez duotrigintilhões (ou um *googol*) de anos. E, neste momento, uma pergunta pode surgir: as coisas neste Universo existem? Pode-se afirmar que este mesmo Universo, enquanto objeto físico, existe? No fim de tudo, haverá ainda existência?

Em cosmologia, há o conceito de "Universo observável", que indica o limite a partir do qual a informação gerada por um pulso de luz, viajando à máxima velocidade possível de trezentos mil quilômetros a cada segundo, não consegue chegar no ponto do observador. Cada lugar de observação tem, portanto, um Universo observável possível. Como o Universo começou em um ponto há 13,7 bilhões de anos e está em expansão acelerada, hoje estima-se que ele tenha o tamanho de 50 bilhões de anos-luz[6]. Mas nós jamais poderemos saber o que existe além de um raio de 13,7 bilhões de anos-luz em volta da Terra, dado o tempo de origem do Universo e dessa luz emitida lá atrás. Além disso, é fisicamente impossível receber uma informação qualquer, pois a forma mais rápida de transmitir informações é por meio da luz e, neste caso, qualquer pulso de luz emitido além dessa distância teria de viajar mais rápido que a luz. Se imaginarmos, neste momento, três estrelas colidindo a uma distância de 20 bilhões de anos-luz da Terra (fora do nosso limite de Universos observáveis), esse evento, para nós, jamais poderá ser comprovado, pois a informação dele nunca chegará aqui. É, portanto, como se não existisse, pois sua existência é impossível de ser verificada. Entretanto, apesar de não se poder afirmar a existência de algo além do Universo observável, sabemos que existe muita coisa, o que parece reduzir tudo a uma questão de crença. O Universo não acaba no limite da nossa observação, mas simplesmente não temos como saber o que há além. E, novamente, voltamos ao problema de Paul Auster: um evento ocorrido sem nenhuma possibilidade de verificação ocorreu? Existiu? Existem existências inverificáveis?

A existência e a física quântica

As questões apresentadas no início deste tópico são parte de um questionário sobre "níveis de realismo" extraído de um livro que é referência para o estudo da física moderna, intitulado *Conceitos de física quântica* (2003), do físico e filósofo Osvaldo Pessoa Jr., professor do Instituto de Física da Universidade de São Paulo. Procurei manter o texto

---

6 Ano-luz é uma unidade de medida que representa a distância que a luz, na máxima velocidade possível, percorreria em um ano. Um ano-luz equivale a aproximadamente 9,46 trilhões de quilômetros.

original, embora os termos "civilização" e "evoluir" serão revisados mais adiante. O questionário tem como objetivo verificar os níveis de realismo das pessoas e, com isso, identificar de quais das intepretações da mecânica quântica (corpuscular, ondulatória, dualista e complementaridade) essas pessoas tenderiam a se aproximar.

Desde o início do século XX, uma série de observações acerca da estrutura da matéria revelaram um comportamento dual da luz (tida como uma onda eletromagnética) e da matéria (elétrons como partículas). No experimento da fenda dupla de Young isso fica bastante claro. Quando se jogam partículas de matéria em um anteparo com duas fendas próximas, o que se observa do outro lado é uma mancha das duas fendas – como um molde de *spray*, dado que as partículas passam pela fenda e ficam marcadas do outro lado. Quando se joga luz (um *laser*, por exemplo) nessas fendas, o que se observa do outro lado é um padrão com vários pontos de luz e outros sem luz. Chamamos este padrão de interferência, pois a luz, sendo uma onda eletromagnética, ao passar pelas fendas, interfere com as franjas de onda causando este padrão.

Figura 2 – A experiência da fenda dupla com ondas e partículas e os resultados esperados

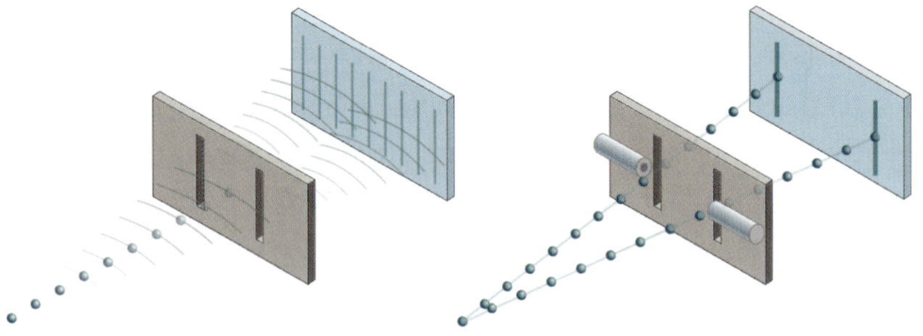

Fonte: ACHARYA, Dilip. *Young's Single Particle Double Slit Experiment*. [S. l.]: Medium, 2018. Disponível em: https://medium.com/@dilipacharya/youngs-single-particle-double-slit-experiment-9b2c14112218. Acesso em: 9 out. 2024.

Por essa diferença, esse experimento serve muito bem para distinguir partículas de ondas. Contudo, quando foi realizado com elétrons (matéria), observou-se um padrão de interferência. Ou seja, a matéria estava se comportando como onda. Não bastasse isso, a luz já havia demonstrado comportamento de matéria no fenômeno chamado "efeito fotoelétrico", em que a luz incidente em uma placa metálica ejeta dela elétrons. Assim, tem-se uma discussão sobre a natureza desses objetos. Afinal, são ondas ou são partículas?

Para essa contenda, aparecem quatro interpretações para a natureza dos objetos quânticos: 1) corpuscular; 2) ondulatória; 3) dualista e 4) complementaridade. A interpretação **corpuscular**, defendida pelo físico francês Alfred Landé, trata os objetos quânticos sempre como partículas, considerando que, quando um elétron (partícula) se comporta como onda no experimento da fenda dupla, deve ser por alguma interação entre as partículas na fenda. Desde o início deste livro, tenho me referido à luz na maioria das vezes como fóton, portanto, destacado a natureza corpuscular da luz; entretanto, não sou um defensor dessa interpretação, apenas destaquei o papel corpuscular da luz (que é real) como elemento para melhor imaginarmos um pequeníssimo pontinho atravessando o espaço. A interpretação **ondulatória**, destacada pelo físico autríaco Erwin Schrödinger e sua famosa equação, considera que os objetos quânticos são ondas, podendo existir em pequenos pacotes concentrados, que, no momento de sua detecção, agem como partícula. A interpretação **dualista**, contida na equação de De Broglie, indica que os objetos quânticos são ambas as coisas ao mesmo tempo, ou seja, uma partícula com comprimento de onda associado que, quanto menor for a partícula e mais rápida (O físico francês Louis De Broglie foi o único a incluir a teoria da relatividade nos seus cálculos), mais próximo será o tamanho da onda associada. De acordo com essa interpretação, os fenômenos observados de comportamento como partícula e como onda explicam-se pela manifestação dessas duas naturezas quando submetidas a algum experimento. Por fim, a interpretação da **complementaridade** aponta que os objetos quânticos podem ser ambas as coisas dependendo da interação, do observador e do experimento no qual os forçamos a interagir. Nunca ao mesmo tempo, dado que são objetos de naturezas opostas, mas o próprio ato de observar altera a natureza do objeto. Observar é, em última instância, colidir um fóton de luz no que é observado. E quando um fóton de luz colide com algo, transmite energia, fazendo com que o objeto observado mude/se mova.

Se **objetos quânticos** apresentam comportamento tipicamente corpuscular e tipicamente ondulatório, e ondas são o oposto de partículas, o problema se torna a concepção da realidade desses objetos. Ondas estão em três dimensões, partículas em um local único; então, como pode algo estar e não estar em um lugar? Assim, conceber a realidade desses objetos envolve a própria dimensão da realidade de cada ser, ou seja, o modo pelo qual as pessoas acreditam que as coisas existam. Muitos físicos e físicas evitam, aliás, pensar sobre esse estatuto da realidade, alegando ser esse um problema "apenas" filosófico e limitando-se a utilizar os operadores matemáticos necessários para seus problemas.

A resposta "essa pergunta não faz sentido" para as questões do início do tópico é associada por Osvaldo a uma concepção positivista da realidade. Isso porque a pessoa cuja concepção de realidade se aproxima do *positivismo lógico* entende que não existem elementos lógicos suficientes para responder à questão, carecendo, portanto, de sentido pensar sobre o problema. Um positivista lógico se perguntaria: "Se a árvore está em um lugar completamente desabitado, como eu sei que ela caiu?". E concluiria: "Essa pergunta não faz sentido na sua formulação". Por outro lado, a resposta "Não sei" também questiona a pergunta, mas, diante da impossibilidade de conclusão, opta pela posição cética de suspender a resposta. "Onde a árvore está?"; "Tem ar?"; "Se eu morri, como saberei sobre o mundo? De que maneira eu morri?" são perguntas comuns às pessoas céticas, por exemplo. Já a resposta "Não" indica um alto grau de *idealismo*, isto é, a noção de que as coisas somente existem se podem ser pensadas. "Se não tem ninguém para ouvir o barulho da árvore caindo, ela não existiu", argumentaria essa pessoa. Se não há testemunha consciente do evento, ele não existiu. Eventualmente, essa visão pode tender ao *solipsismo*, ideia pela qual nada existe além da consciência. E, por fim, a resposta "Sim", mais recorrente nas respostas de todas as pessoas, indica uma concepção de mundo chamada por Osvaldo de *realista*. "Se toda árvore que cai faz barulho, então 'é lógico' que essa árvore fez barulho ao cair", responderia essa pessoa, sem saber que, de fato, não há nada lógico aí.

O questionário original do livro de física quântica tem vinte perguntas, algumas das quais muito específicas sobre objetos quânticos, mas há uma régua de pontuação na qual as respostas mais realistas recebem mais pontos e as respostas menos realistas não recebem nada. Ao fim, você tem uma escala numérica de quão realista é. Aqui não precisamos dessa escala, bastando saber no gabarito[7] qual resposta é mais ligada a qual perspectiva. Discutindo isso com meus estudantes do Ensino Médio, eu costumava dizer que a nossa concepção de realidade é muito subjetiva e depende da nossa formação, cultura, práticas sociais, experiências e vivências individuais. O fato de a maioria da turma se encaixar no perfil "realista" era bastante sintomático, dada uma certa crença ocidental da existência das coisas fora do corpo e projetadas na mente. Tal **ontologia**, se pensarmos nessa maneira de construir a realidade, encontra base na cisão entre corpo e mente feita por René Descartes. Afinal, o *cogito* cartesiano "penso, logo existo" parece exprimir muito bem essa visão sobre realidade. Muitos o sucederam com o refinamento da ideia da existência das coisas fora do corpo, mas representadas na mente e captadas pelos sentidos. E, exatamente por essa razão, eu continuava no diálogo provocador com minhas turmas de 3º ano, lançando a seguinte consideração: pessoas com perfil realista costumam ser "fáceis de se enganar". Para ilustrar, contava a eles esta história:

> Minha avó, já falecida, era uma pessoa de muitos conhecimentos, mas um deles sempre me chamou a atenção. Quando criança, eu ia visitá-la e, do nada, ela dizia: "Vai chover daqui a pouco". Mas o céu estava limpo, sem nuvem. E eu perguntava: "Mas por que, se nem nuvem tem?". E ela respondia: "Os gatos estão se lambendo muito". E advinha o que acontecia? Chovia. Quando eu entrei na faculdade de Física e fui estudar mais, descobri algumas coisas curiosas. Primeiro, que gatos, diferentemente dos cachorros, não transpiram pela língua, mas pelo nariz. Mas isso todo mundo sabia. E também que a língua do gato é áspera e seca. Ou seja, para se limparem, gatos podem ter mais ou menos dificuldade, dependendo da umidade relativa do ar. Se o ar está bastante úmido, isso significa mais água no ar e, portanto, mais facilidade para o gato se limpar. E, sempre que uma chuva se aproxima, a primeira coisa que acontece é a variação da umidade do ar, que aumenta significativamente. Ou seja, minha vó estava certa.

---

7 O gabarito desse questionário se encontra na obra original (Pessoa Jr., O. *Conceitos de física quântica*. São Paulo: Livraria da Física, 2003, p. 190), e dessas três questões no Anexo neste livro.

Nesse momento, os estudantes ficavam paralisados, e algumas vozes exclamavam: "Nossa!", ou "Faz sentido". Então eu dizia a eles: "Estão vendo como é fácil se enganar? Não existe correlação nenhuma comprovada entre o gato e a chuva. Mas a pessoa realista se deixa levar pelo 'faz sentido', juntando coisas que não são mentiras para chegar a uma conclusão falsa". O apego pelo sentido suposto é a máquina por trás de teorias conspiratórias, disseminação de *fake news* científicas, terraplanismo etc. Afinal, sabendo que beber muita água causa um processo de eliminação de substâncias por meio da urina, então, se estou com covid-19, devo beber muita água para eliminar o vírus e me curar. Essa *fake news* disseminada em tempos de pandemia mostra como o "império do faz sentido" se liga a uma percepção de realidade. Por isso, em contrapartida, o perfil em tese muito apreciado pela ciência, de acordo com o astrônomo Carl Sagan, seria o perfil cético, pois desconfia da intuição ao mesmo tempo em que se abre para novas evidências.

Seja como for, essa digressão sobre os níveis de realismo das pessoas nos é útil para, em primeiro lugar, deixarmos de lado a falsa ideia de que a realidade além do nosso corpo é única, supra-humana e de validade universal para qualquer outro corpo. Essa realidade, reduzida a termo de lei pela física, é, ela mesma, na intimidade da matéria, dual e sem existência definida *a priori*. Ademais, entre você e seu vizinho podem existir profundas diferenças na concepção das realidades, de modo que vocês, hipoteticamente, poderiam passar muitas horas discutindo em torno, por exemplo, da existência de espíritos e suas possíveis manifestações "reais" no campo físico. É preciso primeiro retirar o olhar sobre si para poder enxergar os diferentes.

Povos indígenas e a existência

A pesquisa antropológica, desde os anos 1960, tem se esforçado para derrubar um pilar da forma pela qual muitos de nós introjetamos determinadas realidades, tendo muita dificuldade para nos livrarmos disso. É o caso clássico da falsa oposição entre natureza e cultura. E, apesar de parecer um outro assunto, o que pensamos que seja natureza e cultura é um dos exemplos mais característicos de como a realidade é uma coisa fluida. A mesma operação filosófica que separou corpo e mente em Descartes distinguiu também os "fenômenos" das "coisas em si" em Immanuel Kant (1999). Para o filósofo alemão, as coisas existem em si, fora de nós, mas nunca teremos como acessar a essência dessa existência. Acessamos somente os seus fenômenos manifestos em nossos sentidos. E, defenderia ainda o filósofo, apenas usando a razão poderíamos nos aproximar de uma percepção mais próxima das coisas.

No fundo, essa é uma operação de construção de um eu humano e uma natureza fora do humano. Assim como ficou conhecida a explicação de Lévi-Strauss sintetizada pelo epíteto *O cru e o cozido* (2004), comumente se concebe algo que sofreu intervenção humana como pertencente ao Universo da cultura. Ou seja, uma comida cozida, um desenho na parede, um prédio, uma poesia, são tidos como eventos culturais. E, em contrapartida, aquilo que não sofreu interferência humana, como uma nuvem, uma montanha, uma árvore, seria pertencente à natureza. Mas, principalmente com o advento da teoria da seleção natural enquanto modelo biológico do progresso humano, qualquer coisa do âmbito das sociedades humanas passou a ser vista como oposto da biologia.[8]

Essa falsa oposição entre natureza e cultura é bastante equivocada – e isso já foi amplamente demonstrado – por diversas razões. Outras espécies não humanas também produzem intervenções na chamada natureza em suas próprias relações ecológicas. Um primeiro exemplo disso é como as plantas causaram a corrosão oxidativa do planeta inteiro e uma era glacial. Este evento, conhecido como "Catástrofe do oxigênio" ou "Grande oxidação", ocorreu há aproximadamente 2,4 milhões de anos, na Era do Paleoproterozoico. Quando os primeiros organismos fotossintéticos começaram a se multiplicar em grande escala, liberando gás oxigênio como um dos resultados da fotossíntese, em um curto espaço de tempo para a geologia, as cianobactérias despejaram enormes quantidades de oxigênio na atmosfera, e tudo o que podia ser oxidado o foi. Gases, rochas, líquidos, a Terra inteira oxidou, inclusive o metano responsável pelo efeito estufa. Com isso, o planeta passou por um longo período glacial (Glaciação Huroniana), até que as atividades vulcânicas pouco a pouco liberassem gases de efeito estufa na atmosfera fazendo com que o planeta voltasse a reter calor.

---

8   Argumento defendido pelo antropólogo sul-africano Adam Kuper em seu livro *Cultura, a visão dos antropólogos* (2002). Nele, o autor investiga profundamente como a antropologia, as ciências sociais e a própria sociedade têm modificado a noção de cultura.

Segundo, olhe para a fotografia de um pé de soja transgênico: trata-se de um item da natureza ou um item da cultura, conforme essa distinção? E, mesmo aquele nascido causalmente, de uma semente levada por um pássaro, terá dentro do seu gene uma marca de modificação, porque o grau de intervenção humana em tudo é tal que não existe mais, nos dias de hoje, algo que não tenha sido tocado por ação humana. O aquecimento global e o Antropoceno são as lápides dessa distinção.

Por outro lado, para os povos indígenas, essa distinção entre natureza e cultura nunca existiu. São sociedades cujo fundamento é a relação com os outros e a produção de parentesco (como se verá em detalhes adiante). A maioria dos povos indígenas compreende que tudo no mundo é vivo. E, se assim o é, tudo é relação social, portanto tudo seria cultura ou tudo seria natureza. A antropóloga galesa Marilyn Strathern (2014) explana tal distinção de realidades dessa forma: "[e] se a identidade for concebida, não como uma fronteira a ser definida, e sim como um nexo de relações e transações no qual o sujeito está ativamente comprometido?". Ou, nos termos de Eduardo Viveiros de Castro (2001): "no lugar da identidade substancial, a termos afinidade relacional era o valor a ser firmado". Por isso, ao se encontrarem essas sociedades de distintas ontologias, o choque de identidades produziu reações diferentes. O filósofo argentino Walter Mignolo (2017) deixa ainda mais clara a razão pela qual, para os povos indígenas, essa distinção entre natureza e cultura não faz sentido:

> O fenômeno que os cristãos ocidentais descreviam como "natureza" existia em contra-distinção à "cultura"; ademais, era concebida como algo exterior ao sujeito humano. Para os aimarás e os quíchuas, fenômenos (assim como os seres humanos) mais-que-humanos eram concebidos como pachamama, e nessa concepção não havia, e não há ainda hoje, uma distinção entre a "natureza" e a "cultura". Os aimarás e os quíchuas se viam dentro dela, não fora dela. Assim, a cultura era natureza e a natureza era (e é) cultura. Assim, o momento inicial da revolução colonial foi implantar o conceito ocidental de natureza e descartar o conceito aimará e quíchua de Pachamama. (Mignolo, 2017, p. 7)

Bruno Latour, diante da necessidade de abandonar a falsa distinção entre natureza e cultura, propõe uma solução elegante no livro *A esperança de Pandora* (2017). O propósito do livro é *investigar se a realidade existe*, por isso sua importância nesta discussão. É muito difícil, lembra Latour, fugir dos vícios dos modos pelos quais pensamos. Os ocidentais foram treinados por séculos para edificar a ideia de que apenas os humanos pensam. Por isso, Latour busca abandonar as palavras "natureza" e "cultura". Mas segue um questionamento premente: se a velha antinomia natureza e cultura não cabe mais, qual nome dar para o "lugar" em que as coisas acontecem? Tudo é mundo? A resposta de Latour para esse lugar físico e não físico é: **coletivo**. Em suas palavras, coletivo é o que coleta a todos no cosmo. Humanos, não humanos, fótons, bactérias, montanhas, vento, tudo é parte de um coletivo. Uma pessoa pescando à beira de um rio estabelece uma relação coletiva entre peixe, flecha, luz, água, sol e outros tantos seres nesse entrecaminho. E quando a pessoa não está ali, não interessa se existem testemunhas ou não para aferir essa existência, o peixe, a luz, o sol, a água e todo o resto continuam coletando a si mesmos entre si. A garantia da existência das coisas são as suas relações e não algum tipo de consciência sobre elas.

> Mais exatamente a natureza surge agora como o que sempre foi, isto é, o processo político mais abrangente que jamais reuniu, num único superpoder, tudo quanto deva escapar aos devaneios da sociedade 'lá embaixo'. Uma natureza objetiva, perante uma cultura, é coisa inteiramente diversa de uma articulação de humanos e não humanos. Não existe mundo lá fora, não porque inexista um mundo, mas porque não há uma mente lá dentro, nenhum prisioneiro da linguagem fiado unicamente nos apertados caminhos da lógica". (Latour, 2017, p. 351)

Mas ele não está sozinho. Cresce cada vez mais a percepção de que as ciências abandonaram muitas coisas ao adotarem o caminho dos sistemas ideais, da superespecificação e do isolamento de variáveis no qual, para se produzir conhecimento científico, é preciso delimitar o "objeto" do estudo e isolar as outras variáveis. A antropóloga estadunidense Anna Tsing, em seu livro *Viver nas ruínas: paisagens multiespécies no Antropoceno* (2019), questiona por que essa cegueira levou por tantos anos à suposição de que coisas vivas além dos humanos não têm relações sociais. Seu livro é um passeio pelas paisagens arruinadas no Antropoceno, entendendo as relações dos muitos seres no processo de "reação" depois das perturbações humanas. Ela adota, de maneira semelhante a Latour – mas com distinções –, o termo "assembleia" para denotar esse espaço real de relações entre seres. Assembleias agrupam seres humanos e não humanos em interação, na qual os humanos não são os únicos portadores de agência, isto é, a qualidade de ser gente. E gente é diferente de humanos, como distingue Viveiros de Castro.

O filósofo italiano Emanuele Coccia (2018) utiliza a ideia de "imersão" para denotar esse cosmo fluido no qual tudo está em tudo. Da mesma forma que as plantas produziram um mundo, o mundo produziu as plantas e todo ser carrega dentro de si o próprio mundo. "Afirmar que tudo está em tudo (pan en panti) não significa simplesmente imaginar a existência de tudo num substrato único. O cosmos – isto é, a natureza – não é a fundação das coisas, é sua mistura, sua respiração, o movimento que anima sua compenetração". Jamais poderemos estar separados materialmente do mundo, como um dia pensaram Descartes e Kant. A mistura contém em si a exposição às transformações operadas por seus componentes.

> A cosmologia da mistura se funda, portanto, numa ontologia diferente da ensinada pela tradição. Pois toda ação é interação, ou melhor, interpenetração e influência recíproca. A física — a ciência da natureza — deveria, portanto, ser inteiramente reescrita. Se o mundo está em todos seus entes, isso significa que todo ente é capaz de transformar radicalmente o mundo. A mistura universal encarna o fato de que o mundo é constantemente exposto à transformação operada por seus componentes. Não é preciso esperar o antropoceno para se deparar com esse paradoxo: são as plantas que, há milhões de anos, transformaram o mundo produzindo as condições de possibilidade da vida animal. (Coccia, 2018, p. 73)

Assim, seja o coletivo, a assembleia, seja a imersão, a realidade é um fato social. Não somente pela socialidade humana com ontologias e mundos diferentes, mas também, e sobretudo, pela socialidade dos não humanos. A realidade é relacional e não estratificada em um sujeito pensante. E essas relações, quando pensadas no mais profundo grau de interação da matéria, sempre têm uma última instância de troca energética (material ou eletromagnética). Portanto, continua sendo um fato social. Para além do Universo observável, três estrelas em colisão existem independentemente de podermos observá-las ou não. E existem porque se relacionam, e a relação de uma afeta e é afetada pela outra.

Disse, no início desta parte, que pretendia defender uma terceira ideia sobre a realidade. Nem aquela que existe fora de nós, nem aquela que existe a partir de nós. A realidade que defendo é a realidade onde o "nós" não é parâmetro. Uma realidade que depende única e exclusivamente da relação entre as coisas. **Se está em relação, existe**. A realidade, portanto, é um fato social, pois lida com a interação de coisas. Com isso quero dizer, retomando a questão apresentada na abertura desta parte, que "barulho" é um termo demasiado humano para se aplicar à potência colossal encerrada por uma árvore que cai. Ela e seus efeitos relacionais existem. Assim como, sem sombra de dúvidas, mas afastando-se do realismo a-humano cartesiano, o mundo continuará existindo se toda a humanidade morrer. O fim de toda humanidade, até mesmo das rochas, se dará também, mas a perder de vista. O fim de tudo existe na morte térmica do Universo, onde até a premissa mais básica de relação, de coletivo, de imersão, de assembleia e de troca energética não será mais possível. E, na solidão e distante de tudo, no zero absoluto, nada existe, nem a mais baixa onda de energia. Mas esse provável evento ao longe nos interessa pouco neste momento. O que se impõe agora é o cataclisma do planeta e de todas as suas formas de existência inter-relacionadas.

O fim do mundo dos mitos indígenas e o aquecimento global não representam uma aniquilação da existência de tudo, mas uma destruição aniquiladora de alguns membros de uma única espécie que interferem, modificam, acabam e destroem quase todas as outras formas de vida. Essa é a queda do céu a ser suspendida enquanto o longínquo dia do fim efetivo de tudo não vem. Devemos lutar contra o fim dos mundos dos ursos polares, das abelhas, dos micos, dos jacarandás, dos povos indígenas, dos corais e de toda existência. Assim, entender a vitalidade existencial das montanhas, dos gases, das moléculas nas raízes, do ciclo material é essencial para estabelecer parcerias inter e intraespecíficas, aprender com os não humanos e talvez adiar um pouco o fim desse pequeníssimo mundo.

PARTE 2

VIDAS

UM FUTURO IMEDIATO

[VIVER]

Para adiar o fim do mundo

Quando, por vezes, me falam em imaginar outro mundo possível, é no sentido de reordenamento das relações e dos espaços, de novos entendimentos sobre como podemos nos relacionar com aquilo que se admite ser a natureza, como se a gente não fosse natureza. Na verdade, estão invocando novas formas de os velhos manjados humanos coexistirem com aquela metáfora da natureza que eles mesmos criaram para consumo próprio. Todos os outros humanos que não somos nós estão fora, a gente pode comê-los, socá-los, fraturá-los, despachá-los para outro lugar do espaço. O estado de mundo que vivemos hoje é exatamente o mesmo que os nossos antepassados recentes encomendaram para nós.

Krenak, A. *Ideias para adiar o fim do mundo*. São Paulo: Companhia das Letras, 2019, p. 32.

Humanos × terranos

Um rio é o resultado de uma parceria cósmica entre água e sais minerais de rochas. Cósmica pois as nebulosas, com estrelas nascendo de forma acelerada em seu início, contêm oxigênio e hidrogênio em abundância para forjar a semente da água. As hidroxilas, formadas por um hidrogênio e um oxigênio, já são verificadas ocupando regiões muito maiores que o sistema solar em algumas nebulosas. A reação com o oxigênio para formação da água pode acontecer no espaço aberto, quando existe energia térmica oriunda das estrelas ou da morte delas. Essa água, com massa milhões de vezes maior que a Terra, pode esfriar junto com asteroides e cometas. No nosso sistema solar, o cinturão de asteroides ainda guarda uma enorme quantidade de água congelada anexada aos corpos metálicos, que, sem estar em algum planeta, é inerte.

A bola incandescente chamada de Terra primitiva também tinha, entre tantos outros tipos de elementos químicos e substâncias, água. Mas foi somente devido à intensa atividade de quedas de asteroides e cometas no planeta ao longo de seus primeiros milhões de anos que essa água congelada pôde resfriar a crosta e, depois, acumular-se na forma de oceanos. Trata-se de uma água salobra, a mesma encontrada em todo organismo vivo. A água doce apareceria como fruto da interação posterior entre a gravidade, o Sol, a evaporação, a atmosfera, as nuvens, as chuvas e as montanhas. Assim, a água, penetrando na rocha, incorpora os sais minerais que são tão essenciais ao funcionamento de outras vidas. Água doce então, junto com seus sais, começa a fazer parte do planeta, em circulação contínua no globo, como se formasse um rio constante e comunicável. Variando seus estados de vibração entre gelo, vapor e líquido, circula da mais alta atmosfera até o mais fundo aquífero e o gelo fossilizado dos Andes.

O rio está de fato em todos os lugares do globo, compondo as veias e artérias do corpo rochoso por sobre o qual as outras formas de vida repousam. O rio é o próprio movimento. É o rio que contém a curva, e não a curva que contém o rio, já que um rio é impossível de ser contido. Não haverá barragem capaz de deter o movimento do rio, pois o rio condensa-se, flui para cima e cai na forma de chuva do outro lado da barragem. Como entidade imparável, um rio é o indelével moto-perpétuo do fluxo da vida. Um relógio contínuo, uma seta do tempo. Há rios aéreos nas nuvens e rios subterrâneos sob o chão sorvendo e diluindo grande parte das coisas que entram no seu caminho. Para viver, precisa das árvores tanto quanto estas dependem dele e mais outros bilhões de formas de vida. O rio se confunde, assim, com a própria vida.

O escritor Daniel Munduruku (2016) conta como aprender com o rio é necessário desde pequeno no processo educacional de muitos povos indígenas. Um dia, ainda pequeno, ouviu a instrução de seu avô: "Senta naquele tronco de árvore caído ali no alto. Fica lá. Sua tarefa vai ser ouvir o rio. Ouça o que ele tem para te dizer". O que, àquela altura da vida, Daniel não conseguiu fazer, dizendo a verdade ao ser interpelado depois pelo avô. Mas depois aprendeu. Nas palavras de seu avô:

> O rio ensina que é preciso ser perseverante. Ele diz que é preciso encontrar um motivo para seguir adiante. Meu neto já viu o rio parar diante de um obstáculo e ficar chorando, lamentando? Ele não faz isso. Sabe por quê? Porque dentro dele tem uma voz que repete sem cessar que se ele parar jamais irá se encontrar com o grande rio, lugar de onde vieram nossos ancestrais e para onde voltaremos depois de passarmos dessa vida. O grande desejo do rio é ser Rio. Ele não quer ser outra coisa. E ele só não poderá sê-lo se resolver abandonar sua verdadeira vocação. Acontecerá com ele o que acontece com todos aqueles e aquelas que abandonam sua missão: ficará doente, podre, fedido. Água parada cria lodo e a vida vai embora. Ninguém quer tomar banho num rio com água parada, pois sabe que ali não há alegria. Ali estará um ser que desistiu. Você compreendeu as palavras do rio, meu neto? (Munduruku, 2016, p. 27).

Quando, em 2015, uma barragem de rejeitos de mineração em Mariana, Minas Gerais, avançou sobre o rio Doce, a companhia mineradora achou – e ainda acha – que levar caminhões-pipa para a aldeia Krenak em Resplendor, que fora atingida, e indenizá-los seriam formas de reparar os danos. Mas o ataque ali tinha sido a um mundo, a uma existência e a uma realidade vital, e não existiriam equivalentes compensatórios. Uatu, como os Krenak chamam o rio Doce, é um rio que o povo pode se banhar e pescar. É um parente querido, um avô, alguém que provê vida e força espiritual. Para um Krenak, vê-lo combalido por uma lama tóxica e receber em troca um caminhão-pipa é algo doloroso. "Por que o homem branco matou o nosso rio?", questionou Dejanira Krenak quando a lama chegou à aldeia.[9] Sobre a mineração, Ailton Krenak (2019) lembra: "a montanha explorada em algum lugar da África ou da América do Sul e transformada em mercadoria em algum outro lugar é também o avô, a avó, a mãe, o irmão de alguma constelação de seres que querem continuar compartilhando a vida nesta casa comum que chamamos Terra". Daniel Munduruku (2016) expressa-o de maneira ainda mais clara: "Segundo nosso conhecimento tradicional, cada coisa existente – seja ela uma pedra, uma árvore, um rio ou um ser humano – é possuidora de um espírito que a anima e a mantém viva e nada escapa disso". E diz ainda Krenak (2019, p. 32):

> Quando despersonalizamos o rio, a montanha, quando tiramos deles os seus sentidos, considerando que isso é atributo exclusivo dos humanos, nós liberamos esses lugares para que se tornem resíduos da atividade industrial e extrativista. Do nosso divórcio com a nossa mãe, a Terra, resulta que ela está nos deixando órfãos, não só aos que em diferente graduação são chamados de índios, indígenas ou povos indígenas, mas a todos.

É possível que alguém, ao ler essas palavras, possa pensar: "Não, mas falar que o rio é vivo é uma alegoria, uma metáfora, para transmitir algum ensinamento... rios não são vivos". Mas tal pensamento só referendaria a importância da discussão sobre a realidade das coisas, porque é um exemplo de realismo idiossincrático que se interpõe em tudo como se a realidade fosse universal e de acordo com a forma particular por meio da qual essa pessoa pensa. São camadas de projeções de um modo particular de conceber a realidade para julgar a forma pela qual outros povos a concebem. Pois o que dizem Ailton Krenak, Daniel Munduruku e os povos indígenas é que não se trata de metáfora ou alegoria, mas sim de uma realidade – ou de dado empírico, se a expressão se encaixa melhor a determinados parâmetros de

---

9   KRENAK: vivos na natureza morta. [Série]. Direção: Andrea Pilar Marranquel. Brasil: Matilha Conteúdo e Imagem, 2017. *Streaming* (65 min). Disponível em: https://canaisglobo.globo.com/assistir/futura/krenak/t/GSYXJbmMyc/. Acesso em: 9 out. 2024.

aceitação das coisas. O pensamento de numerosos povos indígenas recolhido por Claude Lévi-Strauss permite afirmar que a ontologia expressa na frase de Munduruku é comum de polo a polo da Terra, dos Inuítes no norte do Canadá e Alaska aos Onawo do extremo sul do continente americano. Evidentemente, cada povo guarda grandes diferenças entre si, mas esse aspecto do pensamento ameríndio é amplamente comum.

Quem primeiro sistematizou essa dimensão de vitalidade das coisas todas em uma teoria antropológica foi o etnólogo Eduardo Viveiros de Castro (2013) com aquilo que ficou conhecido como multinaturalismo ameríndio. Tendo vivido junto aos Yawalapiti do Alto Xingu por anos, Viveiros de Castro afirma que as ontologias ameríndias compreendem o mundo como cercado de agencialidades.[10] A montanha é gente, o rio é gente, o Sol e as estrelas são gente, o macaco, o cachorro, o peixe, a planta, o sapo, a vespa, a anta – enfim, o que se observa nos sistemas de conhecimentos ameríndios é essa multiplicação de naturezas, cada qual vista em seu conjunto de relações. As coisas são gente e o mundo é uma constante diplomacia de seres que se entendem, cada um a si, como gente. Por isso, conversar com o rio ou dizer que a montanha é um ser com personalidade não são atos da consciência humana procurando dar significado a tudo ao seu redor, mas simplesmente dados da realidade (Krenak, 2019).

O ponto inicial desse movimento, mais tarde batizado de **virada ontológica**, conta Viveiros de Castro, aconteceu quando ele leu uma passagem do célebre ensaio de Claude Lévi-Strauss intitulado "Raça e história" (1952)[11], no qual o antropólogo francês menciona que, nas Antilhas, após a invasão colonial, os clérigos espanhóis abriam inquéritos para investigar se os indígenas tinham alma ou não. Mas os indígenas também investigavam a natureza do europeu e "se dedicavam a afogar os brancos que aprisionavam, a fim de verificar, por uma demorada observação, se seus cadáveres eram ou não sujeitos à

---

10 Para enunciação do perspectivismo ameríndio, ver capítulo 1, "Esboço da cosmologia Yawalapíti" (p. 25-87); capítulo 3, "O mármore e a murta: sobre a inconstância da alma selvagem" (p. 181-264); e o capítulo 7, "Perspectivismo e multinaturalismo na América indígena" (p. 345-400).

11 Publicado pela Unesco em 1952 na França, foi republicado em 1973 em *Antropologia estrutural dois* (2017).

putrefação" (Lévi-Strauss *apud* Castro, 2013). Ou seja, ambos os lados desse encontro empreenderam investigações. Contudo, os pressupostos subjacentes a elas eram opostos. Para os europeus, cuja ontologia admite apenas os humanos como possuidores de alma, a investigação era verificar se aqueles seres com aparência de humanos eram ou não de fato humanos. De outro lado, as ontologias indígenas já admitiam que aqueles seres brancos e fétidos eram gente, pois todos o são, e a questão era verificar se eram ou não espíritos, isto é, gente cujo corpo não apodrece. Fazendo uma análise metodológica de hoje olhando para trás – portanto anacrônica – se considerados os parâmetros das ciências empíricas, os indígenas desenvolveram muito melhor o seu método de pesquisa. Veremos, aliás, adiante, como povos indígenas são exímios cientistas antes de a ciência moderna reivindicar para si o monopólio do conhecimento.

A síntese de Viveiros de Castro (2013, p. 382) sobre o multinaturalismo precisa ser lida em seu texto original:

> Nossa cosmologia imagina uma continuidade física e uma descontinuidade metafísica entre os humanos e os animais; a primeira fazendo do homem objeto das ciências da natureza, a segunda, das ciências da cultura. O espírito é nosso grande diferenciador: é o que sobrepõe os humanos aos animais e à matéria em geral, o que singulariza cada humano individual diante de seus semelhantes, o que distingue as culturas ou períodos históricos enquanto consciências coletivas. O corpo, ao contrário, nos conecta aos outros viventes, unidos por um substrato universal (o ADN, a química do carbono etc.), que, por sua vez, remete à natureza última de todos os corpos materiais. Os ameríndios, em contrapartida, imaginam uma continuidade metafísica[12] e uma descontinuidade física[13] entre os seres do cosmos. O espírito, que não é aqui substância imaterial mas forma reflexiva, integra; o corpo, que não é substância material mas afecção ativa, diferencia.

Tudo é gente em perspectiva e se vê como gente, mas essas naturezas são fluidas e dependem de relações. Um pássaro não é gente para si

---

12 Ou seja, tudo é gente.

13 Isto é, entre diferentes corpos.

e pássaro para os outros. Uma onça vê a si mesma enquanto gente e vê o homem como presa. O homem vê a si mesmo como gente e vê a anta como presa. Ou seja, é no momento da interação que as naturezas se definem. Quando existem dois seres predáveis reciprocamente, como é o caso de uma onça e um jacaré ou uma onça e uma jiboia, somente no encontro tenso de ambos é que os papéis serão acionados e haverá momento de a onça ser predada e de o jacaré ser predado, conforme a fina tensão constituinte da realidade interposta naqueles breves instantes. Viveiros de Castro (2015, p. 172) chega a aludir à ideia de complementaridade, uma das interpretações da mecânica quântica sobre a natureza dos objetos quânticos. Na interpretação da complementaridade, defendida pelo físico dinamarquês Niels Bohr, a natureza do objeto (se é onda ou partícula) dependerá dos contornos do experimento e do observador envolvido. Como já vimos, o simples fato de observar um elétron, isto é, incidir fótons sobre ele, altera a natureza e o comportamento do próprio elétron.

Na física, um campo é uma região do espaço capaz de alterar o estado de coisas interagindo com ele. O campo elétrico é capaz de alterar o estado de movimento de cargas elétricas; assim como um campo gravitacional é capaz de fazer força em objetos com massa. Um nêutron (que tem carga elétrica igual a zero), quando imerso em campo elétrico, não sofre nenhum tipo de ação desse campo. Mas um nêutron nas proximidades de um buraco negro sentirá sua força gravitacional, pois essa partícula possui massa. Assim, por exemplo, um asteroide pode ver o gelo como sobrepeso e o gelo pode ver o asteroide como veículo, mas se ambos se encontram nas raias de um buraco negro acelerando em sua direção, talvez não se vejam da mesma maneira. E, mais recentemente, a física já compreende que cada um desses campos ocorre pela mediação de uma partícula específica. Ou seja, o que faz com que um campo atue são partículas de interação. O fóton é a partícula de interação da força eletromagnética. Sob essa noção, qualquer relação física envolve matéria (partícula), seja dos seres que se percebem em relação, seja do meio que existe entre eles.

Em mundos tais quais os dos ameríndios, povoados de agencialidades, não há nenhuma distinção entre o social e o natural. Se todos os seres são gente, alimentar-se é sempre um ato canibal, caçar é ato de guerra e conviver é ato diplomático o tempo todo. Diferentes mundos estão o tempo todo se esbarrando e, por vezes, colidindo. Quando, por exemplo, uma estrada, para ser construída, precisa rasgar uma montanha, dependendo do lugar e do povo que ali vive, esse tipo de agressão poderá não acontecer. Para os construtores da estrada, a montanha é vista apenas como um objeto, um punhado de rocha que poderá ser trocado por determinado valor a título de indenização, mas o valor real para o povo que ali vive não é redutível a nenhum tipo de compensação.[14] Alguns países, como Equador, Bolívia e Nova Zelândia, já deram passos importantes em suas Constituições para reconhecer rios e montanhas, por exemplo, como sujeitos de direitos. Por isso o esforço de defender uma socialidade interespecífica, ou seja, entre espécies, é importante. Isso implica repensar também as ciências naturais, seja pela via do que se entende por natureza, seja pela via das práticas científicas. Quando a natureza é vista como algo fora do humano, então tudo passa a ser recurso, objeto, experimento e coisas para serem dominadas e usadas, e não com as quais se deva conviver.

Esse é o apelo de Bruno Latour nos seus ensaios reunidos no livro *Diante de Gaia*, quando evoca a guerra em curso dos humanos contra os terranos. Os terranos entendem os perigos da má diplomacia com as coisas existentes – portanto vivas – do mundo, sob pena de levar o mundo ao fim. Os humanos, que reivindicam para si a humanidade, estão em pleno ataque. Além disso, a distinção humanos *versus* terranos não é uma distinção circunscrita aos *sapiens*. Uma pessoa indígena é terrana, mas também o são a maioria das plantas, as minhocas, os fungos, o Sol e seus fótons de luz, o oceano, as montanhas, microrganismos, enfim, os seres que cooperam para o engendramento e a manutenção do equilíbrio da existência com seus saberes específicos. Os *sapiens* modernos são, cada um deles, um humano, mas também o são um pé de soja transgênico, um defensivo agrícola, as coisas enterradas (urânio, petróleo, diamante, ouro), um carro ou tudo aquilo que opera contra as relações de existência e, portanto, para a esterilidade e perturbação das coisas.

O gráfico seguinte pode dar contornos mais claros, e trágicos, a essa diferença. Trata-se de uma série histórica da emissão de CO_2 no planeta Terra.

---

14 Marisol de la Cadena, em seu livro *Earth Beings: Ecologies of Practice across Andean Worlds* (2015), discute, entre tantos outros pontos, o caso específico de um povoado no Peru que organizou uma resistência contra uma medida do governo que afetava uma montanha de valor sagrado.

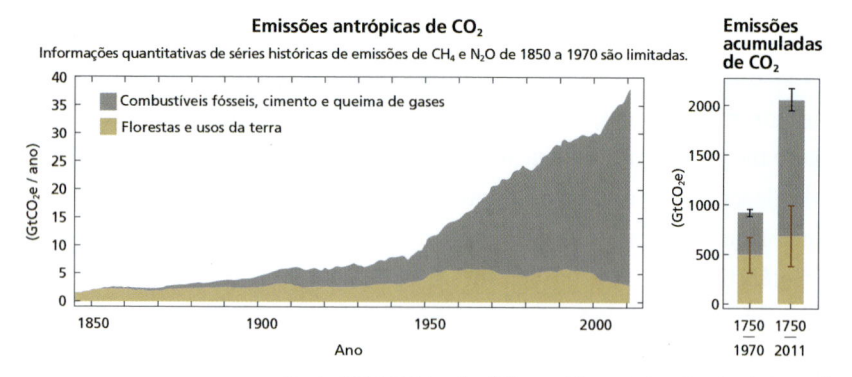

Emissões acumuladas de CO₂

Equipe M10

Fonte: IPCC, 2014: +. In: "Climate Change 2014: Synthesis Report".

Nota-se que em 1850, já após a invenção das máquinas térmicas, a emissão de CO_2 em escala global pela queima de combustíveis não era maior do que a queima gerada por fornos a lenha, fogueiras, pastos e outras práticas tradicionais que envolvem fogo. Aqui, *grosso modo*, os "usos da terra", indígenas ou não, e do fogo, estão inclusos em uma escala de emissão que tende a se manter constante ao longo do século. Esses usos se fazem em pequena escala, no âmbito de tarefas de sobrevivência. Assim, o que mais chama a atenção no gráfico anterior é que o ponto de inflexão em que as emissões da queima de combustíveis começaram a acelerar de maneira aguda se deu após os anos 1950. Sabe-se, desde 1938, que o aumento do CO_2 resulta em aumento do efeito estufa. Em 1956, o físico canadense Gilbert Plass estimou como a adição de CO_2 na atmosfera afetaria o balanço de radiação na Terra. A partir de 1957, essa preocupação começou a ganhar escala na opinião pública e os estudos se intensificaram. O climatologista estadunidense Charles Keeling relacionou diretamente a concentração de CO_2 na atmosfera com o aumento na temperatura do planeta. Ao longo da década de 1960, esse consenso se formou, e em 1972 foi realizada a Conferência de Estocolmo, na qual as mudanças climáticas eram um dos principais assuntos.

Portanto, há uma coincidência muito curiosa quando se analisa o gráfico. Foi em meados dos anos 1950 para os anos 1960 que o consenso científico sobre o aquecimento global começou a se formar. Ou seja, os industriais dos anos 1960 (humanos por excelência), cientes de que a emissão de gases de efeito estufa traria males irreversíveis ao planeta e que, em algum dia no futuro, iriam ser proibidas de serem utilizadas, elevaram a capacidade de produção e asseveraram mais emissões enquanto, paralelemente, financiavam projetos de desinformação para tentar desmentir o aquecimento global (Callendar, 1938; Plass, 1956; Keeling, 1960). Hoje, quando há consenso quase irrestrito sobre a certeza do aquecimento global, seria de esperar que essa curva estivesse sendo reduzida; no entanto, ao contrário, segue aumentando.

O Antropoceno e a mutação climática são obras dos humanos. O fundo subjacente dessas catástrofes é a premissa de que os *sapiens* são seres especiais, diferentes de tudo no mundo. Do outro lado da trincheira, *sapiens* muito mais conectados à ancestralidade compreendem a vitalidade das coisas e a complexidade que é viver e deixar viver. Muitos povos no globo são terranos e possuem ontologias, concepções de realidade e de lógicas diferentes desse histórico apartamento ocidental entre corpo e mente, humano e não humano, natureza e cultura. São realidades diferentes daquelas dos seres da cosmologia ocidental, sobretudo os brancos, como aponta Davi Kopenawa Yanomami (2015):

> Devem se achar muito espertos porque sabem fabricar multidões de coisas sem parar. Cansaram de andar e, para ir mais depressa, inventaram a bicicleta. Depois acharam que ainda era lento demais. Então inventaram as motos e depois os carros. Aí acharam que ainda não estava rápido o bastante e inventaram o avião. Agora eles têm muitas e muitas máquinas e fábricas. Mas nem isso é o bastante para eles. Seu pensamento está concentrado em seus objetos o tempo todo. Não param de fabricar e sempre querem coisas novas. E assim, não devem ser tão inteligentes quanto pensam que são. Temo que sua excitação pela mercadoria não tenha fim e eles acabem enredados nela até o caos. Já começaram há tempos a matar uns aos outros por dinheiro, em suas cidades, e a brigar por minérios ou petróleo que arrancam do chão. Também não parecem preocupados por nos matar a todos com as fumaças de epidemia que saem de tudo isso. Não pensam que assim estão estragando a terra e o céu e que nunca vão poder recriar outros. (Kopenawa; Albert, 2015, p. 418)

O movimento que tenho feito até agora é uma tentativa de articular conhecimentos de um lado para outro da trincheira desde o lugar de fala que ocupo, dito ocidental. Isso implica, entre outras coisas, modificar a forma pela qual concebemos a realidade. Aceitar que **as coisas só existem em relação**, conexão e interação, independentemente de quaisquer testemunhas, é um passo. Mas isso implica também, o que será objeto desta segunda parte do livro, modificar a forma pela qual a vida, o estar vivo, a **existência** e a evolução são entendidas.

Realidades

Imagine que a forma pela qual você concebe a realidade não diz nada sobre como o mundo e os seres são. Imagine a realidade de um musgo na Antártica, a realidade de uma planária generando um outro ser a partir de um ínfimo pedaço de si própria. Tente imaginar a realidade de um asteroide distante de qualquer observador, a realidade de uma ave planando contra o vento, a realidade de uma rocha de urânio irradiando no silêncio da terra. Imagine a realidade de pessoas enxergando a realidade diferente de você. Imagine viver em um lugar em que ninguém reivindica para si a qualidade de ser único. Ou onde isso não seja importante. Imagine que as bactérias falam umas com as outras, que as árvores têm consciência, que a razão não é um predicado de cérebros humanos. Que o cachorro vive, conhece e experimenta o mundo e eventualmente ensina algo sobre ele. Mas não só ele, como a samambaia, o rio, a montanha e tudo o mais que puder imaginar.

Como surgiu a vida (a versão biológica dela)

Fechemos os olhos e nos imaginemos sentados em repouso em um planeta chamado Terra. Não a Terra do futuro, aquela consumida pelo fogo ou pelo dilúvio, tampouco aquele planeta de hoje, no qual, do cimo de uma montanha, pode-se ver a névoa cinzenta da conflagração fóssil em andamento. Em vez disso, imaginemos a Terra bebê, em um calendário cósmico que marque 4,5 bilhões de anos atrás. A geologia chama esse período de Hadeano, em alusão a Hades, o deus grego do mundo inferior, ou seja, o senhor do inferno.

Logo após a sua formação por acreção, ocorreu o impacto gigantesco da Terra com Theia, um outro planeta, oriundo das mesmas mortes de estrelas da intensa região ora muito mais próxima do centro da galáxia (hoje estamos na periferia da Via Láctea). Após a colisão, a Lua entrou em órbita ao redor da Terra, recolhendo com sua gravidade os destroços do impacto, assim como a Terra. Contudo, a Lua não foi parar no mesmo lugar de hoje. Ela estava mais próxima da Terra (entre 15% e 20% em relação à órbita atual). Isso significa que a velocidade de rotação da Terra era maior, e os dias, consequentemente, duravam por volta de 17 horas.[15] Nesse período, em apenas 10 mil anos, o que é muito pouco tempo para a escala de vida do planeta, caiu por aqui o equivalente a dois volumes oceânicos de água na forma de gelo anexado a asteroides. Proporcionalmente, a Terra recebeu um iceberg de 1 km² de gelo, ou cem icebergs de 10 m², a cada hora nesses 10 mil anos. Se isso não tivesse ocorrido, os dias por aqui ainda teriam duração de 17 horas (um dia e uma noite de 8,5 horas no equinócio). Pois é o atrito da água com a superfície da Terra na produção das marés, e do magma com a crosta, que reduz a velocidade de rotação da Terra e paulatinamente afasta a Lua. Ainda hoje esse processo acontece, e a Lua se afasta aproximadamente 4 centímetros por ano. Assim, para não tornar o nosso exercício imaginativo muito cheio de colisões de planetas, asteroides e o caos dos primeiros milhares de anos da Terra, vamos considerar aquele ponto, após a presença da água estabilizar já na forma líquida e com a lava tornada rocha.

Imaginemo-nos então naquela altura da idade do planeta, dentro de uma cápsula de observação que flutuasse sobre o mar, pois nos primeiros milhões de anos da Terra não haviam se formado as placas continentais. A água esfriara a temperatura escaldante do bolo magmático e cobria agora a superfície do globo. Em alguns pontos, poderia chegar a um metro de altura, havendo raros pedaços de rocha para fora da linha d'água. Porém, não conviria entrar no mar naquela época. Mais salgada do que é hoje e levemente ácida, a água não faria bem para a pele humana, mas facilitaria

---

15 Todas as informações sobre as condições da terra prebiótica, desenvolvimento da vida e parte significativa desta parte foram retiradas do colossal trabalho de Camprubí *et al.* (2019), realizado por uma equipe multidisciplinar formada por pesquisadores da Nova Zelândia, Estados Unidos, França e Suécia, que recolheu mais de quinhentos estudos científicos sobre as diferentes hipóteses, controvérsias e avanços sobre as condições e origens da vida na Terra.

a flutuação da cápsula. Sendo salgada, haveria muitos íons sódio (Na+) diluídos nela. Além disso, sem a camada de ozônio que existe hoje, os raios ultravioletas (UV) do Sol atingiam em cheio a superfície dessa água, aumentando sua temperatura e níveis energéticos. Atualmente, 275 W/m² (Watts por metro quadrado) de UV (radiação ultravioleta) é considerado um nível extremo de exposição do *sapiens* a essa radiação, enquanto, naquela época, os níveis poderiam chegar a 1 000 W/m² (e é uma das razões pelas quais teríamos de estar em uma cápsula). Sem o papel regulador de temperatura que o solo continental produz, a temperatura dessa Terra bebê variava entre 0 °C e 50 °C a depender da região e da estação. Para uma Terra recém-formada e com fluxos hidrotérmicos constantes do manto para a superfície, exposta aos níveis de radiação indicados e chegando a 300 °C, não havia como formar gelo.

Com a Lua mais próxima e a rotação mais rápida, as marés tinham uma média de 20 metros de variação de altura, o que também ocasionaria ondas muito maiores que isso em determinadas regiões do planeta, a depender do relevo submerso. Assim, nossa cápsula (com ar-condicionado e com proteção contra UV), flutuando no mar quente, seria erguida em 10 metros e depois rebaixada 10 metros a cada 4,25 horas, além de ser golpeada por grandes ondas. Acima da superfície hidrosférica global, o ar era irrespirável, composto de gás nitrogênio (N_2) e um pouco de hidrogênio (H_2), de gás carbônico (CO_2) e, com o tempo, de metano (CH_4). Ainda que o elemento oxigênio estivesse disponível na formação planetária, rapidamente ele se ligara a outros materiais em reações de oxirredução, de modo que gás oxigênio livre não havia naquela altura. A densidade dessa atmosfera era baixíssima, rarefeita, fazendo a pressão atmosférica ser igualmente baixa. Com baixa pressão, talvez fosse possível em regiões específicas ver o mar em ebulição em alguns momentos do ano. Ano este de 515 dias, no qual cabem trinta ciclos lunares (meses) completos de 17 dias. Para ajudar esse processo, sem placas tectônicas consolidadas, a atividade vulcânica submersa e os fluxos hidrotérmicos povoavam o unoceano marestre (em que a terra ainda não aparecera).

Portanto, neste exercício regressivo, o mundo hadeano era uma bola quente, tomada por colisões intermitentes de toda sorte de objeto cósmico ao longo de alguns milhões de anos. Após isso, a Terra hadeana assume forma de uma hidrosfera global onde não se enxerga o chão, geralmente. As placas tectônicas que hoje conhecemos foram consolidadas 700 milhões de anos após a acreção original. Pelo impacto de grandes objetos e atividade vulcânica, uma ou outra ilha de rocha poderia ser encontrada naquele ano 10 000 da Terra, mas em pequenas quantidades. Os impactos de objetos contra a Terra agitavam o seu oceano com tsunâmis que, somados às marés e aos **ciclos convectivos**, misturavam a água global, que, aos poucos, foi reduzindo a sua temperatura e a sua concentração de sal.

Por muito tempo, o planeta seguiu diminuindo temperatura e salinidade. Agora, em um salto, chegamos em um ponto em que a Terra está com 500 milhões de anos de vida. Aos olhos tudo parece igual, mas os parâmetros físicos e químicos mudaram neste tempo. Sua interface entre superfície hídrica com algumas montanhas e lagos e atmosfera é composta basicamente dos átomos de hidrogênio (H), carbono (C) e nitrogênio (N), mas também oxigênio anexado a outros elementos. Átomos esses que já poderiam estar combinados em moléculas antes de o planeta surgir, como é o caso do gás hidrogênio (H_2), do gás nitrogênio (N_2), da água (H_2O), do dióxido de carbono (CO_2), da amina (NH_2), da amônia (NH_3), do óxido nítrico (NO), óxido nitroso (N_2O), do metano (CH_4), da carboxila (COOH), entre outros. Se considerarmos as raras montanhas e lagos, temos outros elementos, como fósforo (P) e enxofre (S), que permitem também formar moléculas como o fosfato (PO_4^{3-}) e o dióxido de enxofre (SO_2). A grande maioria dos elementos e moléculas desta Terra primitiva são altamente reativos e, em um planeta quente, de baixa pressão atmosférica e com tempestades colossais e descargas elétricas em profusão, reúnem-se a um conjunto reativo a energia catalisadora dos raios para recombinar ainda mais esses elementos em outros ainda maiores. Ou seja, uma porção de rocha com diversos elementos reativos, ao receber a descarga elétrica de um raio, tem energia para recombinar alguns átomos e moléculas e formar novos elementos. Imagine então todas as condições favoráveis para recombinações de moléculas acontecendo o tempo todo, por 500 milhões de anos, sem parar.

Moléculas novas são rearranjos de elementos que, em conjunto, possuem características diferentes. Com os mesmos átomos, é possível formar moléculas mais reativas que outras, mais hidrofóbicas que outras, mais densas etc; ou seja, novos arranjos, novas características. Quando os átomos de carbono, hidrogênio e oxigênio (C, H, O) se juntam de diferentes formas e quantidades, têm-se as moléculas de carboidratos como a glicose ($C_6H_{12}O_6$), a celulose ($C_6H_{10}O_5$), a sacarose ($C_{12}H_{22}O_{11}$), a ribose ($C_5H_{10}O_5$) e a desoxirribose

$(C_5H_{10}O_4)$. Mas a combinação de H, C e O pode também formar longas moléculas com características especiais por não serem solúveis em água e serem bons isolantes térmicos, ou seja, conseguirem refletir ondas de calor: são as gorduras, ou lipídios. Apenas com a combinação desses três átomos de diferentes formas e tamanhos, já passamos de centenas de moléculas que começaram a povoar a Terra. Mas há muitas outras.

A união entre carbono, hidrogênio, nitrogênio e oxigênio (C, H, N, O) pode produzir as chamadas bases nitrogenadas. Conhecidas como adenina, citosina, guanina, timina e uracila, são todas moléculas formadas por diferentes combinações desses quatro átomos.

Figura 3 – Bases nitrogenadas. Arranjo molecular das bases nitrogenadas que combinam de diferentes maneiras o carbono (na cor preta), o hidrogênio (na cor cinza), o oxigênio (na cor vermelha) e o nitrogênio (na cor laranja).

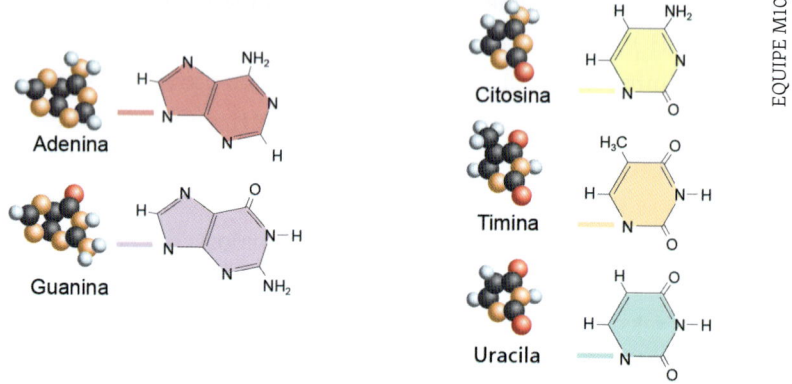

EQUIPE M10

Quando as aminas (NH_2) se juntam com as carboxilas (COOH), têm-se mais de vinte combinações de moléculas chamadas de aminoácidos. Por sua vez, os aminoácidos têm a vantagem de conseguirem juntar-se por ligações intermoleculares uns aos outros, formando uma longa cadeia de moléculas conhecida como proteínas. Existem proteínas com apenas algumas dezenas de átomos e outras, com milhares. A hemoglobina, por exemplo, é uma proteína composta de 287 aminoácidos divididos em duas cadeias que se entrelaçam em um conjunto de 8 452 átomos. Quanto mais numerosa se torna a molécula, sua tendência física é enrolar-se, de modo que, quando olhamos para a forma que isso toma, parece não haver formato definido. Na Terra nova, as proteínas presentes eram pequenas como as Kae1, YgjD, Sua5, YrdC, consideradas proteínas primitivas.

Proteínas conseguem desenvolver talentos específicos no meio molecular. Há proteínas que servem como veículo para outras moléculas, transportando-as. Há proteínas capazes de criar estruturas, como tijolos compactos. Há proteínas que servem como baú de armazenamento de moléculas. Há outras capazes de se agarrar a coisas e impedir moléculas de fazer suas funções. Há ainda outras proteínas que, ao contrário, aceleram reações e fazem uma linha de montagem para aumentar a velocidade de ocorrências de transformação da matéria em volta.

Moléculas grandes também podem combinar-se, como é o caso da união entre bases nitrogenadas, carboidratos (ribose ou desoxirribose) e fosfato. Conhecemos essa união como nucleotídeos. Entre esses tipos de moléculas, há dois muito especiais. O primeiro é conhecido como "trifosfato de adenosina", ou, mais intimamente, ATP, uma molécula capaz de armazenar energia de suas ligações para transferi-la para outros sistemas. O segundo tipo é uma molécula na qual os fosfatos compartilham elétrons e conseguem ligá-la a outro nucleotídeo por um lado e, de outro lado, as pontes de hidrogênio conseguem conectar o nucleotídeo a outro. Desse modo, pode-se construir um fio com dezenas, centenas, milhares, milhões, bilhões e trilhões de nucleotídeos. Quando esses nucleotídeos estão ligados uns aos outros como um fio, tem-se o ácido ribonucleico (RNA). As menores moléculas de RNA são formadas por menos de duzentos nucleotídeos, totalizando 7 800 átomos (2 800 hidrogênios, 2 000 carbonos, 1 800 oxigênios, 1 000 nitrogênios, 200 fósforos).

Esse emaranhamento molecular consegue galgar escala e estabilidade energética, e quando dois fios se entrelaçam unidos pelo oxigênio da desoxirribose, tem-se a molécula dupla-fita do ácido desoxirribonucleico (DNA). Tais moléculas podem ser inertes, isto é, uma vez formadas, elas não reagem mais com outros elementos. Podem até ser quebradas e remendadas, mas em sua estrutura não entra mais nenhum átomo novo: trata-se de uma proeza energética chegar a esse ponto de equilíbrio e estabilidade. Uma sequência específica e ordenada de moléculas de DNA configura um gene. Todas as estruturas citadas puderam ser formadas na Terra primordial.

Figura 4 – Na primeira imagem, temos as bases nitrogenadas unidas em longas cadeias. Na segunda, primeiro aparecem ligadas ao fosfato, formando o RNA e, depois, em fitas duplas formando o DNA.

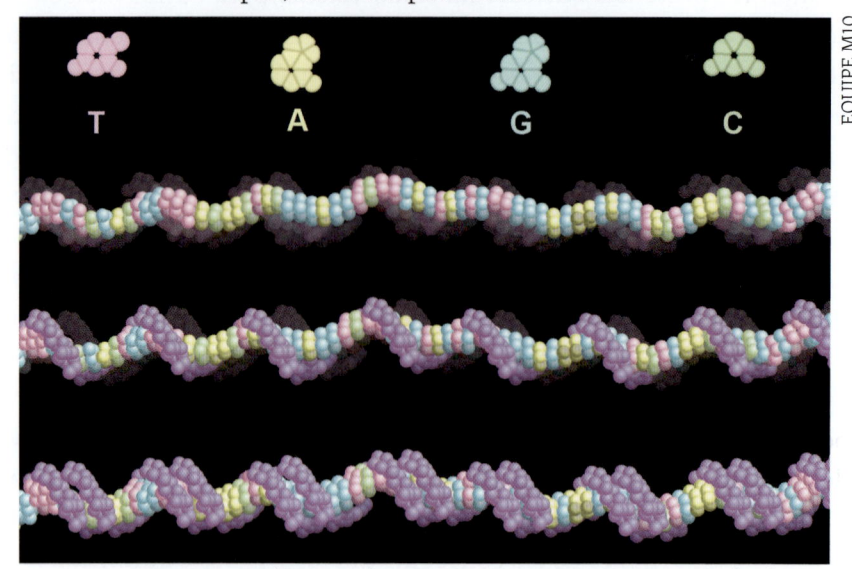

Fonte: DNA animation (2002-2014) by Drew Berry and Etsuko Uno. Austrália: [s. n.], 2018. 1 vídeo (7 min). Publicado pelo canal WEHImovies. Disponível em: https://www.youtube.com/watch?v=7Hk9jct2ozY. Acesso em: 9 out. 2024.

Algo muito importante acontece quando moléculas alcançam um grau de estabilidade energética a ponto de ficarem inertes. Isso vale para o RNA, o DNA, mas também para cristais e algumas rochas. Apesar de elas mesmas não reagirem, conseguem induzir forças. Os átomos que a compõem possuem cargas elétricas que atraem ou repelem outras moléculas do seu meio. Em um meio líquido, a temperatura garante para todas as moléculas um certo grau de vibração. Moléculas colidindo umas com as outras podem, dependendo das condições de temperatura e pressão, reagir, mas, se não reagirem, alteram o movimento umas das outras. É o conhecido **movimento browniano**, descrito por Albert Einstein em 1905. Esse movimento das moléculas é o principal motor da matéria em meios fluidos. O movimento browniano, aliado às atrações elétricas, faz com que moléculas de fora consigam se espelhar na molécula estável e, eventualmente, produzir uma cópia ou um pedaço de cópia da molécula original. Trata-se de um mecanismo físico muito rudimentar de replicação, e o RNA ribossômico conseguiu se especializar em replicar a sua própria estrutura movida por disponibilidade de moléculas e movimento browniano. Assim, neste momento da história, já começamos a lidar com um fenômeno que fundamenta as teorias de origem da vida, chamadas de *abiogênese*, ou seja, a origem da vida a partir da matéria não viva. Esse processo de replicação parece envolver dois aspectos: 1) uma forma de captar a matéria disponível no meio em questão; e 2) uma forma de reordenar essa matéria.

A junção de lipídios em grande quantidade forma uma manta capaz de curvar-se e fechar-se em uma membrana aproximadamente esférica. Uma vez fechada, essa membrana divide o mundo fora dela e o mundo dentro dela. Pode haver diferenças de concentração de sais e temperatura entre os dois lados e possibilidades de a membrana permitir a passagem de algumas moléculas de fora para dentro e de dentro para fora. Se, dentro desse ovo de lipídios, estiver ou entrar uma molécula como o RNA, adiciona-se às características já especiais dessa molécula o fato de ela conseguir um local física e quimicamente menos turbulento para repousar. Induzindo a passagem de proteínas, ATP e mais lipídios para este conjunto macromolecular, a replicação do RNA, antes em ambiente livre, consegue ocorrer em ambiente fechado com capacidade de se separar, até mesmo formando dois corpos novos.

Essa estrutura extremamente simples, mas ao mesmo tempo bastante complexa, é o que se conhece hoje como LUCA, abreviação de *Last Universal Common Ancestor*, ou o último ancestral comum da vida na Terra, que surgiu em um planeta ainda bastante novo, com apenas 500 milhões de anos de idade. Conseguia extrair energia das ligações de carbono nos ATP e crescia por meio da fixação de gás hidrogênio (H_2) e gás carbônico CO_2. Esse ser era capaz de manter-se com essa mesma forma, de incorporar moléculas de fora para sua própria formação, de jogar para fora coisas desnecessárias, de fazer uma cópia de si mesmo, mas levemente alterada. Trata-se de um mecanismo extremamente simples, na medida da quantidade de coisas que o compõe, todas criadas com os blocos materiais já existentes na origem do planeta, com um tamanho de milésimos de centímetro. E, se comparado com uma célula de um ser de hoje em dia, mesmo uma bactéria, os recursos e forma de manter-se são bastante rudimentares.

Apenas como exercício de comparação, o vírus Sars-Cov-2, que provocou a pandemia de covid que eclodiu em 2019, em Wuhan, China, também possui uma membrana de lipídios, proteínas formando a coroa e um RNA em seu interior.

Apenas a fita de RNA desse vírus possui aproximadamente 60 mil nucleotídeos (30 mil pares), o que totalizaria por volta de 2 milhões e 340 mil átomos. A somar os átomos das proteínas e das membranas, temos um ser, dos menores existentes, composto de mais de dez milhões de átomos. E, em apenas uma minúscula gotícula de saliva, é possível encontrar centenas de vírus.

Já uma bactéria das mais simples possui 160 mil pares de bases nitrogenadas em seu gene. Cada célula de uma árvore possui em seu DNA 480 milhões de pares de genes. O genoma humano é composto de aproximadamente 3 bilhões de pares de bases, portanto, 6 bilhões de nucleotídeos, o que daria cerca de 230 bilhões de átomos (84 bilhões de hidrogênios, 60 bilhões de carbonos, 54 bilhões de oxigênios, 30 bilhões de nitrogênios e 6 bilhões de fósforos). E uma única ameba possui 690 trilhões de pares de bases, o que, em números totais, daria 1,4 quadribilhão de nucleotídeos – ou aproximadamente 54 quadribilhões de átomos organizados em uma fita dentro de uma única célula.

A vida ávida

Figura 5 – A superárvore da vida.

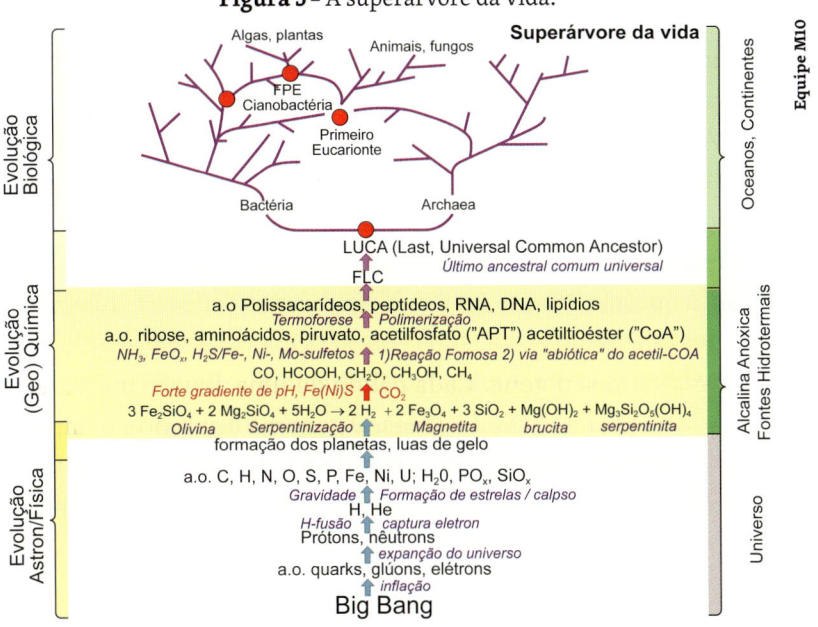

Fonte: Camprubí, E. *et al.* The Emergence of Life. *Space Science Reviews*, v. 215, n. 56, 2019. Disponível em: https://doi.org/10.1007/s11214-019-0624-8. Acesso em: 9 out. 2024.

Apesar de, estruturalmente, a grande árvore da vida da hipótese abiogênica ter centenas de pesquisas e argumentos que a corroboram, muitas perguntas permanecem em aberto. Sabe-se empiricamente os processos de formação de moléculas orgânicas a partir de moléculas inorgânicas; sabe-se o processo de reações químicas para formação de macromoléculas; sabe-se hoje muito mais do que há dez anos sobre o cenário e as condições da Terra primitiva, assim como se conhece muito mais sobre as condições químicas dos planetas e corpos do Sistema Solar. Contudo, sabe-se ainda muito pouco sobre o mecanismo original de transcrição de RNA no ancestral comum. Desconhece-se como as moléculas prebióticas foram selecionadas e, principalmente, as razões que levaram tais processos a acontecerem da forma como se imagina que aconteceram. A simples diferença de concentração entre o interior e o exterior não explica o processo de entrada e saída de materiais específicos. Tudo tende a ser um processo bastante aleatório, e as pessoas que se dedicam a estudar as origens da vida, por vezes, incomodam-se com esse fato.

Entretanto, apesar de ter uma estrutura aparente semelhante, o coronavírus não é considerado um ser vivo, e o LUCA e todas as suas derivações, incluindo os *sapiens*, são considerados vivos. O que o LUCA tem que o coronavírus não tem? Muitas coisas, mas, acima de tudo, a capacidade de incorporar matéria para construir a si próprio. O vírus consegue replicar o seu RNA se estiver em um meio propício para essa replicação. Um vírus não "se alimenta", apenas se replica, dependendo dos outros. Mas que coisa não depende dos outros? Ainda que os outros sejam átomos e moléculas.

Por isso, é preciso lembrar que, mesmo entre cientistas, não está clara a resposta à questão: "O que é a vida?". Embora os dados e conhecimentos acumulados permitam traçar um cenário primordial, há muitas lacunas no roteiro dessa história. Assim, não existe uma definição universal para o conceito biológico de vida, e a maioria das definições procura ressaltar algumas características dos seres vivos biológicos. A primeira delas é a capacidade de autorreplicação, que permite produzir novos seres a partir de um, dois ou mais anteriores. Assim, é fácil identificar um humano com seu bebê e dizer, conforme essa definição, tratar-se de um ser vivo. Contudo, proteínas, ácidos nucleicos e cristais também são capazes de se autorreplicar, porém há muita gente disposta a dizer que um cristal não é vivo, ou que uma proteína não o é. A segunda característica das coisas vivas mais encontrada é o fato de realizarem metabolismo, ou seja, são capazes de transformar matéria no seu interior. Por exemplo, os vírus apresentam estrutura molecular, replicam-se, mas não sofrem metabolismo.

Essas categorias, baseadas em funcionalidades, fazem o processo inverso à intuição. Elas olham para tudo ao redor que acreditamos estar vivo, analisam esses seres que foram classificados ao longo de muitos anos e tentam extrair deles características comuns. Como se viu, tal método não produziu respostas livres de problemas. Mas há as definições mais voltadas para princípios em geral. A Nasa utiliza uma definição para agrupar um pouco do que já foi dito aqui, considerando a vida "um sistema químico autossustentável capaz de evolução darwiniana". Nessa mesma linha química, há a ideia de que "a vida é o aproveitamento de energia química de tal forma que o dispositivo de aproveitamento de energia faz uma cópia de si mesmo"(Camprubí *et al.*, 2019).

O físico austríaco Erwin Schrödinger (1997), pai da interpretação ondulatória da mecânica quântica, dedicou-se também a pensar e refletir sobre a vida, sobretudo em suas escalas mais íntimas. Para ele, a diferença entre uma porção de matéria viva e uma porção de matéria não viva é que a primeira "faz alguma coisa", como mover-se, trocar material com o meio, e, por essa razão, a ideia de entropia emerge a ele como essencial para pensar a vida. Entropia, vale lembrar, é o grau de desordem molecular de um sistema. Quando algo considerado não vivo é isolado ou colocado em um ambiente uniforme, com o tempo, o movimento de partículas ali se reduz; as diferenças de potencial químico ou eventualmente elétricos são equalizadas; o que pode reagir reage; e a temperatura de tudo tende a chegar a um equilíbrio pelas conduções de calor. Podendo demorar mais ou menos, sistemas não vivos tendem para um estado de equilíbrio, formando um conjunto inerte de matéria (Schrödinger, 1997). Esse estado em que nada mais pode acontecer é chamado de "entropia máxima". Se compararmos antes e depois, no primeiro caso, antes de serem isoladas as coisas apresentavam uma certa ordem e, após todos esses processos acontecerem e o equilíbrio ser alcançado, muitas coisas saíram da ordem originalmente estabelecida. Por isso diz-se que a entropia é o aumento da desordem de um sistema.

Para Schrödinger, as coisas vivas retardam a entropia natural, ou seja, um corpo vivo apresenta o poder de manter a sua própria ordem, mas também é capaz de produzir eventos ordenados. Se for um ser vivo isolado nas mesmas condições do experimento anterior, ainda que sem alimentos, esse organismo permanecerá mais tempo trocando matéria com o meio, eventualmente mantendo sua temperatura do corpo diferente do meio e estendendo ao máximo o seu próprio estado organizado, até que ele não consegue mais fazer isso, "morre" e outros processos acontecem, reações, equilíbrio térmico, e chegue, ao fim de um tempo, na entropia máxima. Ainda que, no limite, tanto o ser vivo como o ser não vivo tendam à máxima entropia, o ser vivo consegue diminuir localmente, em seu corpo, a entropia global e retardar a tendência da desorganização. Um ser vivo, visto dessa maneira, é um sistema aberto que troca matéria e energia com o ambiente para manter seu estado distante do equilíbrio. Ou, em termos técnicos, a vida seria a diminuição local da entropia. Ou ainda, em termos mais físicos, a vida é a entropia negativa, o consumo de ordenação material do meio para manter a própria ordenação, indo contra a entropia do sistema. A vida, paradoxalmente, consegue fazê-lo de maneira inversa ao que a física entende do mundo. Uma única molécula, altamente complexa, estável e inerte rege um conjunto de eventos ordenados, macroscópicos e afinados com o ambiente.

Schrödinger defende que a física para explicar a vida deve ser outra. "Temos que a matéria viva, embora não escape às 'leis da física' tal como hoje se encontram estabelecidas, parece envolver 'outras leis da física' até aqui desconhecidas, as quais, no entanto, uma vez reveladas, virão a formar parte integral dessa ciência, assim como as anteriores o formam."[16] O mistério se deve também ao fato de o DNA ser um tipo de molécula muito diferente.

Figura 6 – Do DNA ao cromossomo. Com as proteínas se juntando à fita de DNA, ela se enrola em si mesma, formando um fio molecular que continua enrolando-se sobre si próprio com um enlaçamento parecido com fio telefônico, que, por sua vez, enrola-se uma terceira vez entre si, que se enrola uma quarta vez entre si, e depois ainda se dobra formando então os cromossomos.

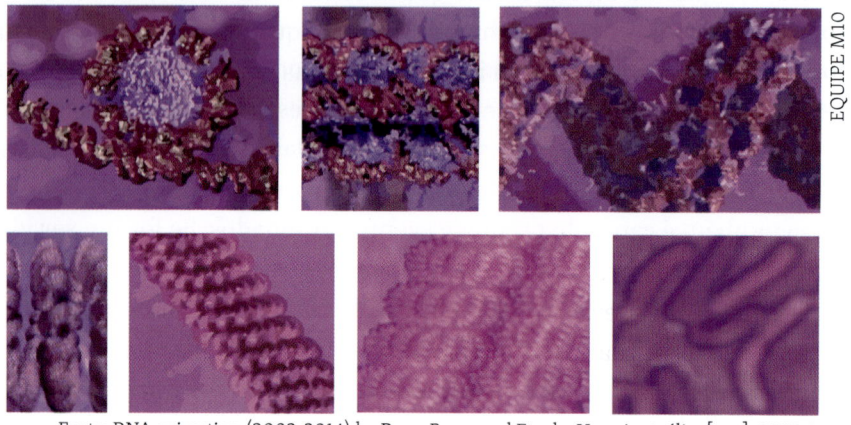

EQUIPE M10

Fonte: DNA animation (2002-2014) by Drew Berry and Etsuko Uno. Austrália: [s. n.], 2018. 1 vídeo (7 min). Publicado pelo canal WEHImovies. Disponível em: https://www.youtube.com/watch?v=7Hk9jct2ozY. Acesso em: 9 out. 2024.

Schrödinger considera o DNA um cristal aperiódico, e o cromossomo, um sólido tal qual uma pedra. Em razão da longa cadeia que conseguem formar, esses elementos são como os cristais, com a diferença de que o grau de repetição das moléculas estruturais de um cristal é bastante simples – sua estrutura no estado sólido é conhecida e repete-se em todos os sólidos, que, por isso, são periódicos. Já o DNA é muito mais complexo do que um cristal,

---

16 Schrödinger, E. *O que é vida?*: aspecto físico da célula viva seguido de mente e matéria e fragmentos autobiográficos. São Paulo: Unesp, 1997. p. 80.

mas igualmente consegue formar um sólido como uma pedra, não fosse a sua capacidade de ser um processador de informações que se mistura e troca material genético com outros. Por isso, essa especificidade da fita cromossômica reforça a necessidade de uma nova física. A hipótese de Schrödinger é de que a nova física estará ligada à quântica e deverá surgir em breve. Não passou pela cabeça do físico que talvez pudéssemos, em vez de pensar uma nova física para explicar a vida, modificar o entendimento da vida sem excluir a física desse mundo vivo. No lugar de "precisamos de uma nova física para entender a vida", *"precisamos de uma nova vida para encaixar a física"*.

Nota-se nas discussões ocidentais científicas sobre a vida um grande apego à uma realidade preestabelecida do que é vivo ou não. Tanto a noção de ordem *versus* desordem quanto a argumentação de Schrödinger são problemáticas nesses aspectos. Para entender a vida como uma redução local da entropia, a ciência deveria aceitar que as estrelas são vivas, pois elas fazem precisamente o predito por Schrödinger para o que se deve considerar vida: o que recolhe a matéria ao seu redor, transforma em outra e libera energia, em vez de apenas esfriar. E, se pensarmos a Terra recebendo constantemente energia vinda do Sol, mantendo em seu interior há 4,5 bilhões de anos ferro derretido em um estado de energia relativamente constante, então o próprio planeta, mesmo sem a presença de nenhum ser vivo, é um sistema redutor da entropia natural das coisas pelo simples fato de ter gravidade, calor, atmosfera, ciclos materiais, como o da água, e campo magnético. Mas esse é o menor dos problemas, dado que a definição estatística de entropia trará as diferentes noções de desordem quando a temperatura é constante ou não.

O argumento parece preso a uma circularidade. Se a vida é algo que reduz a entropia localmente produzindo e incorporando ordem, e isso não acontece em sistemas não vivos (que tendem à desorganização e ao equilíbrio), então a vida é viva, exceto aquilo que não é vivo e reduz entropia. O próprio paradigma das coisas animadas enseja uma visão segregada de si em relação às outras coisas. E mais: talvez estejamos diante do mais fino grau da ontologia ocidental, ou seja, a completa incapacidade de se imaginar como efeito secundário. Desnecessário seria lembrar que, embora não se encontre alguém ou algo capaz de sustentar a divisão entre física, química e biologia no ramo das ciências "naturais", há um princípio quase aristotélico na maneira pela qual se manifestam as pessoas que se dedicam a trabalhar e defender a separação dos conhecimentos. A ciência moderna desconhece a diferença entre o vivo e o morto, mas assume que o domínio da física é aquele mais distante do biológico. A ausência de vida parece definir a física. Afinal, uma pedra caindo, um gás aquecido realizando trabalho, uma onda gravitacional ou um raio são "não vivos".

Figura 7 – Proximidade ou afastamento das ciências naturais com a vida

Aquilo que tem um pé longe da vida (ligações intermoleculares) e outro pé perto da vida (ATP alimentando célula) fica na fronteira entre o inorgânico e o orgânico, ou seja, a química. Diz-se haver física quando há preservação no arranjo de átomos; se há alterações, mudando-se a natureza do elemento, considera-se química. Isso parece bastante limitado. E, quando vemos o sistema Terra com todas as suas formações moleculares, e seres ao longo dos bilhões de anos, sem haver uma fronteira definida pelos definidores de fronteiras do que é vivo, só podemos atestar a precariedade dessa maneira de entender o mundo. Não só de entendê-lo como de estudá-lo.

Recorde que toda essa argumentação se constrói com base em um "sistema isolado", lugar-comum no método científico e que fundamenta o realismo ontológico da ciência. Se isolarmos um copo com água e açúcar e outro só com água, com o tempo ambos trocarão suas concentrações. Se isolarmos um camundongo e o deixarmos morrer, podemos medir a entropia do sistema e comparar com o outro. Chegará o momento de versar sobre a ciência e seus métodos, sobre as prerrogativas de verdade, sobre o corporativismo acadêmico e o sistema de isolamento de variáveis, mas, por ora, é preciso ter ciência de que as coisas existem em relação, juntas com a inerência de suas complexas cadeias de relações. Ou seja, se retirarmos a vida de algo para estudá-lo, isolando-o das relações que o tornam existente, talvez possamos constatar que esse algo está morto. A dificuldade de pensar a vida para além dos limites estabelecidos pelas ciências é mais fruto do corporativismo humanista do que de uma postura afeita às evidências. É preciso, talvez urgentemente, recolocar a compreensão sobre a vida para poder então agir em favor dela.

A incrível fazenda de microrganismos

Imagine que você foi jogado em uma substância ácida e foi todo derretido. Todas as unidades celulares presentes no seu corpo foram separadas e contadas: neurônios, cabelo, ossos, sangue, unhas, dentes, retina, rins, fígado, tudo. Concluída a contagem, foi descoberto que 57% (~3,8 x 10^{13}) do seu corpo é composto de células não humanas. Bactérias e arqueas, sobretudo no intestino humano, mas também na pele, na língua, olhos, entre outros. E 43% é efetivamente formado por células com o genoma humano. Mais do que imaginar seu corpo como uma fazenda de micróbios que evoluiu para melhor servir a eles, é importante imaginar como seria se relacionar com esses seres diretamente. Provocá-los a nos ajudar em algo, sobretudo viver melhor. Por outro lado, se eles se rebelarem e sumirem do Universo em um estalar de dedos, morreríamos de inanição em pouco tempo.[17] Pelos dados disponíveis hoje, se você for um sapiens terrano, a diversidade de microrganismos dentro do seu corpo pode ser até 30% maior do que se você for um sapiens humano. Povos originários e indígenas com pouco contato com os brancos possuem há séculos em seus corpos organismos com genes resistentes a antibióticos inventados somente nos últimos anos. A industrialização dos alimentos reduziu em pouco tempo a microbiota dos intestinos ocidentais e, em contrapartida, aumentou a quantidade de males que os afetam. Sabe-se que alguns tipos de males como câncer, obesidade, mal de Parkinson, asma, intolerância e alergia alimentar, depressão e até autismo possuem relação com a diversidade de microbiota dentro do nosso corpo.[18]

---

17 Os dados de tal analogia provêm do longo estudo de Ron Sende, Shai Fuchs e Ron Milo (2016). Esse estudo revisitou a proporção antiga de 1/10 entre microrganismos e células que vigorou por anos sem uma metodologia clara de contagem.

18 Sobre essa relação, consultar: Clemente et al. (2015), em que há uma medida de diversidade microbiota entre cidadãos estadunidenses e populações não ocidentais. Em um dos seus gráficos verifica-se que os Yanomami do noroeste amazônico e da Venezuela possuem o dobro de diversidade microbiota no intestino em relação à média das pessoas dos Estados Unidos da América. Sobre a relação entre a diversidade de microrganismos dentro do ser humano e problema de saúde, consultar: Davenport et al. (2017). No estudo, há a hipótese de que tal diferença se dê nas modificações do modo de se alimentar, cultivar e industrializar alimentos.

Se existe, vive

A continuação do mito Popukare (Apurinã) da conflagração do mundo é mais interessante do que um mundo meramente tomado pelo fogo. Relembrando esse mito, no acontecimento da tomada do fogo, duas irmãs conseguiram subir em um alto pé de jenipapo e escapar da destruição. De lá viram a velha deusa canibal recolher os restos mortais das coisas para replantar o mundo. Restos mortais são sementes, estacas de um roçado. Mas, ao coletar os ossos dos mortos como as manivas de mandioca, apenas os ossos das "pessoas obedientes" sobreviveram, pois são mais duros. Dentro do sistema de crenças Apurinã, o mito revela muitas coisas que se transformam em práticas sociais e conhecimentos científicos. Poder-se-ia pensar antes mesmo do roçado, por qual razão o jenipapo não pegou fogo e permitiu às irmãs sobreviverem? Jenipapo é uma árvore única, não cultivável e de importância inestimável para muitos povos indígenas, sobretudo por oferecer a tinta preta com a qual pintam os corpos. Alta e extremamente resistente, a árvore de jenipapo tem a casca grossa e dura e consegue sobreviver às queimadas sazonais do Cerrado. Assim, vê-se novamente, sem muita dificuldade, na cosmologia Apurinã, mas também em muitas outras, que a dureza das coisas está associada à sua longa vida ou à imortalidade, bem como, ao contrário, a moleza está associada às durações breves.

Essa análise sobre os Apurinã faz parte do trabalho do biólogo, ecólogo e antropólogo Mario Rique Fernandes (2020) em seu texto "O mundo num ouriço de castanha: a mitopoética dos índios Apurinã e o espírito ancestral das castanheiras". Há aí uma clara analogia com o famoso *O Universo em um casca de noz* (2016), do cosmólogo britânico Stephen Hawking. As castanheiras (*Bertholletia excelsa*) desempenham um papel central para os povos amazônicos, pois, além de coevoluírem com os povos indígenas, de serem parceiras, gente viva, elas também ensinam muitas coisas. Mario Fernandes (2020) lembra, já no começo de seu trabalho, uma fala comum dos Apurinã: "O ouriço de uma castanha tem uma ciência".

A "castanha-do-Brasil", ou "castanha-do-Pará", é um alimento muito nutritivo que provém de uma árvore que sempre vive em sociedade com outras castanheiras em extensos castanhais. A parte comestível é parecida em tamanho e formato com o bico de uma ave e encontra-se dentro de uma castanha dura, que, por sua vez, existe aos montes dentro de um ouriço quase do tamanho de uma bola de futebol; esse, por sua vez, chega a conter dezenas de castanhas dentro. Tanto o ouriço como a castanha que contêm a amêndoa comestível são extremamente duros, e isso reflete uma característica muito importante da ciência e dos mitos Apurinã. A dureza, diz o autor, "se apresenta como uma categoria sensível coligada à ancestralidade, ao parentesco e à consanguinidade" Fernandes (2020). A própria castanheira já existia antes de o mundo Apurinã surgir. Na cosmofísica Apurinã, a dureza se conecta às coisas imortais, e isso se imbrica profundamente na forma pela qual crianças são educadas, na formação do corpo (exercícios e alimentação para manter o corpo duro prolongam a vida) e na relação com as outras espécies. Portanto, a ciência do ouriço de castanha é profundamente misturada com o modo de vida Apurinã. E, na minha opinião, esse ensinamento parece ser o mais poderoso para pensar um outro modo de conceber a vida.

No Universo de incertezas que envolvem a definição da vida, há uma definição à qual pessoalmente me afeiçoo. Trata-se de uma ideia do fisiologista húngaro Albert Szent-Györgyi, ganhador do prêmio Nobel de 1937 pela descoberta do papel catalisador da vitamina C. Disse ele na sua premiação: "A vida nada mais é que um elétron procurando um lugar para descansar" (*apud* Bouwers, 2012). Gosto dessa definição, pois, além de tratar-se de um fato, ela, ao contrário das outras, anima algo tido como não vivo. Talvez o próprio Albert não acreditasse na vitalidade real do elétron, mas, indubitavelmente, o seu papel para a vida e o Universo parece ser indispensável. Mesmo para LUCA, o mais simples ser biológico existente, é necessário um fluxo entre um milhão e um bilhão de elétrons por segundo para o funcionamento da engrenagem (Makarieva *apud* Camprubí *et al.*, 2019). Por segundo!

Desde a origem do Universo, elétrons são as partículas elementares garantidoras do equilíbrio elétrico para os átomos e são fundamentais para todo tipo de ligação e de reação química; portanto, para todo o processo de formação de elementos que culminaram na emergência da vida biológica. Lembremo-nos de que os elétrons habitam regiões orbitais próximas aos seus átomos, regiões estas descritas pela **equação de Schrödinger**, na qual o quadrado da função de onda (Ψ) indica a probabilidade de a partícula – no caso, o elétron – estar naquela região. E lembremo-nos também: os elétrons podem existir ao redor de um núcleo atômico com diferentes energias. Essas energias são muito determinadas, e não é em qualquer lugar que os elétrons podem ficar. Os átomos possuem níveis de energia específicos para abrigar os elétrons que são como nuvens, isto é, regiões orbitais.

Um átomo pode vibrar mais ou menos dependendo da energia do sistema. Ao esquentar uma barra de ferro, por exemplo, tanto os núcleos atômicos quanto os elétrons ganham energia, e todo o sistema se agita mais, irradiando energia também. Do mesmo modo, caso você aproxime a mão de uma panela quente, sentirá o calor irradiado por ela. Nesses casos, são os átomos do sistema vibrando e emitindo as ondas de calor. Se essa energia aumentar, os elétrons serão elevados para as camadas mais energéticas; se aumentar ainda mais a energia, os elétrons são obrigados e saltar de camada para reduzir a sua energia. Ao realizarem tal operação, a energia é liberada na forma de fóton de luz. Dependendo do salto, esse fóton pode ter cores diferentes, pois o salto de um elétron de uma camada mais energética para uma de menor energia se dá para liberar fótons de luz com a energia excedente. Um ferro incandescente é uma fonte de luz exatamente por esse processo: começa a emitir luz avermelhada (fótons de baixa energia) e, quanto mais esse metal se aquece, a luz emitida vai ficando branca azulada.

Mas não é somente para a existência da luz que os elétrons são importantes: são importantes para a existência de tudo. Todas as reações químicas que formam moléculas descritas neste livro só acontecem porque existem elétrons compartilhando níveis de energia de átomos diferentes. Dois átomos de elementos diferentes só conseguem se reunir se os elétrons conseguirem coabitar os níveis de energia dos orbitais do outro elemento. É isso que garante à molécula coesão e estabilidade.

Figura 8 – Desenho de uma molécula de água com os elétrons compartilhando orbitais

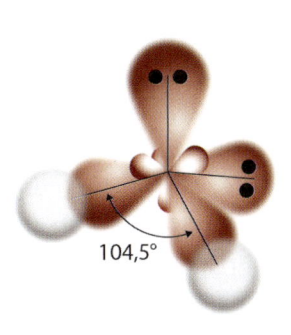

Fonte: PROPRIEDADES físicas da água. [Porto Alegre]: Instituto de Física da UFRGS, [2023]. Disponível em: https://www.if.ufrgs.br/fis01038/biofisica/agua/agua.htm. Acesso em: 9 out. 2024.

Essa molécula permanecerá assim até que alguma energia exterior promova uma reação química, quando os elétrons vão partilhar orbitais com outros elementos. Essa partilha de elétrons estabiliza a matéria, e este é o ponto mais essencial desta parte. **Desde o momento do *Big Bang,* que criou o tempo e o espaço, aquela energia liberada só corre para um lugar: estabilidade energética**. A paz material de qualquer coisa existente é permanecer estável energeticamente, e este talvez seja o princípio mais valioso do cosmo. Da expansão do Universo, passando pela fusão no interior de estrelas, à formação de moléculas e a vida baseada na fita cromossômica, tudo corre para ter estabilidade energética. Com a rara exceção dos gases nobres, extremamente estáveis, entre ser plasmático, ser gasoso, ser líquido e ser sólido, a maior estabilidade está no último estado, o mais duro e mais durável. A dureza do ouriço da castanha mostra que, entre uma rocha e uma nuvem cheia de vapor de água, o primeiro viverá mais com a forma atual. Talvez eternamente, ou até o fim definitivo do Universo.

Para uma molécula isolada, isso é conquistado quando existem reações químicas, mas, em toda nova molécula formada a partir de um novo arranjo de troca de elétrons, pode haver energias de ligações que ainda as modifiquem. Por isso, para elementos leves e altamente reativos, o destino de suas existências é tornar-se uma molécula inerte. Esse é o sentido da vida molecular em escala cósmica. Portanto, a ideia de um elétron buscando um lugar para descansar expressa a busca de tudo em direção à paz inerte de sua matéria. E não seria demais notar que a molécula mais famosa a alcançar esse mais elevado grau de finalidade da vida chama-se ácido desoxirribonucleico.

A composição atômica elementar de uma fita cromossômica é em sua maioria de gases (em condições normais de temperatura e pressão), embora a fita própria seja um sólido. Oxigênio, hidrogênio e nitrogênio são gases altamente reativos nas condições da Terra e, entretanto, conseguiram depois de apenas 500 milhões de anos e muitas reações, descansar seus elétrons em torno de carbonos e virarem em conjunto um sólido. O DNA conseguiu a proeza alquímica de fabricar um sólido usando gases. Uma paz tão inabalável que se encontram intactos ainda hoje DNAs de dinossauros e fósseis de milhões e milhões de anos atrás. Lembra o antropólogo estadunidense Jeremy Narby (2018, p. 82) ao discorrer sobre o DNA em relação à sua idade na Terra: "Pedra nenhuma ou montanha, nenhum oceano e nem mesmo o sol que brilha sobre nossas cabeças se mantiveram tão estáveis e constantes durante tal período de tempo".

A vida, tal qual a biologia se esforça em diferenciar, é o esforço da matéria em buscar ser tal qual uma montanha, ou seja, tornar-se inerte. Ainda que, no interior da montanha, possam existir processos de criação e transformação de matéria, uma hora esses processos cessam. Se a Terra, com sua mesma composição, fosse um planeta nômade, ou algum dia fugir da órbita do Sol, esse processo de baixa reatividade seria alcançado com certa rapidez. Como o sistema Terra está diante de uma fonte incessante, mas finita, de energia chamada Sol, a estabilidade material foi galgada de outra maneira: a replicação. Uma vez que a busca dos elétrons conseguiu tomar forma utilizando milhares de átomos, o DNA conseguiu espelhar a criação de si próprio e, assim, fazer a matéria disponível naquele grau de energia alcançar a paz inerte mais cedo. Tudo que derivou do DNA não fez senão acelerar a degradação da energia para chegar mais rapidamente à inércia química: num primeiro momento, modificando o planeta com os seres unicelulares; num segundo momento, criando seres jurássicos capazes de circular muita energia em um único dia – mas um evento inesperado fez com que esses seres gigantescos, os dinossauros, deixassem de existir; num terceiro momento, transformando animais em fungos capazes de viver na terra coberta de poeira e sem luz; num quarto momento, criando seres menores homeotérmicos, sendo eles próprios fontes de degradação direta para irradiação de calor. O projeto de multiplicação da paz material para acelerar a inerticidade é bastante exitoso neste planeta que insiste em reciclar energia porque continua recebendo energia.

"Se existe, vive", diz o brocardo contracartesiano ameríndio interpretado por Viveiros de Castro. As coisas existentes buscam estabilidade. Buscam, portanto, o estado em que nada precisa se transformar e reagir. Isso significa dizer que um meteorito no espaço, uma montanha e uma molécula de DNA são seres exitosos nesse arranjo. Um cristal, uma rocha, ou o DNA, considerados individualmente, conseguem mobilizar a matéria no qual estão imersos para replicar o seu próprio ser. O DNA consegue fazer isso, pois encapsulou-se dentro de membranas lipídicas com uma salinidade semelhante aos seus ancestrais, trazendo o mar para dentro de casa. De fato, a concentração de sais em uma célula é tal qual era no oceano primordial em que o DNA surgiu.

Em cada célula do nosso organismo, o filamento estendido de DNA chega a ter 2 metros de comprimento, embora a sua espessura seja 120 vezes menor que o comprimento de onda da menor radiação visível, a vermelha. Em nosso corpo, há perto de 10 trilhões de células, e apenas em um corpo humano existe um fio de 20 trilhões de metros de DNA, o suficiente para chegar ao Sol. Considerando todos os corpos humanos do globo, as suas moléculas básicas somadas traçariam um fio que ultrapassaria com facilidade o planeta Kepler-442-b (1300 anos-luz) e iria muito além, chegando a 10 milhões de anos-luz (ou 1 septilhão de metros). Contudo, sabemos que a espécie humana é apenas uma entre 8,7 milhões de outras espécies no planeta cuja vida se baseia na fita cromossômica inerte(Mora *et al.*, 2011). Para um cálculo bastante apressado, se somarmos toda a biomassa dos corpos considerados vivos do globo, temos 2,7 quatrilhões de toneladas entre árvores, baleias, bactérias, animais, arqueas, fungos e tudo que a biologia considera vivo (Bar-On; Phillips; Milo, 2018)[19]. Em média, 1 g de tecido vivo tem 1 bilhão de células.

---

19 Tal estudo, entretanto, considera para finalidade de estimativa a massa de carbono da biomassa, a fim de ter um critério mais claro quanto às diferenças de composição dos corpos em relação à água e sais presentes nos tecidos. Em média, a massa de carbono de um corpo representa 20% de sua massa total. Daí o valor apresentado.

Portanto, somando todas as células ou microrganismos presentes no planeta em todos os diferentes corpos vivos, temos $2,7 \times 10^{31}$ (dez nonilhões) de unidades celulares vivas no planeta Terra. E, por fim, são muito variadas as quantidades de pares nucleicos do DNA dentro de cada célula, mas, sabendo que a imensa maioria da biomassa do planeta é de plantas e, em média, uma célula de planta possui aproximadamente 500 milhões de pares de bases, temos 1 bilhão de bases nucleicas para cada célula (Del Monte, 2009).

Existem seres com muito mais bases nucleicas em suas células e outros com muito menos, e, assim, ao extrapolar esse número, descobrimos que, se costurarmos em um único fio todos os DNAs presentes nos organismos biologicamente vivos, teremos um fio da ordem de grandeza de 1 040 m (dez duodecilhões de metros). Essa distância é 1 quatrilhão de vezes maior que o diâmetro do Universo. Ou seja, apenas considero essa forma de organização molecular inerte deste único planeta do cosmo, tal qual ela se encontra em uma fotografia atual dos organismos vivos, é possível ir e voltar entre uma extremidade e outra do Universo um quatrilhão de vezes. Se somarmos ainda as moléculas de DNA nos fósseis, soterradas, de toda espécie viva que já habitou este globo em toda a sua história, temos a dimensão de quão poderosa se torna a matéria quando consegue atingir seu grau de estabilidade energética inerte. Aí os elétrons descansam bem. O sonho da matéria fluida se tornar inerte como uma pedra não foi aí alcançado?

O resultado desse processo é que, apenas na Terra, há 4 bilhões de anos a matéria inerte do cristal cromossômico compunha uma corrente com zero metro de distância, enquanto hoje, com a quantidade de matéria inerte de DNA, é possível enrolar o Universo como um novelo de lã apenas com esse fio sólido presente em um único planeta da periferia de uma galáxia qualquer. Para as coisas pequenas, leves, gasosas e reativas produzidas pelo Sol, o mundo é mais agitado e é mais difícil de se tornar inerte. Contudo, o destino é apenas um para tudo: a **inerticidade** energética. Tudo é vivo até que morra. E a morte, se houver, é o isolamento total de tudo na fria morte térmica da expansão do Universo.

Por fim, pode-se pensar, em um primeiro momento, que toda essa proeza molecular se relaciona pouco com a diversidade dos seres, com a teoria da evolução das espécies. O termo "código genético" é uma forma linguística quase computacional para se referir ao DNA, mas é enganoso. O gene é apenas um pequeno trecho da fita com uma dada sequência específica e ordenada de pares de bases nucleicas capazes de codificar proteínas. As estimativas apontam que apenas 2% do DNA é composto de códigos genéticos, e o restante dos 98% da fita apenas existe sem função aparente (Elgar; Vavouri, 2008).[20] Na verdade, cientistas procuram a função deste DNA Junk (lixo), ou não codificante, e têm achado muito timidamente algumas.[21] Jeremy Narby, como veremos mais adiante, defende a hipótese de que essa imensa maioria da fita tem funções importantes para os seres, mas não perceptíveis para humanos, como, por exemplo, na comunicação **biofotônica** intercelular. O que se sabe, entretanto, é que, na enorme fita cromossômica, existem gigantescos palíndromos, repetições de dezenas de milhares de pares de bases sem sentido aparente. Assim, o problema está em supor que o DNA deva ter outras funções desconhecidas, quando, na realidade, a sua simples existência já é uma manifestação do êxito de conseguir fazer um gás virar sólido e cessar de reagir. Desse modo, sua função final já está cumprida pela sua existência.

As evidências mostram que, antes de mais nada, o ácido desoxirribonucleico é uma molécula anterior a qualquer célula que se formou e se remendou para conseguir inerticidade. A imensa maioria do seu tamanho faz exatamente isso que dá razão à sua origem – o descanso dos elétrons –, enquanto um pequeno trecho consegue ser remendado por proteínas. Mesmo dentro do que se considera "válido" geneticamente, existem também trechos não codificantes chamados "introns", cuja função é igualmente desconhecida, então quase 100% da fita é apenas uma molécula inerte bem-sucedida, com um pequeno trecho formando genes. O fato de um *sapiens* julgar-se consciente ou mais evoluído do que uma rocha é apenas uma distração que não corresponde à realidade. Cada corpo de um

---

20 Ressalve-se que há grandes variações de DNA não codificante de espécie para espécie. O estudo referência faz estimativas para os vertebrados, podendo existir espécies de plantas que têm mais DNA codificante do que não codificante.

21 Dentre essas funções novas para o DNA não codificante destacadas por Stefano Mancuso (2019), estão, por exemplo, a de que "é responsável pela produção de moléculas de RNA que desempenham um papel fundamental no desenvolvimento do embrião, nas funções cerebrais e em outras etapas cruciais na vida dos indivíduos".

sapiens é, antes de mais nada, uma colônia de microrganismos, uma pilha de energia para trilhões de bactérias e arqueas viverem, e cada uma delas, por sua vez, é também uma colônia para replicação de fita cromossômica até que o fim chegue. O fim é a degradação da energia injetada pelo *Big Bang* no Universo sem causa aparente, e o resto é efeito secundário. Por isso tudo é vivo. Para nós outros, afeitos aos argumentos que aprendemos a chamar de científicos, fica uma questão: se todas as coisas existentes são vivas, qual é o sentido de falar em "evolução das espécies"?

Os olhos da tartaruga

Imagine uma sociedade em que todos os seres fossem profundamente tocados pelas coisas que existem há mais tempo. Um lugar em que ninguém deixasse de se emocionar diante da queda de uma castanheira com 600 anos de idade, ou de um fóssil, ou de uma montanha. Um lugar em que o antigo e o velho fossem considerados de um valor inestimável, ao contrário do novo e efêmero. Se existisse um lugar assim - e há muitos -, nele não seria concebível algo como asilos para idosos. Somente um povo na face deste planeta acha normal ou desejável colocar seus mais velhos em locais assim. Fica fácil então entender por que, entre uma rocha, uma bactéria e um humano, esse povo ergue-se para exaltar o último, enquanto os dois primeiros são habitantes do planeta há muito mais tempo. E a resistência é muito mais grandiosa do que a mutação.

As cores das mariposas

Após as invasões e colonizações de territórios em outros lugares do mundo e o grande fluxo de embarcações pelo globo, as metrópoles europeias foram se avolumando de pessoas e edificações, as cidades, outrora feudos, aumentaram de tamanho. Com mais pessoas em um lugar reduzido, obter lenha para cozinhar comida tornou-se um trabalho mais difícil, e então o carvão mineral apareceu como uma forma muito eficiente de gerar calor pela queima. O carvão mineral é resto de árvores coberto por lodo e lama há mais de 250 milhões de anos, que, ao secar e ser coberto, sob a pressão do solo que se depositou por cima, mineralizou-se concentrando mais carbono em menos espaço, aumentando assim o seu poder de gerar calor. A porção de terra que futuramente se chamaria Grã-Bretanha, como ilha em uma faixa de latitude do planeta de clima temperado, com suas florestas de pinheiros e grandes árvores, tornou-se um grande depósito de carvão mineral. Alguns milhões de anos depois, esse carvão escondido dentro do solo e das montanhas foi desenterrado para alimentar as lareiras e fogões das cidades britânicas. Contudo, os depósitos de mais fácil acesso foram acabando, outros mais para dentro das montanhas precisaram ser acessados e cavados. E, em períodos de chuva, isto é, na maior parte do ano, as minas alagavam, o que representava um grande problema econômico – isso até o arrumador de máquinas britânico Thomas Newcomen pegar um antigo projeto de bomba hidráulica e colocá-lo em prática. Sua máquina consistia na queima de carvão para aquecer água em um ambiente fechado, com pressão, e liberar de maneira cíclica o vapor para mover um conjunto de alavancas ligadas até o fundo da mina, sendo, assim, capaz de extrair água.

O ciclo da máquina é garantido renovando-se a água e resfriando o êmbolo que recebe o vapor. Desse modo, rapidamente uma mina inundada poderia ser esvaziada para que pequenas crianças pudessem entrar e trabalhar por doze horas extraindo carvão. O mecanismo da máquina foi adaptado por inúmeras pessoas, entre elas, o engenheiro inglês James Watt, que criou um sistema de rodas e polias no lugar da alavanca, além de um reservatório de água fria para acelerar os ciclos da máquina. Assim, em poucos anos os países da Europa tinham máquinas a vapor realizando trabalhos de agricultura, de tecelagem, de produção de itens diversos e, principalmente, de transporte com trens e navios. As consequências dessa invenção você já conhece. Da perspectiva social, a Revolução Industrial substituiu, ao longo dos anos, o trabalho manual no campo, o que levou famílias a morarem na cidade, formando um excedente de mão de obra que criou uma pobreza extrema. Trabalhadores homens, crianças e mulheres cumpriam jornadas de trabalho de muitas horas diárias por uma ínfima remuneração em dinheiro. Caminhar pela Londres do início do século XIX era estar imerso em fuligem e fumaça de fábricas e encontrar a todo instante com famílias morando na rua, em meio a urina e fezes.

Figura 9 - As fábricas urbanas no início da Revolução
Industrial e a suas emissões despreocupadas

Roth, 1880. Fonte: Museu Britânico, Londres

As doenças respiratórias explodiam e o quadro era de devastação da humanidade. Do poeta inglês Willian Blake, comparando as fábricas e Londres ao próprio inferno, até o escritor alemão Johann Wolfgang von Goethe, o romantismo inundou de pessimismo, obscuridade e tuberculose a literatura, a filosofia, a poesia e as artes em geral. No campo social, o surgimento dos sindicatos e diversos tipos de resistência e críticas às mazelas desse cenário germinariam a obra do filósofo alemão Karl Marx. E, no campo das ciências, duas revoluções emergiram a partir da conflagração do carvão na Revolução Industrial. Como consequência da profusão de linhas de trem pela Europa inteira, a sincronização de relógios nos terminais ferroviários e definições de tempos fixas para uma extensão muito grande de territórios que antes tinham, cada qual, seu tempo era um grande problema. Um jovem chamado Albert, filho do relojoeiro Hermann Einstein, morando na Suíça, terra dos relógios, formou-se físico com esse problema diante dos olhos. Assim, Albert Einstein mergulhou profundamente na relatividade do tempo e do espaço a partir de um problema de máquinas a vapor que a física anterior não fora capaz de resolver[22]. E esse movimento erige a **teoria da relatividade restrita**, que depois viria ainda a se desdobrar na **teoria da relatividade geral**.

---

22 Peter Galison (2005).*Os relógios de Einstein e os mapas de Poincaré*: impérios do tempo, Lisboa: Gradiva.

A segunda revolução científica derivada das máquinas a vapor é famosa na biologia e é o nosso interesse nesta parte. Antes das máquinas e da aceleração vertiginosa de queima de carvão, a mariposa *Biston betularia*, muito comum na Inglaterra, tinha uma coloração pálida, manchada tal qual os liquens fincados nos troncos das árvores, o que permitia a ela uma camuflagem muito eficiente contra corujas e outros predadores. Por mutações espontâneas, podiam nascer mariposas de outras cores, mas esses animais se destacariam no tronco da árvore, sendo então predados com facilidade. Contudo, em poucos anos a emissão de fuligem das queimas das fábricas tornou o matiz de cidades industrializadas como Manchester mais acinzentado. Tudo passou a ser mais escuro, incluindo os liquens, tingidos pela poluição. Com essa mudança, ao pousar em uma árvore, a mariposa bege, em vez de se camuflar, passava então a se destacar. Assim, a população da mariposa começou a decrescer rapidamente, já que era oferta de comida fácil para as aves. As mariposas que vieram a nascer cinza por mutações conseguiam agora chegar à vida adulta e reproduzir-se, ou seja, passar o seu código genético adiante. O ciclo de vida dessa mariposa é de um ano. Assim, geração a geração, em alguns anos, a população de mariposas cinza conseguiu sobreviver, camuflada, enquanto as mariposas pálidas eram em sua maioria predadas. E, anos depois, a população total de mariposas havia mudado de cor, pois as mariposas beges que nasciam não sobreviviam. Com o tempo, em razão de leis, filtros e redução da atividade industrial, os liquens foram recuperando a sua cor, e então, novamente, a população das mariposas pálidas voltou a predominar na paisagem.

Esse caso das mariposas ficou muito famoso, sobretudo em ambientes escolares, para confirmar empiricamente o processo da seleção natural proposto simultaneamente por Charles Darwin e Alfred Russel Wallace em 1859.[23] Mas, embora Darwin tenha sido um britânico, nascido em plena Revolução Industrial (1809) a menos de 300 quilômetros da poluição nociva de Londres, e tenha, assim como seus descendentes, sofrido de

---

23 Embora Charles Darwin tenha publicado *A origem das espécies* com autoria única, ele mesmo ressalvou na introdução do livro que, ao mesmo tempo em que estava a bordo do *Beagle*, na América do Sul, o britânico Alfred Russel Wallace estava no arquipélago da Malásia e publicou artigo em 1858 com conclusões muito semelhantes àquelas que Darwin já ensaiava em sua viagem – e ambos se comunicavam. Por isso, para a biologia de hoje, a teoria da seleção natural data de 1858 e é de Wallace e Darwin, tendo Darwin publicado seu livro em 1859.

uma doença misteriosa, ele não conhecia o caso da mariposa *Biston betularia* .[24] No livro *Origem das espécies*, Darwin analisa e apresenta estudos de sua época sobre várias mariposas e como elas podem ser indicadores do processo de seleção natural mais rapidamente do que as **sucessões ecológicas** de outras espécies, mas o caso da *Biston betularia*, talvez um dos precursores da divulgação científica, foi confirmado somente em 2016, quando um estudo identificou o tipo de mutação que permitiu o ocorrido com essa espécie[25]. O rastreio genético reconheceu a mudança principal no gene da mariposa dada por uma simples variação de posição de genes "saltadores", o que possibilita que o processo seja mais fácil para o nascimento de mariposas de outras cores com mais frequência. Aquela mudança na população ocorreu mais especificamente em 1819, quando Darwin tinha 10 anos de idade. Assim, podemos supor que, em sua infância, Darwin tivesse visto provavelmente ou mesmo brincado com mariposas beges e cinza da mesma espécie.

Esse caso da mariposa demonstra como os seres, ao se reproduzirem, estão sempre passando por mutações, trocas de posições na fita cromossômica passíveis de alterar características físicas ou suas funções. Algumas dessas mudanças acabam permanecendo; outras, não. Contudo, essa ideia de mutação e o conhecimento sobre o DNA não existiam quando Darwin e Wallace desenvolveram a teoria da seleção natural para explicar a evolução das espécies. O debate da época sobre os seres era se as espécies eram imutáveis ou não. Um elefante, por exemplo, seria o mesmo por dentro e por fora em qualquer lugar do globo? E se, por um acaso, houvesse um elefante sem cauda, seria então uma nova espécie, a dos elefantes-sem-cauda? Muitas pessoas defendiam essa visão, e outras tantas de que, mesmo dentro de uma espécie, características mudam e transformam os seres. O enunciado de Darwin (2009, p. 71), resumindo a defesa da segunda visão, é o seguinte:

> Como surgem esses grupos de espécies que constituem o que se chama de gêneros distintos, e que diferem entre si mais do que as espécies

---

24 Sobre a doença de Darwin, consultar John Hayman (2017).

25 Arjen E. Van't Hof *et al.*, "The Industrial Melanism Mutation in British Peppered Moths Is a Transposable Element", disponível em: https://doi.org/10.1038/nature17951. Acesso em: 11 nov. 2024.

do mesmo gênero? Todos estes fatos resultam da luta pela sobrevivência. Por causa desta luta, as variações, por mais sutis que sejam e seja qual for a sua causa, desde que sejam úteis para os indivíduos de uma espécie (nas suas relações infinitamente complexas com os outros seres vivos e com as condições físicas de vida), tendem a contribuir para a preservação desses indivíduos, e serão geralmente herdadas pelos seus descendentes. Estes terão, consequentemente, mais chances de sobreviver, pois, dos muitos indivíduos de uma espécie que nascem periodicamente, apenas um pequeno número pode sobreviver. A este princípio, segundo o qual mesmo uma variação ligeira se conserva e se perpetua desde que seja útil ao indivíduo, dei o nome de seleção natural.

Parecem claros alguns aspectos aqui. A seleção natural é um processo de mudança das espécies ao longo do tempo. Portanto, uma defesa contundente em favor da mudança das espécies. A luta pela sobrevivência seleciona, geração a geração, indivíduos mais adaptados a determinada condição do meio, eliminando igualmente com o tempo aqueles com características desvantajosas (menos úteis) para essa mesma condição. Assim, uma mesma espécie de mariposa muda uma característica da sua população em algumas gerações – mas podem ser muitas –, conforme tais mudanças são úteis ou favoráveis de acordo com aquele lugar.

Da sua publicação até hoje, essa teoria – enquanto corpo robusto de conhecimento com muitas evidências – foi corroborada. Pequenas coisas mudaram, mas as evidências continuam mostrando que a forma pela qual esses processos acontecem é bastante semelhante àquela pensada por Darwin e Wallace. A descoberta do DNA, sobretudo com o isolamento e sequenciamento dos genomas, trouxe para a teoria ainda mais força. Mutações geram variabilidades genéticas espontâneas e aleatórias ao longo das gerações. A evolução, vista dessa perspectiva, passa a ser a experimentação casual da fita cromossômica se encaixando através das gigantescas probabilidades replicantes de maneiras diferentes. O mecanismo genético explica como, de pais brancos, nasce uma mariposa cinza. Por casual, devemos entender um processo de fato aleatório de rearranjo de genes que geram mutações de diferentes maneiras e algumas podem modificar características biológicas e permanecer na reprodução das espécies. Portanto, há um aspecto muito sensível da evolução da vida biológica: a aleatoriedade e o acaso que geram características e respondem positivamente ou negativamente a um meio específico.

O fato é que, do ponto de vista genético, a seleção natural se reforça enquanto corpo de conhecimento, embora muita coisa tenha mudado e outras estejam em curso desde 1858. Vejamos dois exemplos que têm implicações na área da saúde pública. O primeiro é o uso disseminado de antibióticos, que pode fazer com que, em um curto espaço de tempo para um humano, mas um tempo de numerosas gerações de bactérias, algumas destas, em seu processo de reprodução, mutem uma variedade resistente ao antibiótico, piorando a situação da pessoa que precisa do medicamento. O segundo exemplo refere-se aos vírus. Embora não seja considerado pela biologia como algo vivo, o vírus é um guardador de fita cromossômica que utiliza o corpo do hospedeiro para replicar o seu código. Em 2020, 2021 e 2022 surgiram rapidamente novas variantes do coronavírus SARS-CoV-2, menos de um ano após o aparecimento da primeira cepa capaz de se reproduzir dentro de humanos, causando a doença covid-19. Às vezes uma simples inversão de letra nas bases da fita cromossômica do vírus já causa uma mudança significativa na capacidade dele de se replicar dentro dos corpos hospedeiros. E quanto mais pessoas o vírus consegue infectar, mais seu processo de replicação da fita ocorre, aumentando as chances do surgimento de novas variedades por um simples erro comum no momento da transcrição das bases.

Esses são exemplos que corroboram a teoria da evolução das espécies, mas os contornos semânticos do enunciado e da obra de Darwin mudaram ao longo do tempo. Já foi comum o uso do termo "melhor adaptado", mas hoje é menos utilizado, pois os processos nem sempre levam a mudanças boas, não implicando, portanto, necessariamente algum tipo de melhoramento ou aprimoramento dos seres. Pela mesma razão, já não se usa tanto o termo "útil", demasiado filosófico e **funcionalista**. As alterações nas espécies não são universalmente positivas, podem ser positivas para um lugar ou para outro. Não há um vetor de melhoria eterna cada vez que uma nova mutação gera caraterísticas novas nos seres. De igual modo, critica-se também a noção de "adaptação", como se o ambiente em torno de um "vivente" não fosse um conjunto de relações. Assim, todo ambiente é determinado pelas atividades dos agentes nele, e não uma natureza lá fora sobre a qual as mutações incidem, fazendo características que os permitam sobreviver ou não. A mais famosa mudança está em torno da palavra, que tenho evitado até aqui: evolução.

Hoje, cientistas da área de biologia conhecem a inexistência de relação entre "evolução" e "progresso", não sendo a espécie *sapiens* o fim da linha evolutiva a ponto de ser a coisa mais evoluída existente na Terra. Mas nem sempre foi desse modo, sobretudo nos séculos XIX e XX, com os desdobramentos da teoria da seleção natural. Ainda assim, como já vimos, somos signatários sem escolha de uma ontologia que, sem o nosso consentimento, incrusta noções de realidade, subjetividade, valores e, claro, uma visão superlativa de si mesmo enquanto espécie. Visão que muitos defenderão neste sentido: somos os únicos com consciência de si; somos os únicos a criar uma espaçonave; e assim por diante. Então talvez seja a hora de desfazer alguns desses mitos.

O lugar da teoria da evolução na história do mundo para além da ciência coincide com o forte apelo de retirar de Deus um certo privilégio explicativo sobre a vida. Mas isso não significa ausência de controvérsias, é claro. Do ponto de vista epistemológico, apontou-se que a argumentação darwiniana é tautológica, isto é, sai de uma ideia para retornar a ela própria: "Sobrevivem os mais aptos a sobreviver" (Narby, 2018). A crítica filosófica assinalou que não existe na obra de Darwin nenhum tipo de explicação sobre as origens das variações, e mesmo com sua atribuição aos erros de replicação da fita de DNA, continua parecendo incômodo para muitas pessoas o fato de o acaso ser o pai das inovações genéticas. Mesmo da perspectiva estritamente biogenética, há problemas quanto à celeridade das mutações, que, sendo aleatórias, deveriam tender a ser proporcionais em determinadas condições. Mas quando o mapeamento do genoma é feito, não se identifica uma regra explicativa dessas variações. Já citamos que a maior quantidade de genes dos seres com DNA é de uma ameba; entre ratos e humanos, há uma coincidência enorme no sequenciamento dos genes. Essas coincidências na sequência dos genes indicam que, por milhões de anos, uma levedura de cerveja e um humano foram o mesmo ser. Quanto mais os genomas e seus funcionamentos são revelados, novos problemas surgem que precisam, por enquanto, ser encarados da perspectiva do paradigma darwiniano. Talvez esse paradigma caia um dia em razão de novas evidências. O filósofo da ciência austríaco Karl Popper defendeu há muito tempo que sequer científica a construção de Darwin era, pois era impossível de se provar falsa, ou seja, de submetê-la a um processo de refutação, algo essencial, segundo o próprio Popper (2002), a qualquer proposição que se pretenda científica. Debateremos isso mais adiante.

Quanto mais para dentro se olha na matéria do organismo, mais se perde a dimensão social dos seres. A genética populacional, dirá Anna Tsing, exige uma compreensão de organismos autônomos, isto é, vistos e analisados como objetos particulares. Nesse sentido, o trabalho de Darwin não foi o de observar como os seres vivem para constatar que é impossível viver sem outros seres e sem outras espécies. Ao contrário, limitado no tempo, com provas para levantar a fim de defender seus argumentos, Darwin e a maioria da biologia hoje olham para o ser como um corpo-objeto, como um conjunto isolado de células e talvez predeterminado pela sua fita cromossômica. No entanto, um humano apodrece morto sem as bactérias dentro de si que o ajudam a digerir a comida. Mais ainda, os *sapiens* não surgiram de uma mutação e depois as bactérias ocuparam seus corpos e intestinos possibilitando que vivessem. Elas já estavam lá antes, em intestinos de primatas e outros mamíferos. Além desse, outros exemplos assomam para demonstrar que, de uma perspectiva estritamente biológica, nunca houve um "indivíduo". Nesse sentido, tem crescido a quantidade de pessoas que enxergam que "a evolução seleciona relacionamentos, não unidades individuais, em qualquer escala, e que a simbiose não é uma estranha exceção na natureza, mas uma característica básica do processo evolutivo" (Tsing, 2019). O organismo emerge das relações, em vez de emergir de características predeterminadas.

Evolução?

Defendi na parte anterior que todas as coisas existentes vivem e todas elas se direcionam para uma reorganização da matéria na busca por inerticidade. Se existe, vive. **Vida** é existência. E tenho usado o termo "vida biológica" para referir aos organismos que a biologia compreende como vivos. Também defendi a definição da existência das coisas por meio da sua capacidade de afetar e ser afetado, ou seja, se relacionar e interagir. Quando se trata dos viventes derivados da fita cromossômica, é preciso ter claro que não existe um sentido de evolução, uma seta de progresso. Arqueas são espécies de seres vivendo há 3,5 bilhões de anos na Terra, em lugares inimagináveis. Para além das inúmeras espécies derivadas delas em condições outras de vida, tanto elas quanto bactérias, quanto cianobactérias, quanto plantas são seres altamente resilientes ao tempo, dominantes, adaptados – seja qual for o jargão evolutivo que se preferir. A espécie *sapiens* existe há 0,00001% do tempo de existência das arqueas. Se houver insistência no uso da palavra "evoluído", seria então mais adequado o epíteto a espécies como as arqueas, que há muito mais tempo mantêm a sua estrutura e sobrevivem com ela, uma proeza energética, pois, apesar das mutações, variações, seguem replicando a mesma estrutura. Portanto, é preciso considerar esses seres como realmente soberanos no planeta pela longevidade do arranjo material de sua espécie.

Entre um *sapiens* e uma samambaia, cada qual tem seu percurso no respectivo conjunto de relações, mas o segundo ser conseguiu permanecer, apesar de todas as mudanças do mundo, por muito mais tempo do que o primeiro. Das eras glaciais às variações de fluxo solar, passando por períodos geológicos muito diferentes até o atual Antropoceno, as plantas criaram o mundo possível para a maioria dos seres, aqueles que dependem de oxigênio. Para Emanuele Coccia, no seu poderoso ensaio *A vida das plantas* (2018), uma operação ontológica fez os seres mais importantes da história do planeta serem vistos como inferiores ou menos evoluídos. Desde Platão e Aristóteles, cada qual com a sua divisão da alma para explicar os seres animados, colocam-se as plantas como seres menores. Em sua organização tripartite da alma no livro *De Anima* (2006), Aristóteles destaca as potências da alma para dividir os seres.

A primeira potência é a nutritiva, presente em todos os seres, potência que dá conta de crescer, alimentar-se e reproduzir-se. Para o filósofo grego, as plantas possuem somente essa potência, sendo, portanto, seres menores. A segunda potência é a sensitiva, que apenas os animais com órgãos de sentido têm e que dá conta da capacidade de perceber o mundo e reagir a ele, inclusive se movendo, fugindo, andando e correndo. Animais possuem tanto a primeira quanto a segunda potência. E, por fim, tem-se a potência intelectiva, o intelecto, predicado exclusivo dos homens (mulheres, escravos e crianças a teriam menos que os homens, segundo ele)(Aristóteles, 1998).[26] Parece, ao filósofo e a muitos de hoje, que a capacidade de se mover é algo por demais importante, mas se esquecem de um detalhe muito trivial: o movimento é relativo.

De onde estou, o prédio produz uma barreira ao constante vento litorâneo, de modo que, em suas proximidades, forma-se um canal de ar invisível que produz um acontecimento muito bonito: os urubus conseguem abrir suas asas e permanecer exatamente no mesmo ponto do espaço em relação a mim. Não sobem nem descem, não avançam nem retrocedem, não se afastam e tampouco se aproximam. Flutuam, estáticos, aproveitando o tubo de vento. Neste momento em que os observo, é fácil constatar que, para esses urubus parados no ar, é o mundo que passa por eles. Tal qual peixes dormindo no oceano, é o fluido que os sustenta física e metafisicamente. E, ainda que eles não estivessem parados em relação a mim, a constatação seria igualmente verdadeira tomado o seu referencial. Vivemos, acima da superfície, imersos em ar e luz, e ambos frequentam o interior do nosso corpo a todo instante. Com as plantas ocorre o mesmo, com a sutil diferença de que elas criam os mundos e, ainda, têm uma comunicação com o mundo da superfície iluminada e outra com o mundo embaixo do chão. Pessoas da física têm muita facilidade em reconhecer e calcular o movimento a partir de referenciais diferentes, mas correm para dizer que as plantas estão paradas.

Com a incapacidade de voar, os seres terrestres, como os *sapiens*, vivem no fundo de um oceano atmosférico, presos a ele, tal qual camarões

---

26 Apesar de a fundamentação sobre a alma inferior de mulheres, escravos e crianças estar no *De Anima* (2006), é no capítulo 13 da *Política* que Aristóteles evoca essas diferenças para justificar que deve ser o homem quem deve gerir uma casa, precisamente pelas "carências" que mulheres têm.

que caminham no chão aquático tendo o líquido acima de seu corpo. Os animais terrestres são como os forrageadores do fundo do oceano. Têm um fluido para viver, mas não conseguem espontaneamente alcançar a fronteira entre o seu fluido próprio e aquele para o qual o sistema respiratório urgiria por auxílio – a estratosfera ou a ionosfera. As plantas são muito mais poderosas, pois foram elas que criaram o fluido. Com uma parte para baixo da terra e outra exposta à sopa de luz, elas criaram o ar que possibilita a vida de numerosos seres aeróbios. São seres ontologicamente anfíbios (Coccia, 2018). Tal qual o urubu, as plantas não estão paradas, pois suas folhas circulam o mundo e suas raízes também. Fosse o vento dotado de cores, os rodamoinhos, os vórtices e os entrelaçamentos com as folhas tornariam esse sistema de mais fácil aceitação, sobretudo sabendo que a velocidade da árvore é de 1 500 km/h, tal qual a rotação do planeta avivado por ela.[27]

Para Emanuele Coccia, as plantas são a prova viva de que um pilar fundamental da biologia, a primazia do meio sobre o ser, do mundo exterior sobre a vida, do espaço sobre o sujeito, é falsa. "As plantas, sua história, sua evolução, provam que os viventes produzem o meio em que vivem, em vez de simplesmente serem obrigados a se adaptarem a ele." (Coccia, 2018). O sopro de vida de quem respira só surgiu por causa de seres que comem luz e defecam açúcares e gás oxidante respirável. A fotossíntese é uma cosmologia. O estado transitório entre os elementos simples e reativos soltos pelo fim de uma estrela e o sólido frio a que se destina são os fluidos. As formas de vida contendo a fita cromossômica nunca abandonaram o mar. Os lipídios permitiram que o DNA trouxesse uma porção de mar para dentro de uma esfera junto dele. Assim, toda célula tem o mar dentro de si. Com isso, o fluido original vence a gravidade e se prolonga dentro de cada inseto, morcego ou ave que voe. Na poética imagem de Vinicius de Moraes (1998), o verso "a luz, o sal e a água elaboram e liquefazem a minha mágoa em longas lágrimas amargas" traz o mar para dentro de si, para depois soltá-lo. Contudo, os seres fotossintéticos dão um passo a mais: além de levarem dentro de si uma porção de mar, eles conseguem extrair o oxigênio preso em outras

---

27 Com a licença do termo potente e poético da pergunta-imagem "E se o vento tivesse cor?", emprestada de Camila Trindade, de quem a ouvi pela primeira vez.

moléculas, reuni-los dois a dois e liberá-los na forma de gás, que compõe um segundo fluido essencial para além do mar, a atmosfera oxigenada. A superfície seca e rarefeita transformou-se em um fluido que permite, por exemplo, a um urubu pairar estático enquanto o fluido por ele passa. As plantas transformaram a superfície seca acima do mar em um oceano atmosférico.

Essa é a simbiose mais elementar de todas as formas de vida. Para qualquer ser biologicamente vivo, o mar, o ar, a terra, a estrela, os planetas e os minerais estão dentro de si tanto quanto estão fora. Não há distinção material entre o dentro e o fora. O meio a que se refere um evolucionista formal darwinista deveria ser entendido como um espaço cuja fronteira entre o dentro e o fora não é bem delimitada. Estamos imersos em fluidos de outras vidas. "A imersão não é uma simples determinação espacial: estar imerso não se reduz a se encontrar dentro de alguma coisa que nos rodeia e que nos penetra" (Coccia, 2018).

As plantas são o paradigma da imersão e, mesmo antes de aprimorarem o mundo, havia e haverá por pelo menos mais 4,5 bilhões de anos uma outra imersão, a da luz, que só se extinguirá quando o Sol virar sólido. A imersão nessa luz não se relaciona necessariamente à capacidade de enxergá-la, como pode parecer. José Saramago, em seu *Ensaio sobre a cegueira*, optou por retirar do humano sua capacidade de enxergar, mas bastaria imaginar o que seria de um mundo onde o Sol emitisse apenas ondas eletromagnéticas não visíveis. Nem precisaríamos de olhos, e estaríamos imersos em luz do mesmo modo; também, estaríamos imersos em ar, e esse ar entraria dentro do nosso corpo, circularia sobre ele, trocaria matéria com ele. E continuaríamos a viver. Assim o resume Emanuele Coccia (2018, p. 43):

> Nunca poderemos estar materialmente separados da matéria do mundo: todo ser se constrói a partir dessa mesma matéria que desenha as montanhas e as nuvens. A imersão é uma coincidência material, que começa debaixo da nossa pele. É por isso que os organismos não precisam sair de si mesmos para redesenhar o rosto do mundo; não precisam agir, nem se voltar para seu "ambiente", nem percebê-lo: é pelo simples ato de estar que modelam já o cosmos. Estar-no-mundo significa necessariamente fazer mundo: toda atividade dos seres é um ato de design

na carne viva do mundo. E, inversamente, para construir o mundo, não há nenhuma necessidade de fabricar um objeto diferente de si (derramando matéria fora de sua pele) nem de perceber, de reconhecer, de visar direta e conscientemente uma porção do mundo e querer mudá-lo. A imersão é uma relação mais profunda que a ação e a consciência — que a práxis e o pensamento.

O escritor estadunidense David Foster Wallace certa vez narrou uma anedota na qual dois jovens peixes cumprimentam um peixe mais velho passando por eles. Ao que o peixão responde: "Bom dia, garotos. Como está a água hoje?". Os jovens peixes apenas acenam, continuam a nadar e só depois de muito tempo em silêncio, um olha para o outro e pergunta: "Mas que diabo é a água?". Humanos são como esses jovens peixes, estão em pura imersão do fluido atmosférico e de ondas eletromagnéticas, mas pensam haver lugares chamados corpos sem ar, sem fluido, sem luz. O mundo está dentro de nós, tanto quanto estamos dentro do mundo. Todo acontecimento (físico, químico, biológico, social, artístico, o que se queira) é produzido a partir de uma imersão. As fronteiras não são evidentes quanto possa parecer. Cientistas costumam reivindicar a objetividade de seus trabalhos para além de qualquer influência. O fato de Darwin viver imerso em um mundo que mastigava a ideia de progresso, de busca por mais rendimento (em máquinas), de melhoramento e de aprimoramento poderia estar em seu horizonte ontológico de concepção da realidade das coisas? Se sim ou se não, cientistas costumam rejeitar argumentos assim porque eles não são verificáveis. Mas existe um fato inegável: Darwin estava imerso no mundo europeu explorador direcionado para o "progresso". De igual modo, permitindo-me especular, a biologia do século XIX, e ainda hoje, aponta o momento no qual um DNA conseguiu ter um espaço marcado que o delimita do mundo exterior como sendo a origem da vida. Antes eram lipídios e ácidos nucleicos, mas, quando um encapsula o outro e distingue-se um dentro do fora, então tem-se um ser.

Parece que a localidade é condição anterior para definir um ser, afinal, para ser um "ser", é necessário haver um corpo, uma fronteira física e metafísica ficcional entre o dentro e o fora. Não deixa de ser curioso esse estado das coisas em um mundo erigido a partir da importância ficcional da propriedade privada. Um espaço de propriedade de indivíduos que serve para separá-los dos demais. Para um terreno que se pretende comprar, não existe diferença material entre o dentro e o fora, mas a ficção jurídica cria esse objeto inexistente. A membrana celular não deixa de fazer parte desse **paradigma do acercamento**, de delimitação espacial. Tal qual um dia se pensou na propriedade privada enquanto núcleo espacial onde, em tese, a vida de um núcleo familiar possa se desenvolver, a membrana parece sustentar a ideia de que a vida existe apenas circunscrita a uma divisão entre o dentro e o fora.

Tamanha é a forma paradigmática de uma planta que até agora não mencionamos o seu segundo ponto mimético. A planta é um ser fluido (basicamente composto de líquido) que condensa fluido, vive na fronteira entre o solo e o ar. Para o lado de cima do solo ela se mostra e se faz de uma maneira, mas para o lado de baixo do solo, ele se cria e se faz de outra maneira. Trata-se de um ser triplamente anfíbio, que envolve e se faz entre o sólido chão, a fluida seiva e o gasoso ar. As folhas, acima, estabelecem relações diretas com fótons de luz (os azuis de alta energia e os vermelhos de baixa energia); com moléculas disponíveis no ar; com espécies parceiras como liquens, aves, répteis e mamíferos, incluindo-se os *sapiens*. As raízes, abaixo, lidam no mundo escuro e estabelecem parcerias com bactérias, fungos, água, ar, minhocas e minerais. Um verdadeiro sistema nervoso que, tal qual o cérebro, troca pulsos materiais e os envia para o corpo acima da superfície.

O botânico italiano Stefano Mancuso também questiona uma certa superioridade atribuída aos animais em detrimento das plantas (2019), numa espécie de "cegueira" diante de observações que demoraram muito a surgir, mas que agora são fatos dados. Para além de sua extensa ficha de publicações científicas, Mancuso escreveu no livro *Revolução das plantas* um manifesto elencando as numerosas pesquisas que demostram quanto as plantas são seres poderosos. Plantas percebem o seu entorno, provocam mudanças intencionais nesse espaço, avaliam e analisam circunstâncias e tomam decisões altamente vantajosas em termos de custo/benefício. Existem respostas extremamente rápidas das plantas quando provocadas. Experimentos com dormideiras (*Mimosa pudica*) mostram que, após um tempo recebendo os mesmos estímulos que as levam a fechar as folhas, a planta passa a entender aquilo como uma característica normal e deixa de fechar as folhas, ao que Mancuso associa fortemente a uma memória. Plantas sabem a hora certa de florescer, e o fazem em conjunto, demostrando uma memória **epigenética**, talvez associada ao RNA não codificante.[28]

Em um experimento complexo que levou plantas para um passeio de gravidade reduzida em voo parabólico, monitorando as suas raízes, demonstrou-se que, instantaneamente à redução gravitacional, as raízes das plantas começam a se espraiar em mais direções e com mais rapidez. As plantas conseguem carregar um tipo de mutação genética em apenas um ramo, e nos outros permanecer com outro código. O fenótipo de uma mesma planta também pode mudar para diferentes ramos em uma capacidade mimética invejável. A videira *Boquila trifoliata*, por exemplo, consegue imitar a forma e a cor de outras plantas nas quais ela se fixa. E, se um mesmo pé estiver em contato com plantas muito diferentes, o mesmo pé terá partes com folhas e cores completamente diferentes (Mancuso, 2019). É como se a planta não fosse um corpo único, mas um coletivo independente que funciona em cooperação. Não apenas um coletivo agindo cooperativamente, mas capaz de criar os mais diferentes tipos de estratagema para forçar aqueles à sua volta a trabalharem para ela.

Sapiens, insetos, aves, mamíferos são facilmente cooptados como massa de manobra das plantas. Por muito tempo, foi um mistério botânico a razão pela qual muitas plantas produzem néctares não florais. O néctar floral, riquíssimo em açúcares, tem o papel conhecido de atrair insetos polinizadores por meio de aroma, mas muitas plantas produzem néctar nas dobras das folhas. O custo energético dessa operação contradiz a ideia de ser apenas uma "excreção" da planta. Por que jogar fora algo tão rico em energia e que deu trabalho para fabricar? A resposta é um mecanismo sofisticado de utilização de formigas para proteção (mirmecofilia). As acácias (*Acacia cyanophylla*) são o maior exemplo desse tipo de ação. Além de seus frutos principais, elas produzem um segundo tipo de fruto exclusivo para as formigas, além do

---

28 "Na edição de setembro de 2016 da revista *Cell Reports*, o grupo de trabalho coordenado por Karissa Sanbonmatsu, do Laboratório Nacional de Los Alamos, publicou os resultados obtidos trabalhando em uma sequência específica de RNA, chamada coolair, que controla o tempo de florescimento das plantas na primavera, detectando quanto tempo se passou desde a exposição ao frio. Quando essa sequência é desativada ou removida, as plantas são incapazes de florescer" (Mancuso, 2019).

néctar extrafloral e têm cavidades específicas dentro do seu tronco para que essas formigas possam viver. E como o néctar extrafloral, além de açúcar, é rico em alcaloides como **GABA** e **taurina**, poderosos neurotransmissores, a acácia vicia as formigas, que, tendo uma casa, comida à vontade e formas de manter o seu vício, trabalham com afinco para defender a planta. Elas cortam qualquer tipo de nova planta à roda das sombras acacianas e picam com vivacidade qualquer animal que queira se aproximar, de girafas a elefantes, passando, claro, por outros insetos e pulgões que ousariam se aproximar. Assim, as plantas penetram dentro dos animais, alteram seu comportamento, causam dependência e conseguem então os seus serviços. As acácias dosam para mais ou menos a presença dos neurotransmissores no néctar para obter diferentes resultados (Mancuso, 2019).

Evidentemente, esse poder de manipulação não está restrito às formigas, mas, para muito além, estende-se aos supostos seres superiores *sapiens*. Todos os dias, 2,5 bilhões de pessoas comem pimenta, 2,8 tomam café, 3 bilhões tomam chá nessas mesmas 24 horas, e será difícil achar pessoas que não tenham uma relação de vício ou abuso com açúcar no mundo. Ou seja, originando-se o açúcar de plantas, para cada pessoa no mundo há uma ou mais plantas mandando no seu comportamento todos os dias. Mas, se perguntadas, essas pessoas dirão que existe uma coisa chamada liberdade ou livre arbítrio, e que as plantas que seriam absolutamente dispensáveis para qualquer dieta – mas, para essas pessoas, ficar sem elas seria fonte de angústia e sofrimento.

Por muito tempo a biologia pensou que fungos eram espécies próximas às plantas. Parecem com elas, crescem como elas, são estáticos e têm raízes. Contudo, fungos são um reino com ancestralidade íntima com animais (James *et al.* 2006). Ser como plantas mas se alimentar jogando enzimas em cima das coisas, como uma digestão fora do corpo, torna os fungos seres muito especiais na história do planeta, sobretudo para as plantas. Há cerca de 500 milhões de anos, a vida das plantas tornou-se inviável sem os fungos a fornecer fósforo e minérios para suas raízes (Berbee *et al.*, 2020). E foi graças a essa capacidade de se alimentar por fora, e também de proliferar em lugares úmidos, frios e sem luz, que os fungos dominaram a Terra quando esta ficou coberta de cinzas após a colisão do meteoro no Cretáceo. Enquanto as formas de vida biológica dos grandes répteis e quase todas as outras se extinguiam e o fluxo alimentar das plantas era altamente modificado pela ausência de luz, os fungos tornaram um planeta inteiro mofado. Acredita-se que esse mundo tomado por fungos contaminou as poucas espécies sobreviventes e privilegiou os organismos homeotérmicos que existiam, dando origem a uma expansão e predominância de seres de sangue quente a partir dali (Casadevall; Damman, 2020). O início da era dos grandes mamíferos coincide com o fim dos dinossauros em razão de os primeiros terem sangue quente e poucos fungos conseguirem atacá-los. Ou seja, além de serem indispensáveis para as plantas, os fungos deram o empurrão inicial para a emergência mamífera no planeta.

Anna Tsing, declaradamente apaixonada pelos fungos e tendo-os como parceiros de pesquisa, lembra que há fungos atuando simbioticamente com diversas formas de vida, podendo ser responsáveis por extinções de espécies inteiras e transformações profundas nas paisagens. Sua reprodução é feita por esporos, que voam e podem passar de um continente ao outro, atravessando oceanos em correntes de ar planetárias, pousando rapidamente em animais ou plantas e podendo acabar com elas em pouco tempo. Contudo, ressalva, atualmente muitos desses eventos dos fungos estão sendo impulsionados por formas de agricultura em larga escala que nunca consideraram o equilíbrio que as plantas têm com os seres abaixo do solo. Poeticamente, Anna Tsing (2019, p. 43) nos convida:

> Da próxima vez que você caminhar por uma floresta, olhe para baixo. Uma cidade está sob seus pés. Se você fosse de alguma forma descer sob terra, você se encontraria cercado ou cercada pela arquitetura de teias e filamentos. Os fungos criam essas teias à medida que interagem com as raízes das árvores, formando estruturas conjuntas de fungos e raízes chamadas "micorrizas". As teias micorrízicas conectam não apenas raízes e fungos, mas através de filamentos fúngicos, árvores com árvores, conectando a floresta em emaranhados. Essa cidade é uma cena animada de ação e interação.

Literalmente, há uma rede mundial no subsolo terrestre que conecta raízes de plantas umas às outras e pode até mesmo trocar nutrientes entre si com a ajuda dos fungos. Uma rede com fluxo de matéria em que fungos tomam açúcares para si e liberam outros tipos de nutrientes essenciais às plantas. Existem intensas trocas na cidade subterrânea de uma teia cosmológica de plantas unidas por cabos fúngicos. E quando se faz uma plantação enorme somente de uma espécie, como são hoje os processos de agricultura em larga escala, o que se tem como resultado são separações de íntimas simbioses e o fim dessas relações. E, arremata Anna Tsing (2019): "nós mutilamos e simplificamos as plantas cultivadas até que elas não mais saibam como participar em mundos de múltiplas espécies. E quase ninguém percebe, porque tão poucos humanos sabem da existência dessa cidade".

"Evolução?" com ponto de interrogação é uma forma de problematizar essa noção na biologia. As plantas e os fungos são os mais potentes exemplos de que a construção de uma noção de evolução pensada somente no indivíduo enquanto corpo separado do mundo parece limitada. Todas as formas de vida só existem em parcerias, em relações nas quais não cabe uma bússola valorativa sobre seu caráter. Quando uma espécie cresce demais e causa o desaparecimento da outra em determinado lugar, trata-se de um desequilíbrio nas relações. Não existe uma pulsão natural de auto-preservação, uma "luta pela sobrevivência" como costumavam anunciar evolucionistas. A própria ideia de que há uma luta pela sobrevivência coloca a compreensão em torno de uma luta e parece individualizar espécies que contam somente com seus congêneres para participar dessa luta pela sobrevivência. Parece excluir o fato de que o tempo todo existem alianças de várias ordens, alianças que engendram a sobrevivência.

As vidas são sempre no plural, pois as coisas vivas contêm e são contidas por um fluxo de repouso, de inerticidade. Vidas de montanhas, de rios, de nuvens, de vespas e de camaleões. As coisas todas são vivas e querem paz para existirem sem interferência no equilíbrio de suas relações (que garantem a existência). Por isso mesmo, equilíbrio é palavra tantas vezes ditas por povos indígenas ao alertar o que os humanos estão causando às existências todas. Terranos em guerra com humanos, insistentes em mostrar o dano de extrair o fósforo de uma montanha para jogá-lo em uma plantação. Não se trata só de acabar com a vida da montanha, mas com um sem-número de outras vidas. Daí o subtítulo "um futuro imediato", pois, se humanos não ouvirem os terranos (*sapiens* ou não), é o próprio futuro que estará ameaçado.

PARTE 3

MENTE

INCERTEZAS DO PRESENTE

[CONHECER]

Inteligências coletivas

Imagine que a inteligência deixasse, do dia para a noite, de ser considerada um fenômeno individual. Algumas horas antes, inteligente talvez pudesse ser sinônimo de boa oralidade, repertório de leitura ou, em casos de outras espécies, de mapeamento de ambiente, de sucesso para se alimentar. Mas, horas depois, inteligência passaria a ser considerada em termos de coletivos, como mantenedora de equilíbrio e garantidora do bem-estar de todos os seus integrantes. Nesses coletivos, não se veria nenhum tipo de comida jogada fora e não haveria quem passasse fome, mesmo existindo seres caçadores ou coletores, que ceifam outras vidas.

Nesse mesmo dia, nesse novo dia, a inteligência de uma colônia de bactérias, de um bando de javalis e de nuvens de plânctons seriam consideradas iguais ou até maiores do que a de humanos de grandes metrópoles. E os humanos poderiam aprender com coletivos de outras espécies, aprimorar a sua inteligência e, talvez um dia – se houvesse tempo –, tornarem-se tão inteligentes quanto essas outras espécies. Como seria então a pesquisa cognitiva dessa inteligência?

Sobre as mentes-mais-ou-menos-avançadas

Era uma noite comum de um ano longínquo em uma universidade de São Bernardo do Campo. Eu, aluno do curso de filosofia, numa aula de "filosofia da mente", apresentava um seminário sobre Hans Jonas e seu livro *O princípio vida*: fundamentos para uma biologia filosófica (2004). Para o filósofo alemão, existe uma escala de liberdade e inteligência na evolução das espécies até os humanos. Metabolismo, movimento, apetite, sensação, percepção, imaginação, arte e conceito mostram que as capacidades humanas são sofisticadas e complexificadas em aumento de liberdade e autonomia. No livro, Jonas faz um sobrevoo pelo que chama de transformações dos problemas. Desde o chamado "panvitalismo", ideia em que tudo é vida, passando pelo "panmecanismo" cartesiano cientificista, no qual a vida se torna um problema para ser explicado materialmente, para então se deter sobre esses dois extremos a fim de concluir que é melhor e mais responsável olhar a vida do ponto de vista material. Essa é a base daquilo que se convencionou chamar de "princípio da precaução" ou "princípio da responsabilidade", traduzido como uma forma de orientação ética de um agir de modo responsável, consciente e sustentável. A materialidade do mundo impõe uma conexão entre os viventes e é de responsabilidade sobretudo daqueles com mais inteligência zelar pela manutenção da vida. Em termos ainda mais filosóficos, Jonas pluraliza o imperativo categórico kantiano. Ou seja, no lugar de agir como se nossas ações tendessem a se transformar em leis universais – defesa de Kant –, tem-se uma reformulação para agir de maneira que nossas ações sejam compatíveis com a permanência da vida humana sobre a Terra.

Há de se admitir que, posto desse modo, entre Kant e Jonas o segundo parece muito mais sensato. Mesmo depois de tantos anos, continuo achando curioso escrever que foi preciso um filósofo alemão suplantar outro filósofo alemão (prussiano) para formular um princípio com impacto no ordenamento jurídico ocidental, para que muitas pessoas, sobretudo na filosofia, prestassem atenção na questão da preservação da vida e a incorporassem a suas práticas ou seu pensamento. Um princípio filosófico, aliás, que milhares de anos antes de Jonas já circulava pelos povos origi-nários se mantendo até hoje – não nestes termos tão etéreos. Contudo, as ideias têm tanto mais poder quanto mais quem as profere é herdeiro e de-tentor de outros poderes maiores e mais longevos do que suas próprias ideias. No contexto que interessa aqui, o princípio da preservação da vida galgou espaço na filosofia, que, quase sempre, estava despreocupada com a vida em sentido mais amplo. Mas, para os contornos deste livro, Hans Jonas é demasiado humanista, no sentido de supervalorizar os humanos, atribuindo-lhes a responsabilidade zelosa por todo o restante.

No entanto, naquela aula, essas questões todas se perderam. Após apresentar a obra e suas nuances, eu me permiti, como era praxe na-quele curso, tecer comentários mais pessoais, impressões etc. Destaquei, dentre outras coisas, um detalhe no texto no qual Hans Jonas(2004) se expressa sobre o chamado "panvitalismo", ou a dimensão de que há vida nas coisas todas, como algo próprio de humanos "primitivos". Conjugan-do sempre no tempo verbal do passado, afirma o douto: "O ser huma-no estava firmemente convencido de que a vida está presente em tudo quanto existe" (Jonas, 2004). Pessoas da filosofia acadêmico-universitá-ria, e outras, sabem que cometi uma indelicadeza ou um erro ao trazer um trecho para problematizá-lo, sobretudo com argumentos externos à obra, talvez anacrônicos e tampouco filosóficos. Mas o fiz, sem apreço disciplinar, em razão de existirem milhões de pessoas ao redor do mun-do que não são primitivas e que estão convencidas sobre a vitalidade das coisas todas, e em razão da presunção do autor de supor do que alguém poderia estar convicto ou não em um passado remoto.

O uso do termo primitivo, assim escrito por Jonas no original e as-sim traduzido, foi o estopim de uma discussão naquele meu seminário sobre o filósofo, tendo o professor da turma como observador. Começou quando uma estudante ponderou que o uso do termo primitivo não seria inadequado, dado que o ser humano primitivo era assim mesmo. E o ter-mo primitivo não seria derivado de algum problema de tradução, dado que em livros de história esse termo é empregado nesse mesmo sentido. Ao que uma outra estudante se posicionou contra, apontando que ou-tros modos de pensar e agir no mundo estavam sendo sistematicamente desconsiderados. A memória já me falha bastante, mas o que me marcou naquele dia – e que é o fio condutor desta parte – foi uma ponderação de passagem feita pelo professor. Quando uma pessoa disse que a noção de sociedade mais "avançada" em relação à outra era relativa ao modo pelo qual cada sociedade vive, o professor reagiu com uma enérgica declaração: "É claro que é mais avançado [nós], olha este celular!".

Essa passagem curta de uma aula noturna qualquer ecoava na minha mente: *é claro que é mais avançado, olha este celular!* A afirmação causou-me impacto não exatamente pelo seu conteúdo, pois já sabia tratar-se de um pré-conceito muito forte e comum. Como também sabia que domínio de produção tecnológica é normalmente associado com avanços ou inteligências. Minha incredulidade era pelo emissor da fala ocupar o lugar de professor. Eu, professor que sou, e era à época também – de Física no Ensino Médio –, sempre pesava minhas afirmações por precaução – à la Hans Jonas – mas também por guardar pouca certeza de algo. E, na faculdade de Filosofia, numa aula de filosofia da mente, surgir uma sentença assim tão severa, aguda, definitiva, indubitável (indubitável!) me fez prestar mais atenção nas minhas próprias aulas, além de refletir muito.

Esse problema está longe de ser trivial. Quando milho transgênico vai parar na mesa das pessoas, existe aí implicado um dispêndio de conhecimentos, processos, manipulação genética e tecnológica que é, em geral, desconhecido por essas pessoas. Por isso, muitas vezes, elas não conseguem tomar decisões acuradas em relação a isso. Mas serão mesmo esses os parâmetros? Uma sociedade pode ser considerada mais avançada em relação a outra por ter conseguido produzir um aparelho de telefonia móvel? É essa a métrica de sucesso e progresso incutida em todos nós: a tecnologia? Mas então por que se ignoram as tecnologias sofisticadas desenvolvidas por povos em conjunto com a floresta? Faz sentido perguntar sobre coisas mais ou menos avançadas? A quem interessa esse tipo de questão? Esta terceira parte do livro é a minha resposta tardia e fora de hora à questão – e talvez ao meu professor.

Aceitar a sobreposição de critérios racionais quaisquer que sejam para diferenciar um modo de vida de um povo de outro, hierarquizando-os e ignorando os conhecimentos de determinado povo sobre outras vidas parecem problemas de escalas muito distantes. Estou aplicando o princípio da precaução na prática. Quantas espécies extintas vale um celular? A pergunta é radical apenas para exemplificar a gravidade subjacente a ela. O mais relevante – e esta sim é efetivamente a discussão desta parte do livro iniciada agora – é que, se alguém é capaz de aceitar a superioridade de um povo em relação a outro é porque já aceitou que o humano é mais avançado que qualquer outra espécie ou coisa. E é capaz de evocar argumentos racionais, conceitos como inteligência, mente, cérebro, consciência, para justificar a superioridade humana. E isso está muito distante de qualquer fato.

A própria filosofia ocidental e sua história ancora-se primeiramente na chamada invenção da escrita, que muitos dizem marcar a divisão entre a Pré-História – lugar dos primitivos – e a História; como se povos ágrafos fossem destituídos de história ou confundidos com analfabetos (Ladeira, 2014). A suposta superioridade humana também se ancora no presumido privilégio da razão. Assim, no pensamento ocidental, foram raras as exceções a questionar em algum momento a especialidade humana. Dentre elas está o filósofo francês Michel de Montaigne em seus *Ensaios* (c. 1588). Em um dos seus mais extensos ensaios, a "Apologia de Raymond Sebond", Montaigne ergue-se para defender a obra do médico catalão Raymond Sebond das objeções de seus críticos, percorrendo um longo caminho argumentativo em defesa da pequenez humana face a deus. Como consequências dessa pequenez, os sentidos, a razão, a filosofia, a ciência, a universalidade, a justiça, o conhecimento e a humanidade serão duramente atacados em sua soberba e fragilidade. Nas palavras do próprio Montaigne (2016, p. 451), o propósito do ensaio é "arrancar das mãos as armas mesquinhas que fornece a razão".

Face à soberba humana em atestar sua superioridade, Montaigne inicia sua argumentação com mais de trinta páginas e oitenta parágrafos apenas para mostrar que todas as capacidades humanas, os outros animais também as possuem e, além disso, possuem muito mais predicados que nós. Para embasar sua argumentação, ele utilizou tão somente bibliografia grega antiga e seus inúmeros relatos. Para o filósofo, o ser humano invoca uma separação de si das outras criaturas, mas, questiona ele, "em virtude de que comparação entre eles e nós chega-se à conclusão de que são estúpidos?" (Montaigne, 2016, p. 455). Recorrerei a outros argumentos de Montaigne no parágrafo seguinte, que pode ser lido como uma adaptação de ideias desse autor[29].

---

29 Os argumentos e exemplos seguintes neste parágrafo encontram-se de maneira completa em Montaigne (2016), entre o parágrafo 22 e o parágrafo 110. (p. 451-484), parte do ensaio *Apologia a Raymond Sebond*.

Basta olhar mais o mundo para vermos que não somos superiores. Nós nos comunicamos, os animais também. Nós choramos e nos emocionamos, e os animais também: qualquer pessoa que tenha um animal de estimação já deve ter presenciado suas mudanças de humor e seu luto ou sua alegria. Nós produzimos armas, os animais possuem as suas. Temos variações linguísticas, os animais também: muitos pássaros, por exemplo, mudam seus cantos em épocas, lugares e interesses diferentes. Temos capacidade preditiva, assim como as raposas auscultam a água sobre o rio congelado estimando onde podem andar. Nós caçamos e pescamos, os animais também. Nós raciocinamos, os animais também: as cabras da Cândia, ao se ferirem, escolhem, entre uma vastidão de ervas, apenas uma para se curar; tartarugas que percebem terem comido uma víbora ingerem precisamente o orégano para se purgarem; os bichanos ingerem o capim para provocar vômito e eliminar o pelo ingerido. Tomamos decisões, os animais também. Aprendemos com o mundo, e os animais também: existem animais que atuam em circos e teatros; bois que irrigam plantações. Temos memória, e os animais também, haja vista os elefantes reconhecerem seus parentes, os papagaios gravarem sons ao seu redor e pássaros reproduzirem melodias de peças humanas. Sabemos utilizar instrumentos do mundo de acordo com nossos interesses, assim como o cão, como narra Plutarco[30], que queria beber o azeite de um vasilhame e lhe adicionou água para que subisse à superfície. O guarda de um elefante pertencente a um senhor sírio sonegava-lhe metade da comida, até que, um dia, o próprio dono foi alimentar o animal servindo-lhe tudo, e este separou a comida em duas revelando o desacerto do guarda. Temos justiça e ética, os animais também: animais defendem seus benfeitores e tratam com equidade a prole; o cão de Pirro que não abandonou o leito do seu dono e, quando atearam fogo ao corpo, o cão jogou-se também. Temos simpatia e antipatia, e os animais também: cavalos gostam de determinadas cores, têm ciúmes de amigos. Temos malícia, os animais também: o asno de Tales carregava sal, um dia escorregou ao atravessar o riacho, o sal dissolveu e o asno passou a deixar o sal molhar toda vez de propósito. Descobrindo a malícia, Tales passou a carregá-lo com lã. Uma vez molhando a lã, nunca mais o asno molhou a

---

30 Historiador e filósofo grego que viveu entre os anos 46 e 110 d.C. Tendo viajado à Ásia e vivido em Roma, coletou inúmeras histórias de diversos continentes.

mercadoria de lã. Temos gratidão, os animais também: Ápio narra a história do leão que, no espetáculo romano, ao invés de matar, aproximou-se de Ândrocles da Dácia beijando sua mão e abanando o rabo, reconhecendo-o do tempo em que esse o ajudou a se curar em Alexandria. Sendo Ândrocles solto a pedido do povo, ganhou o leão de presente e passou a andar por Roma com ele. Nós sonhamos e os animais também, sendo capazes de manifestar fisicamente os sonhos.

Não bastasse esses exemplos, os animais possuem capacidades muito além das nossas: voo, camuflagem, olfato e visão desenvolvidos. Hoje sabemos até mesmo que muitos possuem mais sentidos, como, por exemplo, orientação magnética. Com os exemplos que deu, ancorado na literatura da Grécia antiga, Montaigne mostrou que os animais possuem linguagem e comunicação; emoções e volições; mecanismos de defesa; capacidade preditiva e de planejamento; raciocínio e pensamento; memória; aprendizado; ética e justiça; malícia; gratidão; imaginação e sonhos. Montaigne também notou a desimportância dada pelos filósofos aos animais. Mas, nisso que os antigos chamam de razão, não há nenhuma vantagem, assinalou, questionando ironicamente: A lógica consolou Aristóteles da gota? "Sentira-a menos por saber como ela se aloja nas articulações? E por não ignorarem que entre certos povos a morte é recebida com alegria, foi-lhes ela mais suave?"[31]

Contemporâneo das invasões europeias em outros continentes, quando chegaram notícias de que no Novo Mundo havia povos selvagens, canibais etc., Montaigne escreveu dois ensaios ("Dos canibais" e "Dos costumes e da inconveniência de mudar sem maiores cuidados as leis em vigor") para mostrar como, em matéria de selvageria, primitivismo e barbárie, eram os europeus que dominavam. Como não se tratava propriamente de um pensamento elogioso aos europeus, Montaigne foi duramente atacado por suas ideias heterodoxas. Outros, como é o caso de Thomas Hobbes e Jean-Jacques Rousseau (em sentidos opostos), basearam suas teorias políticas em visões estereotipadas dos povos do Novo Mundo, seja como bárbaros selvagens e violentos, seja como puros e ingênuos – ideias edificadas sobre equívocos.

---

31 No trecho, Montaigne fala de Varrão (Marco Terêncio Varrão) e de Aristóteles, que sofreram com artrite gotosa (gota) durante a vida. Por isso, na citação original os trechos estão no plural.

Uma brevíssima história da filosofia da mente

O filósofo francês René Descartes, contemporâneo a Montaigne e cujas ideias opunham-se radicalmente às dele, inaugurou, em termos ocidentais, o que se pode chamar de estudo da "mente" (de humanos exclusivamente, por suposto). Isso pressupõe não só a defesa de que os humanos são muito superiores, mas também que determinadas formas de raciocínio são melhores do que outras. Descartes não só aprofundou a distinção entre humanos e não humanos como enfatizou a razão como algo ainda mais importante para o espírito humano e única maneira de conhecer o mundo, enquanto Montaigne buscava trazer o humano para perto dos animais. Há, para o filósofo, as coisas materiais (*res extensa*) regidas pelas leis físicas e as coisas da mente (*res cogitans*). Trata-se de duas substâncias diferentes, por isso o nome de **dualismo substancial**. Eu ou você, na realidade, não somos o nosso corpo, mas sim uma substância pensante e não espacial. "Através do exame dos conteúdos de sua própria mente, Descartes sentiu que podia estabelecer o conhecimento que é mais válido, menos sujeito a questionamento" (Gardner, 2003, p. 64). O estudioso da mente estadunidense Howard Gardner aponta que foi Descartes quem determinou a mente como o único árbitro possível da verdade. Esse é um ponto central para a história da ocidentalidade, pois desdobra-se para aquilo que acontece dentro de nós e fora de nós quanto ao conhecimento – ou àquilo que pensamos conhecer.

Seguindo o fio da história da filosofia da mente "fundada" por Descartes, o Iluminismo e o século XVIII definitivamente refundaram o papel soberano da razão humana para o Ocidente. O filósofo alemão Immanuel Kant também tentou compreender de que maneira a mente apreende a experiência e a transforma em conhecimento. Para Kant, a mente molda e ordena as experiências, portanto ela recebe informações, mas é um órgão eminentemente ativo no processo. Há, então, as coisas no mundo, há o que conseguimos captar dessas coisas dentro da mente por meio de seus fenômenos. No final do século XIX e no século XX, o filósofo austríaco Ludwig Wittgenstein defendeu que a melhor maneira de compreender a mente humana é olhar para os usos e construção das linguagens pelas quais os humanos se comunicam.

O psicólogo russo Alexis Leontiev (1978), com a sua "**teoria da atividade**", defendeu que a maneira pela qual o psiquismo humano se desenvolve é pela realidade social e material. Intrigava ao russo o fato de povos que aparentemente nunca tiveram contato em toda história, separados por ilhas, com modos de viver totalmente diferentes, tinham, por exemplo, arco e flecha. A mesma forma, a mesma finalidade, materiais muito parecidos. Questionava-se que existe algum tipo de relação com as coisas ao redor que emoldura o psiquismo humano, por exemplo, na busca por alimentos. Assim, a mente humana se desenvolve a partir das condições materiais que existem ao entorno e dos objetivos buscados pelas pessoas e comunidades.

Em 1945, o psicólogo estadunidense Burrhus Frederic Skinner defendeu que somente podemos saber sobre a mente observando o comportamento humano, isto é, aquilo que se manifesta[32]. Gestos, palavras, expressões, decisões são alguns caminhos experimentais para entender aspectos da mente. Em 1950, o matemático britânico Alan Turing publicou um famoso artigo no qual apresenta a ideia de um computador, considerando que o nascimento do computador é também um problema sobre a mente e a possibilidade de processos mecânicos dentro dela[33]. Turing defendia que era só uma questão de tempo até as máquinas passarem a realizar o mesmo que nós humanos. Seguindo essa linha, uma série de pensadores, dentre eles o filósofo estadunidense Daniel Dennett, associaram a mente humana a uma máquina com entradas e saídas. Nesse caso, não importa muito o que acontece dentro da máquina, mas sim as entradas e saídas. A mente passa a ser vista como um *software* e seu entendimento é possível como o é o entendimento de um programa de computador. Já o psicólogo estadunidense Julian Jaynes defendeu que a consciência é uma parte muito limitada da nossa vida, pois, na maior parte do tempo, estamos fazendo coisas inconscientes. Andamos, falamos, dirigimos, comemos, sem estarmos em ato consciente. A consciência seria dependente da linguagem, e a ocorrência da linguagem escrita teria possibilitado um grande avanço.

Esse é um cenário (reduzidíssimo) da "filosofia da mente" enquanto etapas de seu desenvolvimento. Hoje, é a neurociência, de que trataremos ainda nesta parte do livro, a ter forte protagonismo nesse campo.

---

32 Burrhus Frederic Skinner (1945). "The operational analysis of psychological terms", in ibid. (org.), Cumulative Record, New York: AppletonCentury-Crofts, p. 370-384.

33 Alan M. Turing (1950) "Computing Machinery and Intelligence". Mind. Disponível em: ttps://www.csee.umbc.edu/courses/471/papers/turing.pdf. Acesso em: 11 nov. 2024.

Vê-se, sem surpresa, que o problema da mente parece mais grave diante da necessidade de justificar uma superioridade humana. O problema da mente é potencializado pela presunção humana. O ser humano faz filosofia, argumenta, oferece razões, transmite linguagem – dizem os filósofos, dentre os argumentos da especialidade humana. Mas se uma árvore respondesse a eles, poderia dizer que é ela quem faz o ar respirável, sem o qual nada se pensa. Uma bactéria intestinal também poderia dizer: "Fazemos sua digestão, que vocês próprios são incapazes de fazer". A mente, ou o cérebro, ou suas características supostamente especiais, são a última trincheira da batalha pelo desejo megalomaníaco de ser a única espécie dotada de espírito. E o lado mais fraco desse *front* tem ganhado expoentes somente nos últimos quarenta anos, para mostrar como os processos de colonização de territórios, pessoas, espaços e mentes perduram, como a modernidade forjou uma ideia de superioridade que se mostrou nociva e como essa busca pela superioridade humana pode ser vã e obsessiva.

Mente para si (quem?)

O filósofo britânico John Gray está dentre aqueles que cooperam contra a tese da superioridade humana. Em seu livro *Cachorros de palha* (2006, p. 33), Gray criticou o "humanismo" como termo que circunscreve a crença nessa superioridade, apontando que ela "é apenas um evangelho de desespero, e o senso humanista da existência de um abismo entre nós e outros animais é uma aberração". É sempre bom lembrar quanto essa realidade tornou possível a destruição de montanhas, rios e espécies. Mas ainda hoje isso persiste. Frigoríficos, abatedouros, inseticidas são formas eficientes de eliminar outras espécies, sem que crimes sejam imputados a quem quer que seja, como seria se tirassem a vida de um *sapiens*. O linguista estadunidense Joseph Pugliese (2020) recobrou imagens de cavalos com vísceras expostas e plantações de figo queimadas por ataques do exército israelense na faixa de Gaza, além de outras imagens de guerras, para defender que, nesses casos, os não humanos são alvos de muitos crimes, sem que se mobilizem organizações em sua defesa. Sua esperança é trazer as violências ecológicas para o campo forense.

Para não estender as elucubrações, ainda não foi aqui que respondi ao meu professor de "filosofia da mente" sobre a superioridade de algumas sociedades. Por ora, procurei traçar uma história da filosofia da mente, ou da ideia sobre a mente, apontando que existe uma forte crença de que somos especiais por possuirmos essa tal mente. Essa forte crença na especialidade humana é o pilar de um baralho que sobrepõe outras ideias e conhecimentos ao longo do tempo para justificá-la. O intelecto da alma tripartite na obra de Aristóteles trazia essa ideia de que apenas humanos têm mente. Mas conforme o tempo passa e novas estruturas se descortinam, as palavras e termos vão mudando. Só humanos têm inteligência. Ou só humanos têm neurônios dispostos em regiões do cérebro de tal jeito. Só humanos têm consciência. Só humanos constroem conhecimento e educam. E minha resposta de fato residirá em trazer a mente, o intelecto, a inteligência, a consciência para a realidade dos corpos e da matéria. Pretenderei mostrar, a seguir, que essa mente, essa consciência, essa inteligência não existem. Essas chaves para separar humanos dos outros animais ruíram. Não existe uma mente para si; e quem mente para si é quem acredita que a mente é algo que pertence apenas a sua própria espécie. E, em matéria de conexão, percepção, engajamento, inteligência (se assim insistirmos nessa ideia) e "neurociência", as plantas e outros animais são muito mais poderosos do que os *sapiens*.

Pensar é trocar moléculas

Imagine que, toda vez que uma molécula de sódio (Na) e uma de potássio (K) são trocadas por corpos, tal qual como ocorre nas sinapses neuronais, tenha-se um fragmento de pensamento. Ambos os elementos são abundantes desde a origem da Terra e estão amplamente presentes nas rochas, nos oceanos, no solo, nas plantas, nas bactérias. Já o pensamento, segundo uma certa ideia sobre ele, é algo impossível de ser captado ou lido por qualquer outro ser ou corpo externo a quem pensa, não importando a espécie ou o tipo de ser em questão. Você não tem como saber o pensamento da pessoa na sua frente.

Considere agora o fato de que raízes de plantas, cristais, rochas, esponjas, anêmonas, mas também arqueas, bactérias, insetos, répteis, anfíbios e todos os animais também fazem troca de moléculas de sódio e potássio dentro ou fora de seus corpos, no cérebro ou em outros lugares. De modo que qualquer pessoa poderia defender que esses seres todos estão

Cérebro e consciência como especialidade humana

Uma pesquisa científica realizada em 2009 demostrou que um salmão morto é capaz de reconhecer emoções humanas olhando para fotografias[34]. No estudo, as imagens eram apresentadas ao salmão morto – postas na frente de seus olhos – dentro de um equipamento capaz de captar atividades neurais[35]. Com isso, o grupo de pesquisadores determinou até mesmo as regiões do cérebro do salmão morto que eram estimuladas. Tal pesquisa foi premiada pela revista de humor científico *Annals of Improbable Research* em 2012 com o prêmio *Ig Nobel*, que é dado para pesquisas sérias, mas com aparência de risíveis. No caso em questão, os autores discutem a proliferação de estudos que associam ativações de partes do cérebro ou fluxo elétrico como responsáveis por emoções, comportamentos ou funções animais. A crítica se estende também às metodologias que, geralmente, precisam se valer de projeções estatísticas, dado o volume grande de informações do cérebro, para extrair das extrapolações as suas conclusões. Conhecemos bem pouco o cérebro e, embora esse pouco seja bastante coisa em relação a anos atrás, questões ainda permanecem em aberto.

Existe consciência? O que é o pensamento? A consciência é um produto do cérebro? Como sinapses neurais se transformam em imagens, palavras, memórias, sentidos e sensações? O cérebro é realmente o lugar em que se processam as experiências do mundo? Onde a memória é armazenada? Como impulsos elétricos fazem seres se moverem de maneira equilibrada e fina? Por que sonhamos? Esses são apenas alguns exemplos mais gerais de perguntas em aberto para o oceano de possibilidades às quais a neurociência pode se dedicar. O cérebro humano pode ser lido por muitos como aquilo que torna nossa espécie

---

34 Craig M. Bennett *et al.*, (2009) "Neural Correlates of Interspecies Perspective Taking in the Post-Mortem Atlantic Salmon: an Argument for Multiple Comparisons Correction".

35 Aparelho de **ressonância magnética funcional** (RMf).

como a mais especial de todas. Uma estrutura que transforma esse animal em um ser capaz de saber quem é, ter consciência de si, do mundo, ter recordações e memórias. O cérebro de *sapiens*, pensava-se, seria, de todos os cérebros do mundo, aquele com maior quantidade de células neuronais – e neurônios são em tese as unidades básicas de processamento de informações –, sete vezes maior do que deveria ser pelo custo energético. Pensava-se também que os *sapiens* usavam apenas 10% de seu cérebro (quando, sabe-se hoje, ao contrário, usam o tempo todo, mesmo dormindo) e que teriam 100 bilhões de células neuronais (veremos a seguir como se fez a revisão desse número). Muitas afirmações categóricas como essas ruíram recentemente.

Cérebro, precisamos lembrar, não é tudo que está dentro da caixa craniana. O encéfalo, nome de toda essa estrutura (junto com cerebelo, tálamo, hipotálamo e bulbo) contém mais de uma centena de células diferentes. E, novamente, o encéfalo é parte de uma estrutura maior chamada sistema nervoso central (SNC) que contém também a medula espinal. E, para finalizar, o SNC é parte daquilo que se chama globalmente de sistema nervoso, que contém ainda – além de tudo que se já se disse – gânglios e nervos. E, *grosso modo*, todo esse sistema é responsável por captar e comandar a resposta do corpo a estímulos externos. Ou seja, sentir e interagir no mundo. Dos sistemas do corpo, o nervoso é o que tem a maior diversidade de células. E mesmo, exclusivamente dentro do cérebro, há outras células chamadas glias que existem em diversos tipos além dos neurônios, conhecidos processadores sinápticos. Por isso, não é simples estabelecer critérios e contar as células do encéfalo ou do cérebro.

A neurocientista Suzana Herculano-Houzel (2015) narra em um saboroso texto como foi a jornada dela, com baixíssimo orçamento de pesquisa, para derrubar as estimativas e métodos anteriores de contagem de células e criar um método mais preciso. Ela e seu grupo de trabalho estavam preocupados com as células corticais, que representam 85% do volume do cérebro, onde estão os neurônios (Bartheld; Bahney; Herculano-Houzel, 2016). Por essa razão, existem muitas informações aparentemente conflitantes sobre "a quantidade de neurônios" nos cérebros dos animais. Muitas vezes confunde-se neurônios com células totais do encéfalo. Em quantidades totais, sabe-se que o elefante africano é o animal com mais células em seu encéfalo, com 257 bilhões delas, seguidas pelo *sapiens,* com 86 bilhões. Contudo, para falarmos daquilo que se associa historicamente a inteligência, processamento de informações e funções, devemos considerar as células corticais. A solução metodológica de Suzana para o problema da contagem de neurônios foi literalmente derreter o cérebro em ácido, centrifugar e contar os núcleos celulares por milímetro quadrado (mm^2), aferindo assim com bastante precisão o valor da quantidade de neurônios de qualquer cérebro. São poucas as espécies que possuem mais de 1 bilhão de neurônios em seus cérebros. As orcas são os seres com mais células neuronais, ultrapassando 43 bilhões, e seus parentes próximos, como as baleias-piloto, chegam a 30 bilhões. Daí, tem-se um salto para os *sapiens,* com 16 bilhões de células neuronais no cérebro (Herculano-Houzel, 2009). A baleia-azul, 15 bilhões; os golfinhos, 13 bilhões; belugas, 10 bilhões; orangotangos e gorilas, 9 bilhões; chimpanzés, 8 bilhões; elefantes, quase 7 bilhões; a maioria das baleias, 5 bilhões; focas e leões marinhos, 4 bilhões; araras e macacos, 3 bilhões; girafas e porcos, menos de 2 bilhões; cavalos, 1 bilhão. O restante dos animais todos possuem menos de 1 bilhão, dentre eles, felinos, caninos, bovinos, roedores, moluscos, insetos etc. (Herculano-Houzel, 2019).

Pequenos – ou grandes – passos como esses dado por Suzana e seu grupo de pesquisa abrem frestas para a compreensão ou tentativa de responder às numerosas perguntas em aberto sobre o cérebro, como o que é o pensamento (caso ele exista). Nós nos acostumamos a ter fé de que, ao ler as letras de uma linguagem nas páginas de um livro, estamos nos associando a um conjunto simbólico linguístico que gera significados aparentemente conhecidos das nossas referências de vida e, com isso, julgamos pensar ou compreender aquele texto. Ao lermos a palavra ELEFANTE, julgamos sermos capazes de criar a imagem de um elefante dentro de nós e chamamos isso de imaginação. Mas pergunto: É mesmo isso que apareceu dentro da sua cabeça? Olhe para esse elefante assim que ele aparecer. Ele existe mesmo?

Certa vez, me contava uma colega professora que trabalhou junto aos Tukano que no curso de formação de professores indígenas havia uma atividade de um desenho de uma onça. E que, ao se aproximar de um jovem que estava colorindo uma onça de vermelho ela interveio dizendo-lhe algo do tipo: "Mas, fulano, porque você está pintando a onça de vermelho, as onças não são vermelhas". Ao que, narra ela, o jovem teria olhado-a com ar de preocupação e estranheza, respondendo: "Professora, isso aqui não é uma onça, isso é um desenho, e desenho a gente pinta com a cor que a gente quer." Assim, nem o desenho da onça, nem a imagem da onça quando se lê ou se ouve a palavra onça são onças. Onças, mesmo, são as onças.

Boa parte da pesquisa de mapeamento em neurociência é feita por meio de estímulo e resposta. Tratando-se de uma rede, não é possível colocar um marcador e acompanhar esse marcador no cérebro, o que fazem as pesquisas é submeter o sujeito – ou o cérebro – a experiências e verificar quais regiões são ativadas para diferentes tipos de estímulo. Administração de drogas, dores, traumas, imagens, memórias encontram a forma de cores por meio de **eletroencefalograma** ou ressonância magnética. Associam-se depois, teoricamente, enzimas e proteínas, entre outros tipos de processos químicos a cada tipo de atividade. Sabe-se hoje que, por exemplo, experimentalmente por meio de monitoramento cerebral, quando uma pessoa toma uma decisão com intencionalidade, seu córtex pré-frontal é mais ativado; quando olha para algo, o córtex occipital e o cúneo são demandados; quando se lembra de algo exercitando sua memória de longo prazo, é o córtex temporal; quando precisa dimensionar o espaço à sua volta, é o córtex parietal que é ativado (Ribeiro, 2019). Essas correlações são corroboradas quando, por acidente ou patologias, pessoas têm essas mesmas regiões do cérebro lesionadas e então passam a apresentar disfuncionalidades nas características correspondentes verificadas em experimentos. Mas se for perguntado por quais razões aquelas regiões correspondem àqueles resultados, ou se existe algum tipo de relação entre uma função e uma característica específica da região, essas perguntas ficam sem resposta, por enquanto. Quanto mais a grande inquietação da filosofia da mente, que é esta: como troca de íons e pulsos elétricos nos neurônios se transformam em uma imagem dentro da nossa cabeça?

No clássico e robusto livro *Como a mente funciona*, de autoria do psicólogo canadense Steven Pinker, encontra-se um manual sintético do que eram neurociência e ciência cognitiva na virada do século XX. Mas também é uma elegia ao humano e seus predicados ditos naturais. Pinker tem apreço por uma interpretação computacional do cérebro, muito eficaz e didática, embora anacrônica. Tal interpretação implica considerar que a mente é o processo de processamento de informações do cérebro (Pinker, 2004), ou seja, experiências, visões, cheiros, tato, falas são informações do mundo externo que encontram fundo em um sistema de armazenamento no cérebro na forma de configurações específicas de ativação de uma cadeia de neurônios. Nesse sentido, qualquer organismo com cérebro tem mente. "Mas a mente não é o cérebro, e sim o que o cérebro faz, e nem mesmo é tudo o que ele faz, como metabolizar gordura e emitir calor" (Pinker, 2004, p. 35).

O conteúdo da atividade cerebral, isto é, uma emoção, uma sensação, uma memória, consistiria em uma configuração específica de redes de neurônios ativadas (como um circuito elétrico, mas não necessariamente circular). Eventualmente, essas redes podem coexistir. Como, por exemplo, quando sentimos um cheiro e nos recordamos de alguém, é como se fossem duas redes conjuntas atuando: uma que identifica e se lembra do cheiro e a outra que identifica a pessoa. Tal como o conteúdo de um livro é uma configuração de pigmentos de tinta (ou *pixel*) em um espaço, a sua mãe, no seu cérebro, é um conjunto de configurações de atividades neuronais específicas. "Diferenças minúsculas nos detalhes das conexões podem fazer com que retalhos do cérebro de aparência semelhante implementem programas muito diferentes" (Pinker, 2004, p. 36). Neste momento, você leu a palavra mãe, um fio de centenas de milhares de neurônios se ativou para identificar a forma da palavra mãe com o significado dela, assim como outro conjunto muito maior e repleto de outras conexões de redes se ativou lembrando-se da sua mãe em específico ou de outras e das inúmeras redes associadas a ela.

No entanto, há um problema nessa visão: se memórias e sensações são marcas pavimentadas em caminhos de circuitos neuronais, quando morrem neurônios que são parte dessa estrada, a memória deveria também ser afetada. Isso exigiria uma memória celular armazenada em algum lugar, que seriam os neurônios, que então precisariam viver a mesma quantidade de anos que a pessoa, e os novos neurônios gerados precisariam se encaixar nas redes sem prejuízo do circuito. Entretanto, recentemente, descobriu-se que a taxa de fabricação de neurônios (neurogênese) entre idosos e jovens é basicamente a mesma (Boldrini *et al.*, 2018). Ou seja, neurônios continuam sendo produzidos e substituindo neurônios lesionados, degradados ou mortos a todo instante, ao longo de toda a vida das pessoas. Como ficam então as redes organizadas de ativação se a maioria das células foram substituídas? Mas há mais problemas.

Quando se pensa em inteligência, ou vida inteligente, o problema remete à clássica questão: como uma "alma", algo que anima os seres e não tem forma material, é capaz de agir no mundo, empurrar coisas etc.? A saída neurológica a esse problema é cada vez mais considerar o pensamento como algo tipicamente material, embora não esteja claro como a imagem imaterial de um elefante vem à minha mente quando leio essa palavra. Contiguidade e semelhança parecem ser princípios de funcionamento do **pensamento**. Ou seja, experiências vivenciadas proximamente tendem a se associar, por exemplo, como causalidade – uma causou a outra. E coisas semelhantes também tendem a se associar na mente. Contudo tais associações, da perspectiva neurológica e comportamental, também são amplamente verificáveis em outros animais além dos seres humanos, sendo até mesmo essenciais para os processos de adestramento baseados em reforço positivo.

E quanto à consciência, à percepção da relação de si mesmo? Para Pinker, a construção de um modelo interno do mundo ou lugar no qual nós próprios nos inserimos ou uma reflexão sobre como se entende o funcionamento das coisas, seriam provas de que temos consciência. Entretanto, Pinker não torna esse problema menos misterioso do que outros, como a percepção e a memória. Todos são igualmente misteriosos. Afinal, "se possuo um banco de dados mental para pessoas ao meu redor, o que o impediria de conter um registro sobre mim mesmo? (Pinker, 2004, p. 146). A percepção de si mesmo relaciona-se com uma região do cérebro chamada BA10, que é muito associada à imaginação, ou à rememoração de fatos. E, segundo Pinker, imaginar é essencial para expandir e simular realidades e, portanto, está na origem da consciência humana. Tal área é sensivelmente maior em *sapiens* do que em símios, ou outros primatas não humanos. Para o neurocientista Sidarta Ribeiro, trata-se de um argumento bastante decisivo, mas que permite apenas relacionar a consciência a uma região no cérebro.

Distingue-se ainda entre regiões cerebrais referentes ao que se classifica como consciência primária, ligada ao imediato e ao alerta do presente (algo muito comum nos seres vivos, por exemplo, para fugir de um predador ou escapar de um carro desgovernado), e a chamada consciência secundária, aquela capaz de criar simulações e projeções do eu no tempo e no espaço, imaginar-se uma pessoa famosa, dando entrevistas e sendo massivamente seguida nas redes sociais, e talvez até se planejar para isso. Essas seriam ações exclusivas dos humanos, mas, uma vez mais, pode-se contrapor que a zoologia sabe muito bem que primatas, elefantes, golfinhos, entre outros animais, são bastante eficazes na arte de planejar vinganças contra quem os fez mal.

Outrossim, no escopo dessa ideia de consciência de si, não se inclui a consciência ou **percepção** do que está ocorrendo dentro do nosso corpo resultado de ação de enzimas, bactérias e alimentos, tampouco se estão entrando moléculas tóxicas no sangue a cada lufada de ar injetado pela pressão atmosférica nos pulmões. Portanto, pode-se perguntar que consciência de si é essa que se mostra alheia de tanta coisa que ocorre em si mesmo?

Se a inteligência, a consciência e o pensamento forem de fato predicados especiais dos seres humanos, e outras criaturas, que habitam a Terra há bilhões de anos, não as teriam, então tais predicados seriam inúteis do ponto de vista da existência. Em termos percentuais, a seleção natural teria, se mantida essa tese, favorecido 0,00001% das espécies vivas biologicamente, uma parte muito pequena mesmo dentre aqueles com cérebro.

Com o avanço alcançado desde a década de 1990 até hoje nos estudos sobre o cérebro, suas funções, reações e estímulos, tem-se reduzido o número dos que defendem que somente os *sapiens* têm mente, pensamento, inteligência, consciência ou personalidade (variando-se a distribuição de cada um desses itens). Ainda assim, subsiste a crença na superioridade da espécie, que procura encontrar fundamentação na neurociência. No entanto, é raro encontrar no Universo científico ocidental quem estude, ou explique, como árvores ou animais não humanos aprendem e acumulam conhecimento com outras espécies. Só recentemente surgiu uma área de pesquisa chamada neurobiologia vegetal, que busca compreender, entre outras coisas, se as raízes das plantas podem ser análogas ao cérebro.

Um cérebro sem corpo

A possibilidade de as raízes das plantas serem equivalentes a cérebros já tinha sido aventada por Charles Darwin. No fim da vida, ele se voltou com entusiasmo às plantas e, junto com seu filho Francis, escreveu um livro chamado *The Power Moviment in Plants*, no qual trata dessa analogia

(Darwin; Darwin, 1880). Hoje sabemos que as pontas das raízes das plantas, chamadas zona de transição, são finas o suficiente para captar e transportar sinais elétricos, íons, moléculas e hormônios, o que elas fazem de fato. Contudo, em sua época, Darwin e o filho afirmavam tratar-se de um cérebro primitivo. Atualmente, a supracitada neurobiologia das plantas já é um pouco mais otimista do que os Darwin. Trata-se de uma área de pesquisa científica que tem como objetivo elucidar, de modo interdisciplinar, como as plantas adquirem e processam informações, e de que maneira as respostas coordenadas afetam todo o corpo vegetal (Soares, 2018).

Stefano Mancuso, já citado, com suas inúmeras pesquisas com plantas, é um pesquisador proeminente dessa área, tendo realizado experimentos para analisar e demonstrar as capacidades das plantas quanto à visão, à comunicação, à cognição, ao mimetismo etc. Em 2011, foi realizado um trabalho de levantamento sobre as pesquisas que consideram a sério a noção de as plantas, sobretudo suas raízes e respectivas intercomunicações, serem redes de pensamento tal qual o cérebro (Garzón; Keijzer, 2011). A premissa ainda continua sendo darwiniana, na medida em que as plantas são vistas como criaturas com comportamento adaptativo, cabendo nesse sentido a analogia de um "centro de controle" capaz de concentrar os esforços da planta. E tem-se verificado recentemente que os mecanismos capazes de realizar essas comunicações, como sistemas de sinalização genética, canais de íons e transmissão molecular de potássio e sódio e de inúmeros neurotransmissores conhecidos de cérebros animais, como acetilcolina, serotonina, dopamina, GABA, glutamato, entre outros, estão presentes nas plantas (Ryan; Grant, 2009). Mas toda essa análise é funcional, baseada em estímulos e respostas e centrada no indivíduo planta, tomado isolado do seu ser floresta.

A conclusão a que esses estudos têm chegado é que as plantas são inteligentes, ou "minimamente cognitivas". O curioso é que, para chegarem a tal conclusão, os pesquisadores analisam a cognição intimamente relacionada com uma "capacidade para manipular o meio ambiente de maneiras que beneficiem sistematicamente um organismo vivo" (Garzón; Keijzer, 2011). Entretanto, o que os grupos de cientistas buscam enquanto indício dessa cognição é a reação a estímulos no ambiente imediato. Esquecem-se de que as florestas são redes de ação na qual o chamado meio é o globo terrestre e o tempo pode ser de centenas, milhares de anos.

Um grupo de pesquisadores brasileiros constatou recentemente que muitas florestas do estado de Minas Gerais estão se transformando em emissoras de CO_2 ao invés de absorvedoras (Maia, 2020). Além de preocupante para humanos, a pesquisa mostra que a reação de uma floresta é em conjunto e associada a transformações planetárias como o aquecimento global. Assim, não deixa de ser sintomático humanos acreditarem que "manipular o meio ambiente para benefício próprio" seja sinal de inteligência. Tanto é duvidosa essa consideração de "benefício próprio" que, em 2007, um grupo de mais de trinta botânicos e botânicas lançaram um manifesto problematizando tal tipo de abordagem, incluindo a transposição implicada no termo "neurobiologia vegetal" (Alpi *et al.*, 2007). O risco, aponta o manifesto, é tomar parâmetros neurais animais como tendo análogos nas plantas, quando elas são, antes de mais nada, muito mais sofisticadas. Ademais, a lógica por trás do conceito, ao traçar paralelos com animais, pode exatamente reforçar que as plantas são "menores", "primitivas" em relação aos seres com cérebro.

Claro está que toda a ideia de inteligência ou consciência, mas também parte substancial da biologia evolutiva, centra-se em torno de um paradigma ontológico baseado na separação cabal e definitiva do indivíduo em relação ao seu meio. O corpo que afasta e separa o dentro do fora é absolutamente essencial para pensar a existência de consciência. Pois é precisamente esta a premissa de ver-se no mundo considerando que esse mundo é um espaço de acontecimentos no qual os indivíduos se inserem e, a partir disso, produzem as suas transformações, que culminam em novas espécies. Mas experimente retirar essa premissa, como o faz Emanuele Coccia, para extrair daí uma nova dimensão de conexões da vida e da existência.

A membrana de lipídios que separa a fita cromossômica da água salgada de fora, em geral, não separa nada. Está mais perto de uma fabulação a partir da percepção enganosa de seres circunscritos em um espaço do que da imersão inseparável e indistinguível do mundo. A autopoiese, conceito formulado pelos biólogos chilenos Humberto Maturana e Francisco Varela, dá contornos mais evidentes a essa indistinguibilidade (Maturana; Varela, 1995). O lipídio que compõe a membrana, o carbono, o oxigênio, o nitrogênio, o hidrogênio e o potássio do DNA e as proteínas são produzidos pela própria célula. Ou seja, a própria forma elementar da vida produz (*poiesis*, em grego) os blocos dela mesma (auto). Para isso a matéria do mundo é demandada e reorganizada. Ou seja, mesmo para a biologia, o que compõe o corpo é feito por ele mesmo com aquilo que está fora dele. Nesse sentido, a fronteira entre o dentro e o fora parece meramente formal. **O corpo é mais uma ideia segregadora do que um fato cósmico.** Jamais podermos nos separar da matéria do mundo nos torna imersos e fluidos no próprio mundo, e, se não quisermos abandonar o paradigma do acercamento do próprio corpo, o mundo, ele mesmo, está dentro de nós. A molécula que vem de fora nos alimenta e nos faz respirar. A luz fora de nós também está dentro de nós, até mesmo no espectro do visível.

Pensamento excéfalo: a pedagogia das plantas

O antropólogo canadense Jeremy Narby desenvolveu uma pesquisa de mais de uma década levando a sério que as plantas ensinam sua sabedoria. A jornada de Narby começou na Amazônia peruana entre os Ashaninka, em sua pesquisa antropológica que envolveu em algum momento a ingestão do chá da ayahuasca. Esse preparo de plantas é muito comum na região entre as aldeias da divisa entre o estado do Acre e o Peru, como é o caso dos Huni Kuin. O chá de ayahuasca é conhecido e preparado há milênios e combina sobretudo duas plantas: a chacrona (*Psychotria viridis*) e o cipó mariri (*Banisteriopsis caapi*). A primeira delas contém grandes quantidades de um hormônio chamado dimetiltriptamina (ou DTM, com fórmula $C_{12}H_{16}N_2$), um potente psicodélico. Contudo, a ingestão da folha da chacrona, ou de outras plantas que contêm DTM, não provoca nada em quem ingere, pois o trato digestivo, em especial por meio da monoamina oxidase, ao entrar em contato com a DTM, a inativa. Daí o uso da segunda planta no preparo da ayahuasca. O cipó mariri contém três inibidores da monoamina oxidase: harmina, harmalina e tetrahidroarmina, além de serem, eles próprios, também, psicodélicos. Assim, em uma receita bastante complexa que envolve determinadas temperaturas e certos tempos de cocção das diferentes plantas, combinam-se psicodélicos e bloqueadores dos inibidores digestivos que dificultariam sua absorção. O efeito dessas substâncias no cérebro ocorre porque tais moléculas:

> [...] atuam através de receptores (proteínas capazes de alterar sua forma após a ligação com moléculas específicas) ancorados na membrana celular dos neurônios. Muitas vezes esses receptores são canais

que se abrem ao mudar de forma, permitindo a passagem de íons como sódio e cálcio para o interior da célula. Em outros casos esses receptores se tornam enzimas ao mudarem de forma, promovendo reações químicas no interior das células. No caso do N,N-DMT e do 5-MeO-DMT, os principais receptores ativados são os da serotonina (Ribeiro, 2019).

Para além disso, Sidarta Ribeiro e seus colaboradores comprovaram recentemente que a ingestão da ayahuasca provoca a formação de neurônios do hipocampo (Tófoli; Rehen; Ribeiro *et al.*, 2021). Assim, como já haviam demostrado em 2011, a região do cérebro ativada em pessoas sob efeito de DTM e suas proteínas são idênticas às que processam as imagens "reais" obtidas na captação dos olhos. Ou seja, ainda que permaneçam de olhos fechados, as imagens visualizadas pelas pessoas sob o efeito de DTM são tão reais quanto as captadas pela retina e processadas pelo cérebro. Todas essas pesquisas têm sido decisivas para os usos medicinais de psicodélicos, sobretudo para tratamento de depressão. A chamada "**renascença psicodélica**" tem acumulado grupos de pesquisa em todo o mundo dedicados aos alucinógenos (DTM, LSD e canabidiol, por exemplo) e seus efeitos positivos em tratamentos de saúde mental – no entanto, entre diversos povos indígenas, esse conhecimento circula há milhares de anos.

Jeremy Narby narrou todo o seu processo visionário ao ingerir o chá de ayahuasca, as inúmeras imagens, com cores muito vivas, serpentes, iluminações, por horas. Ao conversar com seus interlocutores na aldeia e narrá-las, era comum ouvir a didática explicação Ashaninka para um ocidental: "O ayahuasca é a televisão da floresta. Podemos ver e aprender coisas", disse o ayahuaquero Rufino. E outro, de nome Amaringo, complementou: "Uma planta pode não falar, mas contém um espírito que é consciente, que tudo vê, é a sua alma, a sua essência e a torna viva" (Narby, 2018, p. 10).

Para encurtar a história, Narby não estava interessado na neurofisiologia psicodélica, mas naquilo que se mostrava um patente problema para os moldes de conhecimento ocidental. Não só os Ashaninka ou outros povos que preparam a ayahuasca, mas a maioria dos povos amazônicos e seus rapés, tabacos, pós de casca de árvore, bebidas, todos incorporados à rotina e aos rituais das aldeias, são unânimes ao considerar que as plantas lhes ensinam muitas coisas "de dentro para fora". Estamos falando de um vastíssimo conhecimento botânico, sobre as propriedades de diversas substâncias, isoladas ou em conjunto – e diferentes combinações –, provenientes de plantas. Somente os Ashaninka conhecem mais de quarenta espécies de plantas que são paralisantes musculares e as utilizam de diferentes maneiras, como para caçar ou pescar. O próprio preparo da ayahuasca, como vimos, é também exemplo de um complexo e sofisticado processo que envolve conhecimentos de medidas, tempos, temperaturas e espécies vegetais. Um outro caso ainda, como narra Narby (2018, p. 38), é um veneno usado pelos Ashaninka da Amazônia colombiana para caçar macacos, cujo processo de fabricação é extremamente complexo:

> Para a fabricação do tipo de curare utilizado por nossa medicina, originário na Amazônia ocidental, é necessário combinar diversas plantas e cozinhá-las na água por 72 horas, evitando, com todo cuidado, respirar os vapores perfumados mas mortais emitidos pelo preparado. Além disso, o produto final, que se apresenta sob a forma de uma pasta concentrada, só é ativo por via subcutânea. Se for, por exemplo, engolido ou espalhado na pele, é anódino. Fica difícil, então, imaginar como alguém poderia ter descoberto a receita por experimentação aleatória. Como é que caçadores da floresta tropical, preocupados sobretudo em preservar a qualidade da carne, poderiam até mesmo imaginar uma solução intravenosa?

Como essas pessoas aprenderam essa receita tão perigosa e tão complexa? A antropologia clássica faria longas observações e suposições e, provavelmente, concluiria tratar-se de um conhecimento milenar que foi sendo aprimorado, eventualmente levando a óbito algumas pessoas ao longo do tempo. Mas, para dar conta da resposta dos povos indígenas de que tais receitas foram ensinamentos das plantas ancestrais, foi preciso outro tipo de investigação, que levasse a sério essa resposta, como Narby o fez. Já se sabe como as plantas engendram relações ao seu redor. Seres altamente especiais, alquimistas anfíbios que transformam luz em comida, elas vivem em dois mundos, fiando e afiançando a existência de milhares de outros seres. Mas *como* as plantas ensinam? Para compreendê-lo, é preciso considerar a luz dentro de nós, sem nenhuma metáfora.

A captação e emissão de fótons de baixa energia, ou ultrafracos, por seres vivos (chamados de biofótons) já era um fenômeno relativamente conhecido na década de 1980, embora bastante misterioso quando se pensava tratar de eventos **quimioluminescentes** aleatórios. O corpo humano e corpos de outros seres vivos, sobretudo no cérebro, emitem luz, até mesmo visível, a taxas elevadas. O cérebro desses seres é literalmente todo iluminado o tempo todo, e não seria exagero dizer que, dentro da caixa craniana da maioria das espécies, há algo como uma discoteca piscante e iluminada, sobre cuja função ou finalidade pouco se sabe até hoje. Mas o problema mais intrigante consistia no fato de que a quimioluminescência é um fenômeno que depende de temperaturas e funções biológicas específicas não condizentes com o volume dos fótons captados pelos corpos em questão, que era – e continua sendo – da ordem de centenas de fótons por segundo por centímetro quadrado de tecido vivo. Até que, no final da década de 1980, o biofísico alemão Fritz-Albert Popp e seus colaboradores lançaram uma série de estudos apresentando a solução para o fenômeno.

O que Popp fez foi medir com regularidade a energia desses fótons, estudando diferentes tipos de tecidos. Ao plotar os gráficos originados da pesquisa, notou que a **coerência das ondas** emitidas era muito maior do que das emissões animais conhecidas. Ou seja, as ondas eletromagnéticas emitidas em conjunto coincidiam seus picos e vales umas com as outras, muito mais do que o esperado. Popp (1986) concluiu que a única estrutura possível para gerar esse tipo de onda na quantidade e com a coerência de onda específica verificadas seria um cristal. Mais especificamente, o cristal aperiódico presente em todas as nossas células: o DNA.

O que talvez seja o mais fascinante em relação aos biofótons é que possibilitam a comunicação entre diferentes organismos e no interior de um mesmo organismo (entre células, entre organelas dentro de uma célula etc.), de natureza eletromagnética, que ocorre, portanto, para além do atravessamento material. Essa comunicação pode ser observada por meio de alguns experimentos. Por exemplo, se você separa duas colônias de células por um material opaco, que impede a passagem de biofótons, cada uma trabalha de maneira independente. Contudo, quando você separa essas culturas com uma parede de quartzo – que pode ser atravessada por luz, e, portanto, por biofótons –, então as duas colônias trabalham cooperativamente, umas influenciando o comportamento reprodutivo das outras (Narby, 2018)[36]. Assim, foi por meio da comunicação biofotônica eletromagnética que essas colônias de seres

36 Citando a pesquisa pioneira do biólogo russo Alexander Gurvich.

unicelulares se comunicaram e modificaram seus trabalhos de maneira colaborativa. Essa observação de 1923 só conseguiu ganhar interpretação mais acurada com a retomada dos estudos da biofotônica nas décadas de 1970 e 1980 e confirmadas com os aparelhos fotomultiplicadores que medem os fótons ultrafracos. Sempre foi um mistério que seres tão "rudimentares" como os plânctons demonstrassem comportamento cooperativo e agissem como um superorganismo. Mas talvez a evidência mais emblemática tenha sido o experimento feito por Popp, no qual seres unicelulares eram colocados sobre a tela de dois aparelhos de medição de fótons e separados por uma tela metálica. Nessa configuração, o gráfico de emissão de fótons permaneceu baixo. Mas bastou retirar a placa metálica que o gráfico de emissão de fótons aumentou para os dois detectores. Ou seja, não só as colônias de seres unicelulares estavam trocando informações como pareciam "saber" quando podiam e quando não podiam fazê-lo (Popp, 1992).

Para Narby, as plantas ensinam os humanos e outras espécies atuando quimicamente em seus cérebros. E no caso de formação das imagens, algumas plantas são capazes de tornar o cérebro mais apto a captar biofótons e com eles processar imagens. Assim, concluindo, o pensamento excéfalo remete, em primeiro lugar, aos problemas em aberto suscitados pela neurociência quando se trata de penetrar nos meandros da mente, com o tanto que existe de mistério nesse mecanismo, que desafiam sobretudo aqueles grupos que ainda enxergam uma espécie de superioridade humana quanto à inteligência. Em segundo lugar, remete ao fato de que existem razões para supor e, talvez, acreditar que os mecanismos básicos por meio dos quais os processos cognitivos são pensados podem se aplicar para muito além dos *sapiens*, chegando às plantas e aos organismos unicelulares e ao DNA, entidades que permanecem há mais tempo neste globo. Contudo, mostrar que os mecanismos básicos pelos quais se compreende a cognição se aplicam às plantas e bactérias é reduzir – e talvez ofender – a sofisticação desses seres. Não pretendo seguir estritamente a pista de Narby, embora pareça um fato inegável que aquilo que ingerimos atua de alguma maneira química dentro de nós, inclusive alterando desejos e volições. Não pretendo seguir porque em sua hipótese há demasiada importância ao papel da fita cromossômica na emissão e captação de biofótons. E, de fato, há uma forte evidência de que o DNA tem papel na biofotônica. Não julgo menos importante o papel da fita cromossômica, mas entendo que seja possível conceber e entender como as plantas educam as espécies de maneira mais simples e abarcando mais seres, não somente aqueles com DNA: as relações sociais.

Inteligências de variáveis complexas

Em uma determinada região de floresta, algumas árvores e galhos foram extraídos pela atividade humana. Por ali vivia uma videira (Merremia peltata), planta trepadeira sobre as coisas e o chão, que, com a súbita entrada de luz, começou a se espalhar pela floresta, cobrindo as árvores vivas ou mortas. Tudo começou a ser apoio para a sua proliferação, e, em 10 anos, a floresta morreu. Sem luz, os fungos, as espécies animais, as plantas, montanhas inteiras a perder de vista tornaram-se um forro de videira[37]. À vista de turistas pareceu lindo, mas, para as formas de vida que por ali estavam antes, o fim deu as caras.

Agora, imagine um software, um computador ou algum tipo de inteligência capaz de conhecer e prever esses tipos de interações ecológicas complexas que envolvem um sem-número de espécies, seres e condições todas em conjunto. Uma inteligência capaz de sugerir qual espécie poderia auxiliar e reverter processos como o caso em questão, promovendo interações de tal modo que a floresta seria outra e talvez não tivesse passado pelo que passou. Embora cientistas e ecologistas tenham avançado na testagem de cenários de interação de espécies e ambientes, seus métodos possuem limites concretos que os possibilitam analisar somente poucas variáveis, mas nunca em conjunto e por longo tempo.

Apesar de ser difícil o cenário para as ciências ocidentais, a boa informação é que essas inteligências existem em outras espécies e mesmo em outras sociedades humanas. Em alguns lugares, pessoas que as acessam são chamadas xamãs, em outros, de pajés. São cientistas de variáveis complexas capazes de antever e analisar interações e perturbações que muitas vezes passam despercebidos por quem deveria estar atento a elas. E quando estão diante de algo novo, sabem também investigar outras fontes. Consultar outras espécies

---

37 Esta história foi extraída do prefácio de Anna Tsing ao seu livro *Viver nas ruínas*: paisagens multiespécies no Antropoceno (2019), no qual esse tipo de sociologia das espécies é objeto de estudo sobre as vidas ferais emergidas a partir das perturbações humanas.

e tecer novos conhecimentos diante de novos problemas. Claro, seus cená-
rios e limites são circunscritos aos territórios que historicamente vivem,
mas existem ainda alguns milhares dessas inteligências espalhadas pelo
mundo, que seguem dançando para segurar a queda do céu, como diz Davi
Kopenawa (Kopenawa; Albert, 2015). Considerando essa afirmação mais
literal ou não, o mundo tem percebido aos poucos que os xamãs são de fato
atores essenciais para evitar a queda do céu. Resta saber se a ciência oci-
dental vai aprender com as ciências indígenas e modificar alguns de seus
métodos e abordagens.

Quem me navega é a floresta

Do litoral brasileiro paulista ao catarinense, passando pelo Paraná, há uma história muito narrada que vem de datas coloniais. Vastamente explorada por pessoas locais, místicos e agentes de turismo, a história trata de um caminho, uma trilha indígena que atravessaria o Cone Sul do continente americano, do Pacífico ao Atlântico, entre Cusco e o litoral do Sul e sudestino brasileiro. O caminho do Preabiru acumula narrativas. Um caminho Guarani em busca da "Terra sem Males", um destino conhecido do povo Guarani – povo que faz da mobilidade e das visitas um modo de vida. Movimento que ajudou a ocupar a região central do Brasil por suas andanças, criando, no passado, aldeias de milhares de pessoas sem nenhum tipo de governo central. Somam-se a esse traço típico Guarani os "relatos" nunca registrados de um caminho indígena que levaria a uma cidade do ouro: a Eldorado. Quando se alia a essas narrativas a já sabida chegada dos espanhóis aos Andes e à América Central, unem-se as lendas. Alguns dizem que o caminho era obra dos Incas, como rotas de trocas com outros povos, e que existiriam evidências arqueológicas de inscrições e marcas incas ao longo desse caminho.

Figura 10 – Representação do que seria o caminho de Peabiru

Fonte: TRILHA de São Vicente até Cusco: conheça o caminho do Peabiru. [*S. l.*]: Juicy Santos, 2019. Disponível em: https://www.juicysantos.com.br/tema-da-semana/trilha-de-sao-vicente-ate-cusco/. Acesso em: 9 out. 2024.

Embora um caminho entre Cusco e a costa do Sul-Sudeste brasileiro realmente tenha existido e tenha sido amplamente utilizado por rotas portuguesas e jesuítas (portanto exploradoras), não se encontram evidências arqueológicas, etnológicas ou históricas de que esteja diretamente relacionado a povos indígenas. O caminho de Peabiru permaneceu ao longo do tempo em relatos orais, e, em 1971, o arqueólogo Igor Chmyz recolheu relatos sobre ele e visitou trechos do caminho no estado do Paraná (Chmyz; Sauner, 1971). Porém, trata-se de uma difícil investigação, dado que lida com muitas narrativas do imaginário popular, muitas vezes plantadas pelos próprios portugueses. Essa confluência de contos, que mistura mitologia guarani com mitos e lendas que circulavam entre os portugueses em território brasileiro, já era de grande circulação (Pasold, 2013).

Do ponto de vista histórico, nessa rota até o Peru encontram-se interesses relativos à disputa entre Portugal e Espanha. O Tratado de Tordesilhas destinou aos portugueses uma parte bastante menor de todo o território que hoje chamamos de América do Sul. Contudo, o princípio romano de *uti possidetis*, amplamente aceito na Europa, garantia a posse àquele que utilizava o território. Assim, os portugueses passaram a criar toda sorte de expedições para alcançar territórios cada vez mais a oeste. O historiador José Murilo lembra que a chamada busca pelo "eldorado" foi um pretexto para o avanço português rumo ao oeste com vista a caçar povos indígenas e conquistar territórios.

Ademais, para a etnologia atual – e também para os Guarani, claro, –, as ideias de estradas fixas, de um único caminho para qualquer destino que seja, talvez não tenha tanto peso assim. Por que utilizar um caminho único se a floresta dá todos os guias para caminhar em qualquer direção? Quem é de fora e desconhece a floresta acha que tudo é "ambiente", muitas vezes hostil. Mas, para todo e qualquer povo indígena da floresta, não existem estradas tão fixas assim, mas um caminho histórico de antigas trilhas que costuram e se misturam com a floresta, sendo possível de ser identificadas muitas vezes.

O biólogo e indigenista Daniel Cangussu, tendo trabalhado muitos anos com diversos povos amazônicos, produziu o *Manual do indigenista mateiro* que revela muito sobre a relação entre povos e florestas quanto ao deslocamento humano e não humano (Cangussu, 2021). Antas, tatus, pacas e uma série de animais produzem suas trilhas na floresta. Os povos indígenas, por se deslocarem por distâncias muito grandes, costumam quebrar alguns galhos específicos de algumas plantas em uma certa direção e angulação que indicam direções. A chamada "quebrada" é feita de um modo tal que o galho não morre, mas seu xilema se reestrutura e a árvore, crescendo será, por toda a sua vida, uma bússola de uma trilha, ainda que ela permaneça inutilizada por séculos. Seja nos antigos roçados, nos antigos acampamentos, seja nas trilhas comuns, a floresta não contém um caminho, mas contém uma história de relação, com povos. Um museu de narrativas que podem ser informadas pelas plantas. Nas palavras de Daniel, a floresta "também mantém viva as memórias de incontáveis povos que deixaram resquícios de suas vidas impressos nas plantas." (Cangussu, 2021b, p. 56). Que fazem parcerias com quem caminha por ela. Parcerias que tornam o caminhante um sujeito atento, com todos os sentidos, em uma intuição apuradíssima.

Mas muitas vezes caminhos novos precisam ser traçados onde são outros sinais de outras espécies que ensinam. Por exemplo, sabe-se que a carnaúba (*Copernicia prunifera*), uma palmeira enorme, é um ser sedento por água e costuma nascer em pântanos por conta disso. Sabe-se, igualmente, que a castanheira (*Bertholletia excelsa*), gigantesca, só cresce em solo firme, plantada pelas cotias. Apenas com esses dois exemplos já se sabe uma série de coisas olhando a floresta e traçando caminhos para encontrar solo firme ou não. A relação que povos indígenas estabelecem com os seres é uma relação pedagógica, diplomática, estética, epistemológica e ontológica, nas qual esses seres ensinam muita coisa. Ao encontrar uma cotia no meio de uma longa jornada, tem-se informações sobre caminhos, castanhais e direções a seguir. Ou ao ouvir o canto característico do gavião-real (*Harpia harpyja*) e ao observar a direção em que voa, tem-se um indicativo de caminho, pois esse tipo de predador só vive em árvores muito altas (como as castanheiras, por exemplo), que, por sua vez, vivem em lugares mais sólidos e com mata mais aberta.[38] Assim, apenas considerando dois animais em relação com a castanheira, já se pode ter uma noção do que é caminhar na floresta; mas os povos indígenas têm um sem-número de sons, cheiros, indícios e pistas na floresta para todas as coisas de que precisam. Milhares de espécies, de relações, de contextos, tecendo uma rede de conhecimentos entre todas elas e disponível para ser lida. Mas poucas pessoas são alfabetizadas para falar esse idioma.

Para quem a desconhece ou apenas a sobrevoa, uma floresta pode ser somente um conjunto de árvores nas quais moram alguns animais. Essa visão ainda é predominante e esconde o Universo de relações que nela ocorre. Com o tempo, mesmo na antropologia e fora dela, foi-se percebendo a insuficiência da ideia de domesticação como um ato de humanos que interferem na reprodução e na vida de animais e plantas, ocasionando o seu sedentarismo – trata-se de uma visão bastante limitada. A floresta, seus povos e suas relações são mais indomáveis do que a ideia de domesticação é capaz de traduzir (Santos, 2020).

Para o caso do caminho de Peabiru, é bastante provável, embora não haja provas materiais, que os portugueses tenham feito presos povos indígenas para utilizá-los como conhecedores de como chegar a lugares,

---

38 Para informações e para ouvir o canto do gavião-rei, acesse https://www.wikiaves.com/wiki/gaviao-real (acesso em: 9 out. 2024).

evitando assim trechos de rios muito caudalosos, pântanos, cânions etc (Freire; Malheiros, 2009). Com vistas a incentivar esse tipo de atividade, proliferaram também lendas e mitos de pessoas que descobriram e demarcaram caminhos até Eldorado. Como Aleixo Garcia e Álvar Cabeza de Vaca, exploradores que, em tese, teriam vivido com os "índios" e descoberto os seus segredos guardados, traçando o caminho até o império Inca, constituindo, assim também, um conjunto de mitos espalhado entre os portugueses (Pasold, 2013). Ainda assim, por reconhecerem a utilidade do conhecimento indígena, mas desprezar a sua natureza, os portugueses olhassem apenas para o chão de uma estrada e não para uma rede de vida pela qual se desloca.

Mentes vegetais

Uma noção mais próxima proposta para as relações que os povos indígenas estabelecem com as plantas e outras espécies é a de familiarização ou a produção de parentesco (Neves, 2020). "As plantas têm dono, têm chefe, têm duplo, têm alma, intencionalidades, audição, voz e parentesco." (Santos, 2020). Os povos ameríndios ensinam que é mais importante ter e fazer parentes do que bens. A chamada "produção de alimentos" no mundo ocidental é uma relação afetiva e parâmetro estético para ameríndios. No lugar de unificar coisas ou pensamentos, é "bonito" para os Krahô, por exemplo, a produção da diferença e da variedade (Furquim, 2020). Olhar uma plantação de soja a perder de vista para um indígena não é só terrível por saber o problema que aquilo pode causar às relações entre espécies e para a manutenção da vida, incluindo o risco para a vida deles próprios, mas é também feio. Uma roça bonita a ponto de causar alegria é aquela em que tudo dentro dela é diferente. É por isso que cada dona de roçado Krahô presenteia manivas de mandioca de sua roça para pessoas como sinal de afeto e carinho, além de permitir a emergência de novas variedades de mandioca em um sistema simples e eficiente de produção de variabilidade, também genética. Esse processo nunca pode ser esvaziado de afeto. É preciso se relacionar efetivamente com as plantas pois, caso essa reprodução vegetativa por manivas chateie o espírito das mandiocas, elas, de uma geração para outra, podem produzir uma variedade venenosa sem que ninguém saiba e com isso levar alguém da aldeia para a morte (Aparicio, 2020).

"Planta é que nem gente. É tudo igual a nós" (Moreira, 2020 , 154-156), diz uma velha Baré da tríplice fronteira amazônica entre Brasil, Colômbia e Venezuela em trabalho feito pela bióloga Priscila Moreira. Como lembra a autora, há uma íntima relação na circulação de pessoas e de plantas, companheiras verificáveis pelas cuias usadas em aldeamentos. A árvore da cuia dá frutos muito duros, que, provavelmente, eram quebrados apenas por antigos mamíferos gigantes extintos, mas os povos indígenas possibilitaram um novo tipo de dispersão das cuias. Esse é um exemplo típico de contraprova à visão comum de que a simples existência da espécie *sapiens* degrada a natureza e extingue espécies. Para os povos indígenas, tem-se provado que a relação estabelecida entre eles e a floresta é uma relação de aumento da biodiversidade em vez de redução. A biodiversidade amazônica atual é resultado de interação indígena por milhares de anos, lembra Joana Cabral de Oliveira (2020), antropóloga da Universidade Estadual de Campinas.

No esplendoroso livro *Vozes vegetais*, há uma reunião de artigos de antropólogas e antropólogos, indígenas, quilombolas e pessoas que estudam com e sobre as árvores, ouvem as suas vozes e aprendem com elas (Oliveira, 2020). A grande transformação conceitual operada com esses estudos e essas falas é que uma floresta não é um reservatório de biodiversidade, mas manifestações de conhecimentos e repertórios integrados de relações também com humanos. Ou seja, a Amazônia hoje é um imenso roçado emergido a partir de relações de *sapiens* e animais sobre ela que transformam e modificam todo sistema de vida das plantas. A floresta é também **antropogênica**, assim como **biogênica** em relação a aves e animais outros. Uma evidência dessa cooperação é que hoje, na Amazônia, 1,4% das 16 mil espécies ali presentes representam metade da biomassa da floresta. São as espécies hiperdominantes, e, sem surpresa, todas as espécies hiperdominantes como as palmeiras e as castanheiras mantêm relações íntimas com os povos indígenas, integrando até mesmo os seus regimes sociais (Neves, 2020). Tais relações mostram como a noção de evolução biológica baseada apenas no indivíduo e no código genético é incipiente. As espécies de plantas dominantes amazônicas apresentam variações tanto na aparência (fenótipo) quanto nos genes, e o rastreamento genético dessas transformações são coincidentes com a ocupação humana na Amazônia (Furquim, 2020).

As castanheiras aparecem como espécie parceira, mítica, professora entre diversos povos. O arqueólogo Eduardo Neves mostra como os Wajãpi, do norte do Amapá e sul da Guiana Francesa, integram a castanheira e suas sementes, como parentes próximos, no conjunto das práticas de casamento, em que cada árvore, mesmo sendo filha das cutias – pois o castanhal é o roçado das cutias –, tem uma história que é sabida e acompanhada por um parente humano próximo, geralmente mulher. A antropóloga Marta Amoroso, tendo vivido muitos anos junto aos Mura do centro do Amazonas, lembra que a própria existência da castanheira é fruto de longo processo de ação antrópica, de pessoas que, em milhares de anos, junto aos seus roçados, carregavam e trocavam sementes de castanha aprimorando as variedades das plantas para diferentes ambientes (Amoroso, 2020). A abertura da mata e queima dos restos de clareiras para a produção do roçado produzem o ambiente aberto e com muita luz de que as castanheiras gostam para crescerem fortes, além de o próprio povoamento na mata atrair as cutias que disseminam as sementes e eventualmente são caçadas pelos Mura.

O exemplo das castanheiras é emblemático pois, aparentemente, castanhas são árvores selvagens no meio de uma floresta e não se percebe, a princípio, algum tipo de relação com outras espécies. Mas mostram como a relação de parentesco se dá mesmo em contextos aparentemente distantes do que se chama de "agricultura". Nos roçados das aldeias, essa relação com as plantas é ainda mais forte. Usar o termo "cultivadas" parece um tanto unilateral e faz esquecer a contraparte das relações das mandiocas, milhos, carás, pimentas e outras plantas que estão presentes nos roçados indígenas. Importante lembrar que essa prática comumente chamada de agricultura não é algo presente em todos os povos indígenas. Há povos como os Borum (Krenak), por exemplo, que nunca foram agricultores. O modo de vida Krenak está profundamente ligado ao rio, à coleta de plantas e à pesca e caça. Mas grande parte dos povos na Amazônia produzem, ao longo de milênios, roçados, e neles, sem dúvida, a planta mais versátil e companheira é a mandioca.

Para os Tukano do noroeste amazônico, sequer os restos da mandioca podem ser abandonados. Precisam ser limpos com um canto para acalmar. A bióloga francesa Laure Emperaire (2020), em seu estudo com os Tukano, mostra que as mandiocas são seres extremamente autônomos. Fazem festa, cuidam umas das outras produzindo remédios, fogem das roças se maltratadas e, assim como os Tukano, gostam de variedades. Quando há um casamento na aldeia, a primeira roça da recém-casada precisa ter as manivas doadas pela mãe do recém-casado. Na segunda leva, as manivas vêm agora do roçado da mãe da recém-casada, de modo que, tal qual os próprios filhos do casal, o seu roçado será uma mistura de linhagens de mandioca que depois também retornarão aos roçados das respectivas sogras. E facilmente se encontram no roçado de alguém velho mais de 150 variedades de mandioca, cada qual com suas histórias, suas origens, que puxam o fio da memória e a ancestralidade da aldeia. Assim, "cada pessoa é não proprietária, mas depositária de uma parte da agrobiodiversidade regional. Os saberes associados constituem um bem compartilhado, sem apropriação individual (a não ser para certas plantas medicinais e xamânicas), e conformam uma 'ciência aberta'" (Emperaire, 2020).

Os exemplos e etnografias junto a povos indígenas abundam no sentido de mostrar como os seres se engendram uns aos outros e se fazem em um conjunto de relações complexas. Tais exemplos expressam com clareza, espero, a crítica traçada à biologia evolutiva normativa descrita na segunda parte deste livro. Os povos amazônicos e suas relações com as plantas demonstram indubitavelmente que as transformações das espécies – comumente chamadas de evolução – dependem das relações que essas espécies estabelecem com outros viventes. O Sol, a água, a luz, a umidade, a cutia, a abelha, o *sapiens*, a ave são todos misturados em uma sopa na qual a principal característica da biologia evolutiva está presente nos povos indígenas enquanto valor estético: a variabilidade, a diferença, a pluralidade. Cada ponto de mutação que existe é um caminho para o aumento da probabilidade da permanência das espécies sem que o "meio" pressione a transformação. Note-se que, para a biologia clássica, os seres respondem ao meio se adaptando. Aqui, um roçado com 150 variedades de mandioca não é uma resposta ao meio, mas o cultivo contínuo, afetivo e social de parentes. De seres com os quais se conversa, se faz amizade e se aprende. A variabilidade genética aqui não é uma resposta, mas um modo de socialidade.

Quando começa o inverno e os sapos coaxam juntos, as sementes da mandioca brotam no solo. Quando vierem as flores, virão as abelhas coletar o néctar para fazer festa e se embriagarem na casa delas. Ao trocarem pólen de pés diferentes e quando cada pé deixar cair as suas sementes, virão as formigas carregar as sementes para outro lugar, que brotarão perto da aldeia Wajãpi. Se alguma mandioca diferente das do roçado se destacar por beleza ou vigor, de seu pé muitas manivas serão tiradas para reproduzir aquela nova variedade (Oliveira, 2020). Esse processo não é visto como resultado de uma ação coordenada de sapos, abelhas e formigas se comunicando para criar essas mandiocas, mas como uma ação das mandiocas, seres extremamente sedutores e que fazem com que os outros seres trabalhem para elas. São muitas as maneiras que as mandiocas encontram para seduzir e, entre as mais interessantes, estão as de se tornarem alcoólicas, penetrar no corpo dos *sapiens*, ir até os seus neurônios e lhes causar imagens afáveis.

Quando falamos em "mentes vegetais" não estamos apenas nos referindo à rede subterrânea conectada que as plantas traçam e pelas quais se comunicam, mas também à rede de relações que as plantas estabelecem e causam. Não seria necessário lembrar, mas a floresta não nasce pela ação antrópica, ela se transforma com a ajuda dos *sapiens* porque a transformação é um valor que existe entre as plantas bilhões de anos antes de existirem os *sapiens*. São as plantas, esses seres altamente inteligentes e comunicativos, quem ensinaram aos *sapiens* algumas de suas receitas e lhes impingiram conhecimentos sobre a floresta e sobre as espécies. As plantas ensinam de muitas maneiras, mas a mais sofisticada e potente delas é quando elas entram dentro de nós e remexem, literalmente, com nossas entranhas fisiológicas, hormonais e cognitivas.

Como ler um pensamento?

Imaginar é incorporar.

O início da cosmologia moderna se dá com uma proposição matemática de Albert Einstein sobre o problema do afastamento das estrelas. O problema pode ser enunciado da seguinte maneira: se as estrelas são corpos com muita massa e, ainda que separados por distâncias grandes, a lei da gravitação universal de Newton mostra existirem pequenas forças de atração entre quaisquer corpos com massa, por qual razão, há milênios, as posições das estrelas que formam as constelações não mudam nenhum grau angular? Elas deveriam, ainda que pouco, sair do lugar, pois não existe resistência nenhuma à força sobre elas.

Isaac Newton já havia se debruçado sobre essa questão e sua solução fora a de que a distribuição de estrelas e massas era tal que, como um jogo de cabo de guerra sem ganhador e para todas as direções, o cosmo permanecia parado. Tal solução era deveras problemática e sequer foi muito considerada pois, para todos esses corpos assumirem essa configuração, o Universo deveria ser infinito. Se houvesse um limite, naquele limite o equilíbrio das forças se desfaria, desequilibrando todo o resto. Einstein propôs uma solução mais sofisticada quase duzentos anos depois, mas também muito pouco factível. Dizia Einstein que a relação entre massa, por um lado e o tamanho do Universo, por outro, era equalizada por uma constante matemática (constante cosmológica) que garantia o equilíbrio do sistema – dado que Einstein acreditava, no início do século XX, que o Universo era estático. Somente depois da descoberta das galáxias e de seus movimentos é que isso se mostrou falso. Mas, à época, a equação apresentada por Einstein funcionava muito bem, sem que o sentido real dessa constante fosse concebido. Depois, percorrendo caminhos diferentes, o cosmólogo russo Alexander Friedmann e o cosmólogo belga George Lemaître – e, posteriormente o astrônomo estadunidense Edwin Hubble, que levou a fama, mostraram que não só a equação aceitava novos resultados para o Universo (como encolher e expandir, para além de ficar parado) como era bastante provável que o Universo estivesse se expandindo.[39]

Estava eu, professor, em uma aula sobre esse tema com estudantes do primeiro ano do Ensino Médio em uma escola pública em São Paulo em 2010. Quando comentei o problema das estrelas que originou tudo isso (sem contar toda essa história do parágrafo anterior), perguntei, como de hábito, quais seriam as hipóteses sobre esse problema de as estrelas permanecerem no mesmo lugar. Ao que um garoto prontamente levantou a mão – eu nunca estabeleci nenhuma regra de erguer a mão para falar, ele só estava condicionado – e respondeu algo parecido com isto: "Professor, esse caso é simples. A luz não tem massa, as estrelas emitem luz, então provavelmente essa coisa de as estrelas terem muita massa é falsa. E se as estrelas não têm massa nenhuma, não tem força nenhuma para elas se atraírem... e aí elas ficam paradas".

Trata-se de um raciocínio bastante sofisticado, que questiona um fato dado como certo para resolver um problema. Muitas vezes na história da ciência alguém teve de questionar fatos dados como elementares. Aquele estudante considerou um outro fato, de que a luz não tem massa, para organizar seu raciocínio. Pensei então estar diante de um problema, pois teria de argumentar, e talvez comprovar, que as estrelas têm de fato massa. Rapidamente, fiz o que determinam as práticas investigativas e metodologias de ensino que estudei para exercer o ofício: joguei o problema para a turma (essa é sempre a melhor solução). Logo uma menina, um pouco sem paciência – ou talvez por não gostar do garoto que falou primeiro – e isso é muito comum – devolveu algo do tipo: "Nada a ver isso aí, se tem planeta perto de estrela nem precisa... e tá tudo mexendo, isso aí já tá resolvido". Não há como saber se ela se referia ao argumento do garoto, o que equivaleria dizer "planetas existem, têm massa e as estrelas os atraem, portanto as estrelas têm massa" ou se ela se referia à questão geral: "Se planetas estão se movendo, então esse papo de Universo estático é balela". Não tenho a menor ideia do que o garoto – e mais 38 pessoas

---

39 Alexandre Bagdonas Henrique, em sua tese de doutorado intitulada *Controvérsias envolvendo a natureza da ciência em sequências didáticas sobre cosmologia* (2015), explora os meandros históricos e disputas políticas e científicas em torno da descoberta do Universo em expansão envolvendo Einstein, Friedmann, Lemaître e Hubble.

na sala – pensaram. Ele olhou-me com uma cara de "é verdade", ou talvez tivesse medo da menina. E antes que se pudesse descobrir o que ela tinha querido dizer, outro aluno, ao fundo, soltou: "Quem é que prova que os planetas estão se mexendo?".

Não preciso continuar a narrativa para chegar aonde quero aqui. Mas vale dizer que lecionar é uma das coisas mais maravilhosas do mundo! Porém, nos meandros do processo de ensino-aprendizagem, há uma regra intransponível flechada em tudo que viemos discutindo até agora nesta terceira parte do livro. Uma regra de dentro da mente, do colo quente da cognição e do seio da pedagogia: nós, professores – e qualquer outra pessoa –, jamais saberemos o que nossas estudantes e nossos estudantes estão pensando, ou o que aprenderam, ou como se sentiram. "Não temos como entrar na cabeça dos alunos", diz a regra em linguagem direta. Temos indícios, claro, todos subjetivos. No caso em questão, os indícios são expressões, olhares, falas e avaliações. Nesse caso descrito, apenas quatro pessoas falaram, e o restante da turma estaria assimilando algo das palavras, marcando o seu referente, acompanhando os argumentos ou simplesmente pensando no que jantar quando aquela última aula da tarde acabasse. Pois se conhecimento for considerado um conjunto de informações articuladas e conectadas, existe uma barreira enorme entre o que o professor – e qualquer pessoa – enuncia, a polissemia das palavras na maneira pela qual a pessoa remonta aquele enunciado e como ela conectará aquela coisa (que já é muito diferente do que fora enunciado) com sua própria história e talvez responder com palavras que sofrerão o mesmo processo pelas outras pessoas, tornando tudo isso irrastreável. Mas, para a inveja de qualquer docente, pai, mãe ou psicóloga, existe algo que realiza essa ação com proeza. Algo que provavelmente todas as pessoas da turma fizeram assim que chegaram em casa. Algo que consegue passear transitoriamente por dentro dos dutos corporais, até mesmo do cérebro, e de lá ver, eventualmente falar, eventualmente provocar desejos, sensações e conhecimentos: a comida.

Incorporação e conhecimento

Emanuele Coccia usa o termo "incorporação" para se referir a um processo expressamente epistemológico, termo que pode ter muitos sentidos. Do ponto de vista religioso, incorporar é um processo em que uma entidade visita o corpo da pessoa e atua a partir dele. Do ponto de vista etimológico, incorporar vem do latim *incorporo*, que significa reunir em um só corpo, juntar. Tenho seguido a trilha de Coccia no decurso de suas ideias. Ele mesmo nota que o mundo é uma experiência imersiva e está em nós tal qual estamos nele, sem uma fronteira entre o dentro e o fora do corpo. O termo "incorporação" deve ser visto mais como um processo de trânsito do que de divisão entre o dentro e o fora do corpo. Trata-se, o conhecimento, de um fluxo de projeções recíprocas. Tal qual a árvore que se move contra o vento, a boca é quem atravessa o alimento. "Essa projeção recíproca ocorre também porque o vivente se identifica com o mundo no qual está imerso. Todo lar é fruto desse movimento" (Coccia, 2018, p. 37).

Podemos pensar, se quisermos, que melhor se conhece um planeta penetrando sua atmosfera; melhor se conhece o oceano mergulhando nele; melhor se conhece uma caverna dentro dela; melhor se conhece uma sociedade vivendo com as pessoas que a integram; melhor se conhece uma família convivendo com seus membros; melhor se conhecerá a si mesmo quem conseguir olhar para si. E cada um desses corpos que transitam para dentro de algo não são alheios a eles. Transformam e são transformados, afetam e são afetados tal qual é a condição de existência das coisas. Por isso a mais sofisticada estratégia pedagógica das plantas é entrar dentro das pessoas. Fonte de sabedoria é uma planta ter no seio de suas relações um sem-número de espécies nas quais ela penetra, passeia, as quais conhece e ensina.

Ao fazê-lo, a planta também está levando o Sol, que é a sua fonte de alimento, para passear por novos caminhos. Assim, comer já é em si um ato heliocêntrico maior que *A revolução das órbitas celestes*, de Copérnico. Se trocar e transitar matéria é bem aceito como pensamento dentro do cérebro, por que não o seria fora? A incorporação mineral entre as células neuronais pode misteriosamente criar imagens, que chamamos de mente. Mas a mesma incorporação em raízes de plantas é somente um ato de nutrição? Comer e respirar são racionalidades que invertem a pirâmide aristotélica das potências da alma. A potência nutritiva é, essa sim, o topo potencial de conhecimento, pois é a garantia do fluxo de um mundo em que, sem a imersão e o atravessamento, nada é. O pensamento "comido" é "o ponto de encontro com o resto do cosmos, o espaço metafísico onde ele próprio se mistura com o mundo e se deixa afetar pela mistura, a força de desvio que transforma a identidade mais profunda de um ser" (Coccia, 2018, p. 105). Pensar e conhecer é trocar matéria e deixá-la circular por nós. Para além daquilo que julgamos poder pensar, outros processos racionais estão acontecendo a seu modo no interior do fluxo no qual tudo está submetido.

No início de minha pesquisa de doutorado, em conversas com Lidiane Krenak na aldeia Vanuíre, no interior do estado de São Paulo, ela me explicava que um dos eixos temáticos da escola da aldeia era a globalização e que o caminho pelos quais eles organizavam a aula era a comida. Lembro-me de ter pensado durante a conversa sobre como era importante ter esse tema, pensar e discutir a relação do avanço da globalização que uniformiza os modos de ser e acaba por suprimir os povos indígenas. Era isso que eu pensava, mas Lidiane me explicou que os alunos, por meio da pesquisa, investigavam como os Kaingang, os Terena, os Guarani, os Maxacali, os Pankararu – que são os parentes mais próximos – se alimentavam, faziam suas festividades. Como dito, ela, como minha professora, talvez supusesse que eu pensei tudo aquilo só ouvindo o termo "globalização" projetando o meu modo não indígena de pensar a globalização. Mas o mais importante e que mais me marcou do que ela disse foi: "Todo mundo come! Essa é a coisa mais global que há. Do peixe no rio até a macarronada do italiano".[40] Ou seja, há um segundo aspecto da globalização que me fugiu também: a globalização não é somente entre os povos indígenas do mundo, mas entre todos os seres e suas formas de comunicação, de alimentação, do sapo ao peixe, do quati à anta, do rio à montanha.

O antropólogo equatoriano-brasileiro Miguel Aparício lembra que, para os Banawá, do Alto Rio Purus amazônico, o milho e suas inúmeras variedades é uma agência central na fabricação dos corpos humanos. Esse processo ocorre por meio da "incorporação" de qualidades do

---

40 Muitas falas de Lidiane nessas conversas, assim como o currículo da escola da aldeia Vanuíre que ajudei a redigir, encontram-se na minha tese de doutorado no programa de pós-graduação em educação científica matemática e tecnológica da Faculdade de Educação da USP. Machado, V. F. *O hálito das palavras*: ciências (multi)naturais contra o preconceito. 2020. Tese (Doutorado em Educação) – Faculdade de Educação, Universidade de São Paulo, São Paulo, 2020.

próprio milho, como beleza, leveza e dureza. "Um dos objetivos dos resguardos do pós-parto e da iniciação guerreira, por exemplo, é justamente fazer com que as crianças e os jovens "fiquem de pé", cresçam e amadureçam rápido, floresçam *impej* ("belos e bons"), como os pés de milho" (Aparicio, 2020).

Uma planta que ensina, aprende e convive vai além de uma simples epistemologia como nossa cabeça pode pensar, não cabe em segmentos de conhecimento. Tal qual a imersão das coisas em nós, tudo se mistura em modos de ser e existir. "O ouriço da castanha tem uma ciência", diz a senhora Apurinã (Fernandes, 2020). O que essa afirmação quer dizer? Vinda de quem veio e lida por quem lê, pode haver um abismo incomensurável em cada termo. Mas temos indícios. O antropólogo Mario Rique Fernandes, que ouviu a frase, aponta nessa direção. Seu texto original é muito mais esclarecedor:

> Os frutos e as amêndoas da *Bertholletia* consistem não apenas em uma rica fonte ancestral de alimento aos Apurinã; suas características sensíveis ecoam no pensamento indígena – assim como nas explicações científicas sobre a origem dos castanhais. No caso dos Apurinã, o significado simbólico do umbigo da castanha é uma questão que dá margem a interpretações. É como se os ouriços esféricos das castanheiras contivessem mundos/Universos dentro de si. Aliás, o poderoso bico do pajé ariramba, capaz de perfurar o duro couro da Cobra-grande, me faz lembrar dos ossos de animais (mixi, kanos) utilizados pelos pajés para aspirar rapé (awiri) – em geral dispostos esfericamente na palma das mãos. Também me traz à lembrança uma antiga crença entre os Apurinã: quando se derruba uma castanheira carregada de frutos novos, temos que assoprar nos pés e para os lados antes de colocar a primeira castanha na boca, para evitar a temida ferroada da arraia da próxima vez que entrarmos no igarapé (Fernandes, 2020).

Viver na floresta é lidar diariamente com um fluxo de inteligência de muitas ordens, depreendê-las, depurá-las, aprender e se relacionar com elas com todo o cuidado do mundo. Afinal, se as coisas todas são vivas, cada passo de alimentação requer um diálogo efetivo com a coisa comida e, portanto, com as suas forças interiores, ancestralidades e histórias. Possivelmente, ao incorporar uma carne bovina comprada em uma bandeja no supermercado você ou eu estaremos transitando matéria diretamente ligada com derrubada de floresta, antibióticos pecuários, consumo de água, emissão de metano e extermínio de povos indígenas. Quase nunca isso é rastreável e disponível na embalagem, mas os alimentos têm história e tem quem conheça e domine essa história. Mais do que a televisão da floresta, as comunicações e ensinamentos das plantas constituem uma biblioteca inteira, a internet toda e todo *database* do mundo: "As espécies vegetais companheiras dos Mura são como os livros de uma biblioteca: constituem o requisito básico de acesso irrestrito à matéria passada da ciência selvagem do futuro" (Amoroso, 2020).

Essa fina relação com a história, com os seres, com os conhecimentos que esses seres detêm e carregam faz com que o papel do *sapiens* nessa teia precise ser integrado. Todo ser circula matéria e o universo tem um conjunto limitado de matéria. Portanto, nós sempre estamos implicados nos outros seres e nos seus saberes. Há de se respeitar, e muito, toda essa rede de conhecimentos. A antropóloga Fabiana Maizza, tendo convivido muito tempo com os Jarawara do centro-oeste amazônico, lembra das relações de parentesco produzidas entre esse povo e as plantas nessa fina teia de cuidado e autocuidado. Plantas, quando cuidadas, são filhas. Pupunheiras, palmeiras e bacabas se veem sempre onde já foi ou é um aldeamento (Maizza, 2020). Limpa-se sempre o terreno, olham-se as plantas, conversa-se com elas. Altas que são as pupunheiras, é por meio de seus espíritos que, na morte, leva-se o morto aos céus; por isso, não lidar bem com elas é interferir no descanso dos mortos.

Nesse mundo, cada decisão é tomada na presença de quem encarará as consequências dela. Se isso valesse para sua vida, ou a minha, se estivéssemos sempre diante de todos os seres afetados por cada decisão nossa, nós certamente tomaríamos decisões diferentes. É nesse sentido que alguns autores salientam que as cosmologias ameríndias não são sistemas românticos de preservação de espécies. Essa premissa ocidental encara a floresta como um repositório de biodiversidade, no máximo. Ao contrário, o que se vê traduzido em preservação dita "ambiental" em todas as terras indígenas é resultado de um convívio, de uma diplomacia e de uma rede de troca de conhecimentos muito sensível, que pode perfeitamente ocasionar guerras. Animais, plantas, espíritos e outros grupos humanos podem simplesmente se vingar se forem maltratados. Não há nada de romântico nisso, mas o fio do equilíbrio está mantido por respeito e precaução. Nas palavras de Fabiana Maizza (2020):

> Pensar com cuidado apoia-se na consciência dos esforços necessários para cultivar relações na diversidade, o que significa também construir um conhecimento que não nega a dissidência. Relações com "outros significativos" exigem mais do que acomodar a diferença, coexistir ou tolerar. Como nos ensina Haraway, em seu *Manifesto das espécies companheiras* ([2003] 2021), pensar com não humanos deve sempre ser viver com, consciente das relações incômodas e procurando uma alteridade que transforme aqueles envolvidos na relação e nos mundos em que vivemos.

Assim, chegamos ao fim da terceira parte deste livro. Já nos aventuramos no futuro remoto e distante para discutir o fim do mundo e a realidade das coisas. Depois penetramos nos perigos do futuro imediato prenunciado e o risco que as formas de vida correm, inclusive os *sapiens,* discutindo então o significado de estar vivo, de existir e de evoluir. E chegamos a esta terceira parte, que recebe o título de "Mente: incertezas do presente". Em primeiro lugar, quem mente? Mentem os crentes e os credores da superioridade humana. Essa é a maior mentira. Como diz John Gray, "Psicólogos evolucionistas mostraram que o logro é prática disseminada na comunicação animal. Entre os humanos, os melhores enganadores são os que enganam a si mesmos" (Gray, 2006, p. 43). Para desvelar essas mentiras, tentei percorrer o caminho das incertezas para onde a filosofia da mente, a neurociência e a psicologia nos levam quanto à mente e à consciência, o ponto nevrálgico do argumento dos supremacistas humanistas. Como consequência antropológica imediata – o que sempre percorreu os capítulos deste livro –, os povos indígenas mostram que as plantas e outros seres não humanos trazem elementos concretos e palpáveis da inteligência, agência e consciência de seres não humanos. Tal caminho mostra a complexidade que é viver na floresta. E, evidentemente, a complexidade inerente a toda a teia de relações afetivas, pessoais entre seres de todas as espécies e de saberes mediadas por uma epistemologia da incorporação, do trânsito de matéria de um mundo sem dentro-fora e sem meio indivíduo. Assim, um mundo cercado de saberes e conhecimentos não humanos é um mundo cercado de ciências outras.

E aqui chegamos ao ponto central de virada deste livro que versa, em sua maioria, sobre ciências em todas as suas manifestações. Da ciência ocidental (física, química, biologia, geologia, astronomia, cosmologia etc.); das ciências ameríndias (ontologias de conhecimento e relação); e das ciências dos não humanos crivadas pelo trânsito da matéria. Talvez esse mapa não estivesse claro, mas foi preciso ir para o futuro e voltar. O que virá agora é exatamente um horizonte sobre as ciências (todas), como elas se integram, suas belezas, suas formas de investigação. E, ao contrário do que talvez se possa pensar, essa integração de ciências não só é possível, como desejável para o mundo diante de nós. Então, mergulhemos na ciência.

PARTE 4

CIÊNCIAS

O PASSADO PRESENTE

[INVESTIGAR]

Seres adulterados

Imagine uma bactéria chamada Bacillus thuringiensis *vivendo no solo, junto às plantas, com uma curiosa característica: em determinadas situações, essa bactéria consegue sintetizar esporos que têm uma proteína capaz de matar insetos, sobretudo aqueles que podem comer as plantas perto das quais ela vive. Humanos então coletam e criam em laboratório culturas dessa bactéria, e depois separam no seu DNA o segmento de pares de bases que são as responsáveis pela produção dessa proteína inseticida. Inserem esse trecho dentro de células de uma planta por meio de um bombardeamento que, em algum instante, será incorporado à fita cromossômica da planta e, a partir disso, pela divisão celular, aquela planta terá em todo o seu corpo a resistência a insetos. Trata-se de um procedimento de engenharia molecular que produz uma planta geneticamente modificada, ou transgênica, com uma nova característica. Contudo, o DNA modificado da planta agora está em todo o seu corpo, até mesmo nos grãos de pólen. Imagine que, de alguma maneira, esses grãos soltos no ar pousem em outras espécies fora da lavoura, e essas plantas incorporem um gene alterado por humanos no seu sistema reprodutivo e, assim, produzam novas variedades de uma planta. Por sua vez, essas novas variedades produzem os seus pólens e, nesse momento, sem que os engenheiros genéticos ou os agricultores saibam, abelhas e pólens soltos na natureza já podem conter trechos de DNA modificados em seus corpos. Os pólens geneticamente modificados poderão, por algum tipo de mutação, eventualmente extinguir outras espécies ou possibilitar o crescimento de outras. Um processo desse tipo é irreversível. Não há nada a ser feito para remover a alteração genética implantada, ainda que se desconheçam completamente os efeitos de longo prazo e em cadeia.*

O raio e os raios

A câmera passeia pela aldeia Koenju, em São Miguel das Missões, no Rio Grande do Sul. Quem comanda a filmagem é uma Guarani-Mbya residente da aldeia. Na tela, vê-se em alguns trechos a data original da filmagem: o ano é 2010. Dois irmãos de pouca idade – 6 ou 7 anos, talvez –, cada qual com um facão à mão, caminham contentes em direção à mata. Precisam pegar um galho específico de uma árvore que sua mãe havia solicitado. Entre um golpe fraco e outro do facão no galho, ambos riem e conversam em sua língua nativa, devidamente legendada em português pela diretora. *Bicicletas de Nhanderú* é o nome da obra.[41] As crianças então passeiam pela escola da aldeia, vazia, sem portas e sem janelas, mas com uma lousa e carteiras. Para a conversa das crianças – e talvez para as suas aprendizagens –, aquele espaço pode significar pouco. A câmera então vai até o horizonte visto da aldeia, algumas árvores, um pasto adiante e o céu escuro com vento. Nessa panorâmica, a câmera consegue captar o momento exato em que um clarão rompe o céu, atingindo o mais alto galho de uma árvore com violenta força e um estrondo. A fumaça sobe sem que haja chama, mas o galho da árvore se rompe e cai ao chão. Silêncio no filme.

Corte na cena para o interior de uma casa. Chão de terra batida, paredes de barro e teto de palhoça. Ao centro, um galho grosso de árvore com pedaços em chamas e outros intactos. Mais próximo à chama, duas mulheres mais velhas de cabelos longos e vestidos surrados manuseiam coisas, talvez para cozinhar. As crianças estão atrás se distraindo com algo. Falam sempre com palavras econômicas, mas, após um silêncio duradouro em que só se ouve o vento lá fora, uma delas fala:

– *Aquele dia, quando a gente tomava chimarrão, caiu um raio bem aqui na aldeia e um pedaço de pau caiu dentro da aldeia. Será que sobrou um pedaço daquele pau? Porque eu vou querer um pouco para fazer colar para os homens.*

Mais um silêncio curto se segue, até que a outra, mexendo também em panelas, responde:

– *Seu primo estava dentro da escola naquela hora e correu para meditar*

---

41 Direção de Patrícia Ferreira (Keretxu) e Ariel Duarte Ortega, 2011.

na casa de reza. E eu falei: "Só com um susto desses para você procurar a casa de reza".

Elas riem um pouco, mas aqueles risos escondem certa apreensão. A cena corta para a mata. Logo se nota que é a mesma árvore. De perto, seu corte é ainda maior. Ao pé da árvore, estão dois homens muito semelhantes em aparência, talvez irmãos, ambos sem camisa e com calças *jeans* puídas. Eles olham para cima no lugar do corte, apontam e depois têm o seguinte diálogo:

– *Foi ali. Olha lá! Bem lá na pontinha.*

– *Será que matou o espírito dela?*

– *Não sei. Acho que ele só quis dar um susto, por isso quebrou. Não foi um espírito ruim. Ele só estava bravo.*

– *Eu quero levar um pedaço desse pau para meu filho.*

A cena corta novamente para a maloca onde a mãe das crianças de olhar remoto está próxima à porta mirando a mata. E diz para si mesma.

– *Quando caiu aquele raio eu senti uma dor nas costas, porque o raio caiu bem perto.*

Esse é o ponto central do documentário. Após o raio e os diálogos narrados, o pajé reúne a aldeia e diz o significado daquele raio. Era uma mensagem dos espíritos, pois os Mbya estavam esquecendo de rezar, ou rezando só nas igrejas dos brancos, e era preciso construir uma nova casa de reza para os espíritos da floresta. Então o tom reflexivo do filme ganha contornos de ação nos minutos seguintes. Surge uma grande casa de reza, com pé direito do tamanho de uma palmeira. Feita do zero, completamente, com troncos de árvores e palhas, em uma obra de engenharia invejável. Para algum espectador talvez fique uma dúvida (ou um julgamento, a depender da pessoa): essas coisas são verdade? Árvores podem ser punidas por um raio? Deuses enviam mensagens por meio de raios? Mas, talvez, a maioria das pessoas não faça tais perguntas, só entendam isso como uma crença, tal qual muitas delas dizem que chove por conta de um tal de "São Pedro".

Seja para as ciências naturais, seja para a etnografia indígena, o raio pode ser visto como um "objeto de estudo" a ser isolado e analisado. Se o tomamos como elemento presente nos mitos indígenas, existem muitas diferenças e semelhanças estruturais. Para os Yanomami, os raios são seres tal qual as araras, mas cobertos de faísca que fazem muito barulho quando com fome. Por isso os xamãs experientes precisam acalmar esses seres sob risco de em um desses rugidos colocarem fogo na floresta (Kopenawa; Albert, 2015). Para os Taurepang, entre Brasil e Guiana, o raio é o resultado da ação divina; uma ferramenta de uma intenção, portanto. Daniel Munduruku menciona, entre seu povo, um jovem guardador do trovão que produz faíscas ao agitar o seu bastão, quando importunado (Munduruku, 2014). É nas *Mitológicas* de Claude Lévi-Strauss que se encontra a maior quantidade de casos e análises sobre a percepção dos raios. Entre os Ka'apor do noroeste do Maranhão, o raio é um instrumento mortal de Bepkororoti quando com raiva.[42] Entre os Boe (Bororo), tanto os raios quanto as tempestades e trovoadas são fruto do espírito badogebague (Lévi-Strauss, 2004). Para os Umutina, parentes próximos dos Boe, "quando troveja é um Espírito que desce à terra para buscar o mel destinado ao povo celeste, mas ele mesmo não o come" (Lévi-Strauss, 2006). Nas Antilhas, entre os Karib, há uma constelação que se denomina "Comedora de Caranguejo", "uma estrela que, ao que tudo indica, faz parte da constelação da Ursa Maior e que, segundo se acredita, comanda o raio e os furacões" (Lévi-Strauss, 2006). E, para os Huni Kuin (Kaxinawá), o raio é um espírito em si que se comunica igual aos xamãs com o chocalho.

Nota-se, portanto, apenas por esses simples exemplos, que os raios ou são seres ou são ferramentas de seres que possuem intencionalidade e personalidade próprias. Poderoso e perigoso, o raio é visto em geral, entre esses povos, como manifestação de ira. Isso explica em parte o percurso de pensamento das pessoas diante da árvore no documentário *Bicicletas de Nhanderú*, a intenção de quererem ficar com um pedaço da árvore – o pedaço extraído –, provavelmente por conter um pouco da força empregada pelo raio. Mas existem duas perguntas em aberto para a investigação: 1) O raio havia matado o espírito da planta?; 2) Foi ou não um ato de aviso ou ameaça? O susto é uma hipótese em favor da resposta positiva a essa questão. O desenrolar da investigação mostra que a resposta para a primeira pergunta é não e para a segunda pergunta é sim. Contudo, para uma leitura não Mbya, ou não indígena, outras perguntas podem ser interpostas, que seriam consideradas centrais para desvelar a

---

42 Versão kubenkranken: métraux 1960: 16-17; versões gorotire: banner 1957, Lukesch 1956, 1959; *apud* Lévi-Strauss, 2004, p. 243.

noção pela qual acreditamos que determinado conhecimento é científico. Pois um raio não é apenas um "fenômeno" do mundo natural? E podemos pensar ainda que um raio, uma pedra caindo, uma chuva, uma tempestade magnética, uma divisão celular, são todos "fenômenos naturais", isto é, objetos de estudo das "ciências naturais". No entanto, já versamos as razões pelas quais devemos evitar uma ideia de natureza enquanto pano de fundo da realidade externa ao corpo. E, de igual ou mais contundente modo, a ideia de fenômeno também é bastante problemática.

Alguma coisa acontece

Fenômeno e fantasia são palavras que têm a mesma raiz na língua grega. A primeira, *phainómenon*, às vezes mal traduzida por "aparência", é aquilo que aparece. *Phantasía* (fantasia) é traduzida também como aparência, mas é mais entendida como representação. Ou seja, para a língua grega, fenômeno é aquilo que aparece a nós, portanto, fora do nosso corpo, enquanto entidade real. E fantasia é aquilo que aparece dentro de nós, em nossa mente, enquanto representação. E, de certa maneira, até hoje carregamos – nós, ocidentais colonizados – um pouco dessa noção, mas mais radicalizada, talvez, por Immanuel Kant na *Crítica da razão pura*. Para o alemão, existe uma realidade muito objetiva, e essa realidade existe fora de nós (as coisas em si). Mas, em algum grau, nós acessamos um pouco da realidade das coisas por meio de seus fenômenos, ou seja, as representações das coisas reais. Kant reúne as duas noções gregas de coisas fora de nós, mas de algum modo acessadas por nós. E, conforme o seu projeto filosófico defendia, somente com o uso da razão é possível acessar o real das coisas. Os sentidos são enganosos e só captam os fenômenos, mas a razão pode, se bem trabalhada, acessar o real verdadeiro. Ou seja, somente dentro da mente é possível acessar a verdadeira realidade das coisas fora da mente. Portanto, seja pela noção grega, seja pela atualização germânica, a noção de fenômeno necessita sempre de uma divisão entre o exterior e o interior, entre o corpo e a mente. É, portanto, limitada. E, por consequência, o termo "fenômeno natural" é um pleonasmo. A natureza só existe enquanto espaço externo de um domínio não humano, tal qual o fenômeno se refere ao espaço externo "aparente".

Mas e se rompermos com essa divisão? Se adotarmos o defendido por Emanuele Coccia, que o mundo é uma imersão contínua e material não havendo distinção entre dentro e fora, entre meio e organismo. E se a existência real das coisas não for aquilo que está fora, tampouco aquilo que se representa dentro? A ideia de fenômeno, para além do seu aporte colonial, é muito limitada para nos referirmos às coisas todas ocorrendo em cada relação, em um mundo imersivo sem fronteira entre o trânsito da matéria dentro do corpo e o fora dele.

Por isso tenho usado desde o início deste livro a palavra "acontecimento" no lugar de "fenômeno", mas já como substituta mais ampla, comum e potente do que a anterior. As coisas acontecem, e isso pode não depender de uma mente observadora humana. Gilles Deleuze, na *Lógica dos sentidos*, buscando se afastar do fenômeno, também adota o termo "acontecimento", que encarna em um estado de coisas, pessoas, indivíduos, em diferentes tempos (Deleuze, 1969). Acontecimento é linguagem corrente entre os povos originários do globo. Orixás fazem e lidam com acontecimentos não restritos ao plano espiritual, mas nos entrecruzamentos do cotidiano, de uma cachoeira às plantas e animais (Rufino, 2017).

"O que aconteceu?", ou "o que acontece?", ou "o que acontecerá?" são perguntas epistemológicas profícuas em relação a outras, como "o que é?". Assim, uma pedra caindo, um raio, a diáspora africana, a divisão celular, duas estrelas colidindo no Universo não observável, uma conversa entre uma planta e um pássaro ou uma pessoa escrevendo um livro, são acontecimentos. Alguma coisa acontece sempre e investigar à luz das relações que permeiam os acontecimentos é um desafio relacional e multinatural. Os acontecimentos obrigam as ciências naturais a saírem do exílio autoimposto em que se meteram, diz Coccia. Ao reduzirem a natureza a um corpo uno e alheio, a ciência transformou um intenso mundo de fluxo em um "objeto residual, oposicional, para sempre incapaz de ocupar a posição de sujeito" (Coccia, 2018, p. 24). O sonho das ciências naturais sempre foi o de lidar apenas e exclusivamente com uma natureza fora, com fenômenos naturais aparentes, buscando a tão sonhada objetividade. E, como se sabe, esse sonho persiste.

Imagine que, do dia para a noite, por conta de alguma força misteriosa, todos os pontos de interrogação do mundo, de todos os textos escritos, sumissem e fossem substituídos por pontos-finais. Imaginou. Nesse mundo, "deus existe" poderia ser uma afirmação ou uma pergunta. Estando diante de alguém que escreve as palavras "deus existe", você teria dúvidas se se trata de uma afirmação ou uma pergunta. Mas termos como "será que", "porquê", "qual é", "quem é" "o que é" entre outros, sempre seriam lidos com uma interrogação imaginária ao término da frase. Por exemplo, "será que deus existe"; "o que é deus" seriam lidas sempre como perguntas.

Então, imagine de novo um mundo no qual, além da interrogação, a expressão "o que é" (e suas variações de tempo verbal, como "o que era" etc.) deixassem de existir. Esforce-se para imaginar, pois isso está muito profundamente dentro de nós. Não existiria mais "o que é". Não. Diante disso, veja essa imagem captada pela sonda espacial Hirise em 2020 de um trecho da superfície de Marte.

Figura 11 – Imagem da superfície do planeta Marte feita pela sonda espacial estadunidense Mars Reconnaissance Orbiter em janeiro de 2020

O termo "o que é" não existe, tampouco interrogações, mas talvez existam perguntas dentro da sua cabeça agora. Como formulá-las: "quem são essas estruturas escuras"; "será que são árvores"; "por que essas coisas estão de pé". Você acha, após este exercício, num lugar como este, que a investigação e a ciência produzidas para buscar respostas seriam muito diferentes das que você conhece. Radical seria pensar um mundo sem perguntas.

Objetivismo

Era uma vez um grupo de pessoas, todos homens donos de proprie-dades, que forjou a crença de que um conhecimento seria tanto melhor quanto menos crença tivesse. Ou seja, quanto menos aspectos "subjeti-vos" houvesse em um conhecimento produzido por pessoas, melhor se-ria. Não disseram isso para diferenciar as suas regras e gostos por conhe-cimento humano em detrimento de outros conhecimentos, dos cavalos, por exemplo. Ao contrário: eles tinham a crença de que só o humano possui algo chamado intelecto. O nome dessa crença, pode-se dizer, é "objetivismo" e, de modo mais ou menos bem definido, seu surgimento é coincidente com a emergência do chamado "mundo ocidental". Em es-pecial, da antiguidade helênica e o nascimento da tal da "filosofia". Essa doutrina do objetivismo acredita que remover os indivíduos e seus jul-gamentos é uma boa forma de universalizar o conhecimento e deixá-lo mais verdadeiro.

O filósofo da ciência britânico-australiano Alan Chalmers usa uma frase que parece até um tanto restritiva demais, embora seja exatamen-te esse o espírito da crença. Ele diz, sobre a objetividade: "proposições de observação podem ser averiguadas por qualquer observador pelo uso normal dos sentidos. Não é permitida a intrusão de nenhum elemento pessoal, subjetivo" (Chalmers, 2018, p. 34). Ainda que seja um ato fa-lho, não deixa de ser sintomático esse traço restritivo característico da história da filosofia, da filosofia natural e, posteriormente, da ciência. Aparentemente, para os primeiros pensadores gregos pós-socráticos, o objetivismo teria vantagens por se diferenciar da opinião (doxa) popu-lar sobre as coisas. Seria, então, um conhecimento mais confiável, acre-ditava aquele pequeno grupo de homens. No entanto, o conhecimento objetivo não é centrado no objeto como enuncia Chalmers, mas é, antes de qualquer coisa, uma construção subjetiva que se pretende antissubje-tiva, mas contra a subjetividade somente dos comuns e populares.

> [...] objetivismo quanto ao conhecimento humano é um ponto de vista que enfatiza que itens do conhecimento, desde proposições simples até teorias complexas, possuem propriedades e características que transcendem as crenças e

estados de consciência dos indivíduos que os projetam e contemplam. O objetivismo é oposto à perspectiva a que me referirei como individualismo, segundo a qual o conhecimento é compreendido em termos das crenças dos indivíduos. Para esclarecer no que faz supor o objetivismo, seria proveitoso dizer algumas coisas primeiro a respeito do individualismo e contrastar, depois, o objetivismo com ele (Chalmers, 2018, p. 151).

Tal qual a ideia de cultura que nasce como oposição à natureza, a objetividade nasce como o conhecimento construído sem a participação da subjetividade, isto é, das crenças. Ocorre que, ao contrário do que os filósofos gostavam – e talvez ainda gostem – de pensar, a emergência da filosofia está longe de ser um marco da humanidade. O mundo helênico, considerado berço da civilização ocidental, não é nem uma civilização unificada, tampouco oriunda do Ocidente. A Grécia antiga é uma mistura temperada de Mediterrâneo e mar Egeu, reunindo três continentes diferentes, com povos muito mais antigos. Jônios, aqueus, eólios, dórios, fenícios, persas, egípcios, cartagineses, trácios, etruscos, entre tantos outros, mostram que o tal "berço intelectual da humanidade" veio da África e da Ásia (Dussel, 2005). Em um mundo mediterrânico permeado por conflitos e guerras, cada povo tinha uma verdade para chamar de sua.

O físico e filósofo da ciência austríaco Paul Feyerabend lembra que é do encontro entre povos diferentes, muitos deles em conflito, que emerge a divergência sobre valores e modos de vida. O impasse entre, por exemplo, qual deve ser o melhor tratamento dado a um escravo cria as ideias de objetividade a serem reivindicadas por algum lado para "ganhar" contendas de ideias. O encontro entre povos diferentes implica o contato de formas diferentes de concepção da própria realidade e, portanto, de mundos diferentes. Lembra o filósofo em seu livro *Adeus à razão* que a ideia de objetividade é muito mais antiga que a ciência e a filosofia gregas. "A objetividade surge sempre que um povo identifica os seus meios de vida como as leis de um Universo (físico e moral) além de seu povo." (Feyrerabend, 2010, p. 12). E essa objetividade torna-se perceptível quando culturas diferentes com visões objetivas diferentes se confrontam e insistem na prevalência de suas realidades sobre as outras. Com isso, como nos lembra o filósofo argentino Enrique Dussel, o sucesso relativo do mundo helênico se deve também a esse "truque" de lidar com os conhecimentos como aspectos hereditários e variáveis em relação às pessoas que exerciam o poder. A razão objetiva foi um estratagema grego. E lembra Feyerabend (2010, p. 21): "a desonestidade de todas as filosofias racionais é que introduzem premissas estranhas que não são nem plausíveis nem argumentadas, e depois ridicularizavam seus oponentes por terem ideias diferentes." Não à toa, os sistemas filosóficos ainda são aferidos hoje, mais de 2500 anos depois da sua criação, por meio do critério de se eles respondem a questões sobre o que é o ser, o que é o justo, o belo, o conhecimento e o que é o correto. Ou seja, a ontologia, a política, a estética, a epistemologia e a ética são precisamente as fontes de conflito que podem ocorrer quando povos diferentes se encontram. Assim, a Grécia reformulou um jeito de ser e de agir com Sócrates, uma ética com Platão, uma lógica de pensamento e estética com Aristóteles.

Os gregos então fabricaram, para se diferenciar, um sistema de ensinamento e uma maneira especial de argumentar aparentemente livre de opiniões e com vistas à universalidade. "Ser racional ou usar a razão passou a significar adotar esses modos e aceitar seus resultados." (Feyerabend, 2010, p. 15). Ou seja, a dita "civilização ocidental" requentou a seu modo conceitos e métodos para chegar à verdade, uma outra invenção importante e poderosa. Nesse percurso, a objetividade seria o caminho mais seguro para tal. E, como se sabe, Aristóteles fora preceptor de Alexandre Magno, que guerreou e levou a tal "razão" universal ateniense à força para as fronteiras europeias, asiáticas e africanas. Os limites do império alexandrino são quase coincidentes com os limites posteriores do Império Romano, que continuou a levar a razão filosófica para o mundo. Acrescida do cristianismo, essa ontologia espalhou-se pela Europa e encontrou mais a leste um novo conflito de realidades: o islamismo. E foi justamente para expandir os seus horizontes com portas fechadas no Mediterrâneo pelo Império Turco que a segunda revolução da objetividade se deu: a ciência moderna.

As bases coloniais da ciência moderna

A revolução copernicana e Galileu, transformações no modo de pensar do europeu, deram ferramentas, métodos para a razão universal galgar ainda mais espaço enquanto forma de chegar à verdade. Não à toa esse processo coincide com um novo grande confronto de povos diferentes: os do velho mundo europeu cristão com os do novo mundo, indígenas espalhados por todos os territórios há mais de 20 mil anos, vivendo suas vidas que prescindiam de governos e razões universais. E esse processo de invasão das terras além-mar foi determinante para o morticínio aqui em nosso continente. O antropólogo francês Pierre Clastres chama esse episódio de "malencontro", dado que o extermínio dos povos daqui foi o maior genocídio já presenciado pelo planeta. Como argumenta o autor, sequer o aspecto de "humanidade" dos povos indígenas era considerado, de modo que nem o termo genocídio parece adequado, dado que o genocida nega a diferença e busca exterminá--la. O etnocida nega a condição humana de quem ele está ferindo. "O homicídio de um índio não é um ato criminoso, o racismo desse ato é inclusive totalmente evacuado, já que afinal ele implica, para se exercer, o reconhecimento de um mínimo de humanidade no Outro". (Clastres, 2013).

Estudo multidisciplinar recente e muito aprofundado mediu os índices de carbono no ar de camadas de gelo de séculos atrás para estimar que, apenas em pouco mais de cem anos, especificamente entre 1492, quando Colombo ancorou suas naus no Caribe, até 1600, foram mortos 56 milhões (!) de indígenas no continente. Atualizando-se esse número para os dias de hoje, a conta certamente passa de 150 milhões de pessoas mortas (Koch, 2019). O frade dominicano Bartolomeu de Las Casas ([1542] 1984) dá contornos bastante reais a tais mortes ao descrever o que via com seus próprios olhos em 1542 na América hispânica.

> Um espanhol, subitamente, desembainha a espada (que parecia ter sido tomada pelo diabo), e imediatamente os outros cem fazem o mesmo, e começam a estripar, rasgar e massacrar homens e mulheres, crianças e velhos, que estavam sentados, tranquilamente, olhando espantados para os cavalos e para os espanhóis. Num segundo, não restam sobreviventes. [...] Entrando então na casa grande, que ficava ao lado, pois isso acontecia diante da porta,

os espanhóis começaram do mesmo jeito a matar
a torto e a direito todos os que ali se encontravam,
tanto que o sangue corria de toda parte, como se
tivessem matado um rebanho de vacas.
[...]
Faziam apostas sobre quem, de um só golpe de
espada, fenderia e abriria um homem pela metade,
ou quem, mais habilmente e mais destramente,
de um só golpe lhe cortaria a cabeça, ou ainda
sobre quem abriria melhor as entranhas de um
homem de um só golpe. Arrancavam os filhos dos
seios da mãe e lhes esfregavam a cabeça contra os
rochedos enquanto outros os lançavam à água dos
córregos rindo e caçoando, e quando estavam na
água gritavam: move-te, corpo de tal?! Outros, mais
furiosos, passavam mães e filhos a fio de espada (Las
Casas, [1542] 1984, p. 30, 33).

A morte também deu suas caras com os microrganismos e vírus en-
contrando corpos de fitas cromossômicas outras, cujas defesas nada podiam fazer. E quanto mais contato buscavam os invasores, pior ficava.
Rapidamente as pias batismais dos jesuítas, partícipes contumazes do
etnocídio, foram notadas como origem de vetores patogênicos e feitiçaria de morte pelos indígenas.

Esse é o mau encontro de povos que deu origem ao mundo de hoje, em
que se faz necessário discutir o fim do mundo. O geógrafo Carlos Walter
Porto-Gonçalves, na apresentação do livro *A colonialidade do saber,* lembra
que a colonização está ainda dentro da cabeça das pessoas do continente.
Quando nos referimos a um nativo dos Estados Unidos da América como
"americano" e a um uruguaio como "sul-americano", ou a um congolês, libe-
riano, etíope, senegalês, todos tão diversos, como "africanos", damos prova
de como as palavras ainda refletem relações de poder que são naturalizadas
pelas pessoas. O eurocentrismo nasce a partir da invasão e pilhagem.

Na Europa, os relatos pós-invasão davam contam de selvagens, sem
conhecimentos, sem alma, canibais: tudo considerado em comparação aos
invasores seria visto como pior, tal qual os gregos fizeram em relação aos
povos do Mediterrâneo. Assim, pela força da espada e das palavras, eis que
existem conhecimentos "melhores" do que outros. A invasão de terras de
outros povos permite aos europeus obter "vantagens comparativas" em
relação aos árabes no *front* de batalha física e metafísica do velho mundo

(Dussel, 2005). Esta intrusão amealhou modos de vida e simultaneamente criou os argumentos de uma história de superioridade social, intelectual e econômica em relação aos mulçumanos. A supressão de modos de vida, de conhecimentos, de sociedades que prescindem de um estado ou governo central para viver sem preocupação com o valor do brilho do metal, permitiu precisamente a emergência do contrário pelos invasores. O processo historicamente conhecido como "modernidade" nasce nas colônias do novo mundo e funda uma ideia e um modelo de sociedade estatal, de economia de trocas e metais e de conhecimento científico-racional. Tudo em detrimento dos tais selvagens do novo mundo. A modernidade ocidental se dá graças à deslegitimização e inviabilização do outro e à autoproclamação de verdades insondáveis (Latour, 2016). Se sequer o estatuto da humanidade foi reconhecido aos povos indígenas, imaginem às árvores, aos pássaros e às redes de conhecimento desses com os povos. Na visão dos invasores, "somente eles tinham conhecimento e sabedoria acumulada", diz a velha Kaingang (Inácio, 2010). E sintetiza a professora Daiara Tukano (2019):

> Aos povos originários foram impostos a língua, os costumes e os saberes do colonizador, não é à toa que para argumentar nos cobrem constantemente a validação científica de acordo com o pensamento ocidental como se já não tivéssemos o próprio, e justamente por isso nos ver na necessidade de discutir racismo, preconceito e apropriação cultural nos cansa e irrita tanto. A cultura do colonizador nos foi imposta sob ameaça de morte para ser minimamente reconhecidos como humanos, e nos reservou apenas os espaços periféricos sempre em desvantagem diante daqueles que tomaram nossas riquezas e continuam se reservando o poderio econômico e cultural.

As vantagens comparativas para os europeus da invasão do novo mundo construíram a modernidade global. Autopromoveram um modo "verdadeiro" de sociedade em detrimento de outros; um modo "verdadeiro" de conhecimento em detrimento de outros. Com isso colonizaram terras, pessoas, cabeças e plantas.

Coagidas nas fazendas das *plantations*, fato que ocorre até hoje, as plantas cresceram sem suas redes de conexão de outros seres, incluindo os fungos. Apesar de aceito no chá da tarde, no café ou na boca de crianças, o açúcar é uma poderosa droga psicoativa que, levada para o mundo inteiro, espalhou os seus encantos entrando dentro de cada *sapiens* do globo, transformando os seus desejos recônditos e criando dependência. Ao obter açúcar via escravização de indígenas, de negros e de plantas, esse sistema moldou o mundo moderno (Tsing, 2019). Anna resume: "a modernidade representa o triunfo da técnica sobre a natureza. Um triunfo que só consegue olhar para a natureza enquanto objeto separado dos humanos e de suas relações sociais." (Tsing, 2019, p. 186).

O objetivismo engendra as dominações. O sociólogo peruano Aníbal Quijano nomeará esse sistema de "Matriz Colonial do Poder". Um sistema que, para prevalecer, dominou e controlou os processos econômicos, a autoridade política, os gêneros e a sexualidade, o conhecimento e a subjetividade (Quijano, 2005). Por essa razão, atualmente tem-se ouvido muito falar em "pensamento decolonial". Essa postura compreende o mundo e suas realidades a partir dos processos de invasão e colonização que fundaram um mundo moderno extremamente excludente e violento. Decolonial é a postura de agir contra essa herança colonial, persistente ainda hoje nas palavras, nas crenças, no apagamento de povos e conhecimentos. Por isso é também tarefa dos acadêmicos da colonialidade voltar seus olhos para os primeiros decoloniais do globo, os povos indígenas, cuja luta incessante se estende por mais de meio milênio.

É importante perceber que o mundo moderno se erigiu sobre a violência e o extermínio de povos indígenas. Se você, na escola, aprendeu sobre a civilização grega antes de aprender sobre os povos indígenas da América, já está aí a prova da colonização. Se o curso de Filosofia é composto basicamente de pensadores brancos europeus ricos, está aí a prova da colonização do pensamento. E foi olhando para os povos aqui viventes (e vivos ainda, embora muitos tenham desaparecido completamente), que um modelo social surgiu, um modelo econômico surgiu e um modelo de conhecimento e investigação surgiu. A santíssima Trindade do capitalismo moderno, ou seja, o Estado, o Mercado e a Razão científica, trabalham desde a sua origem em nome de uma universalidade que simplesmente nunca existiu.[43]

---

43 O termo "Santíssima Trindade do capitalismo" foi usado de maneira informal por Eduardo Viveiros de Castro em entrevista à revista *Piauí* (Cariello, R. O antropólogo contra o Estado. *Revista Piauí*, ed. 88, 2014. Disponível em: https://piaui.folha.uol.com.br/materia/o-antropologo-contra-o-estado/. Acesso em: 9 out. 2024.). É, contudo, bastante expressivo.

E, nesse aspecto, a ciência moderna, com sua pedra fundamental lançada por Galileu com a publicação dos *Diálogo sobre os dois máximos sistemas do mundo ptolomaico e copernicano*, emergiu. Investigar uma natureza-objeto para construir conhecimentos objetivos tendo como metafísica o próprio objetivismo é o mundo que permeia as investigações científicas atuais. Ratos, prótons, bactérias, vírus, macacos, insetos e planárias são só alguns exemplos de um método de investigação científica empírica que torna os seres membros de um clube de voyeurismo científico dominador com toda carga de fetichismo e sadismo que você possa imaginar. Tudo, ou quase tudo, em nome do progresso da "humanidade". Talvez não tenhamos mudado tanto a essência da sociedade ocidental em mais de 2 000 anos.

Um tipo de investigação

Imagine que alguém decida investigar o conhecimento popular ou tradicional sobre a interferência das fases da Lua no crescimento das plantas, seu plantio e sua colheita. Talvez essa pessoa pesquise nos manuais de botânica quais são as variáveis que afetam o crescimento das plantas, tais quais os fitormônios, luz, temperatura, água e nutrientes. E verificará se a Lua apresenta algum tipo de correlação com essas variáveis. Entre luz e água, algumas possibilidades de influências requererão medidas e cálculos. Qual será a diferença de luminosidade entre as fases da Lua? Talvez se possa medir, mas isso exigiria sempre o céu limpo, ou uma taxa média. Será que a taxa de fotossíntese noturna muda muito com a luminosidade da Lua? E o campo gravitacional da Lua é suficientemente forte para atrair do solo até a superfície um pouco de água? Mas! – então essa pessoa pensa – já há leis que me permitem estimar a atração gravitacional entre quaisquer massas separadas por quaisquer distâncias: a lei da gravitação universal de Newton. E faz os seguintes cálculos, em relação a uma planta específica:

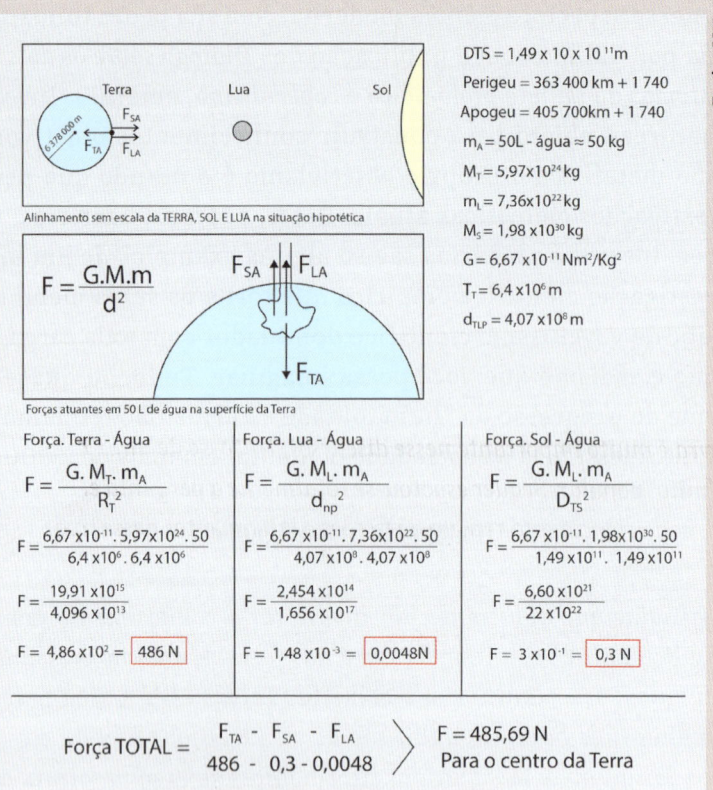

DTS = 1,49 x 10 x 10 ^{11} m

Perigeu = 363 400 km + 1 740

Apogeu = 405 700 km + 1 740

m_A = 50L - água ≈ 50 kg

M_T = 5,97x10²⁴ kg

m_L = 7,36x10²² kg

M_S = 1,98 x10³⁰ kg

G = 6,67 x10⁻¹¹ Nm²/Kg²

T_T = 6,4 x10⁶ m

d_{TLP} = 4,07 x10⁸ m

Terra   Lua   Sol

F_{SA}

F_{TA} F_{LA}

Alinhamento sem escala da TERRA, SOL E LUA na situação hipotética

$$F = \frac{G.M.m}{d^2}$$

F_{SA} ↑↑ F_{LA}

↓ F_{TA}

Forças atuantes em 50 L de água na superfície da Terra

Força. Terra - Água	Força. Lua - Água	Força. Sol - Água
$F = \dfrac{G.M_T.m_A}{R_T^{2}}$	$F = \dfrac{G.M_L.m_A}{d_{np}^{2}}$	$F = \dfrac{G.M_L.m_A}{D_{TS}^{2}}$
$F = \dfrac{6,67 \times 10^{-11}.\ 5,97 \times 10^{24}.\ 50}{6,4 \times 10^{6}.\ 6,4 \times 10^{6}}$	$F = \dfrac{6,67 \times 10^{-11}.\ 7,36 \times 10^{22}.\ 50}{4,07 \times 10^{8}.\ 4,07 \times 10^{8}}$	$F = \dfrac{6,67 \times 10^{-11}.\ 1,98 \times 10^{30}.\ 50}{1,49 \times 10^{11}.\ 1,49 \times 10^{11}}$
$F = \dfrac{19,91 \times 10^{15}}{4,096 \times 10^{13}}$	$F = \dfrac{2,454 \times 10^{14}}{1,656 \times 10^{17}}$	$F = \dfrac{6,60 \times 10^{21}}{22 \times 10^{22}}$
$F = 4,86 \times 10^{2} = \boxed{486\ N}$	$F = 1,48 \times 10^{-3} = \boxed{0,0048N}$	$F = 3 \times 10^{-1} = \boxed{0,3\ N}$

Força TOTAL = $\begin{array}{c} F_{TA} - F_{SA} - F_{LA} \\ 486 - 0,3 - 0,0048 \end{array}$ ⟩ F = 485,69 N
Para o centro da Terra

Para evitar problemas com a latitude e longitude da posição dessa planta, considerou uma situação extrema em que o eixo da árvore está alinhado com a Lua e o Sol no **perigeu** e no **periélio** respectivamente. Ou seja, as menores distâncias entre a Lua e a Terra e entre o Sol e a Terra das diferentes distâncias encontradas nas órbitas elípticas. A situação imaginada é uma massa de água de 50 L (~50 kg), e, para a realização das contas, consideraram-se três forças fundamentais atuando gravitacionalmente nessa água: a força da Terra (F_{TA}) para baixo, a força da Lua na água (F_{LA}) e a força do Sol na água (F_{SA}), ambas para cima, opostas à força da Terra. Para a realização dos cálculos de cada força, são necessários os dados de massa da Lua (M_L), a massa do Sol (M_S), e a massa da Terra (T_R), obtidos precisamente por meio da lei de atração gravitacional a partir das estimativas de massa de física nuclear para o Sol e das distâncias medidas diretamente por laser. E as distâncias entre o centro da Lua e a superfície da Terra no perigeu (D_{LTP}) e o centro do Sol e a superfície da Terra no periélio (D_{STP}) e o raio da terra R_T.

Nota-se que, do ponto de vista gravitacional, como se suspeitava, as forças da Lua são inócuas. De igual modo, as taxas de luminosidade comparadas com as do Sol também o são. Daí, a pessoa já se apressa em dizer que se trata de um mito popular essa relação entre a Lua e as plantas. Talvez dê entrevistas em canais de televisão no papel de autoridade enquanto "físico". Mas, se olharmos em retrospectiva, o que essa pessoa fez foi idealizar uma árvore isolada de outras em um mundo isolado de outras forças (capilaridade, elétricas, marés atmosféricas e aquíferas). Trata-se de considerar um espectro muito limitado da relação Lua-Terra como tipicamente gravitacional. E, depois de construir um mundo ficcional gigantesco, julgar, à luz de sua construção, que um outro conhecimento, na verdade (e essa palavra é muito importante nesse discurso), trata-se de uma "crendice", de um "mito" popular. Sequer esgotou-se totalmente a pergunta em questão. A história da ciência está repleta de ficções e julgamentos desse tipo.

O erro de Galileu e a cosmofísica tupinambá

As terras e praias pelas quais caminho de vez em quando aqui na cidade de São Luís foram – e são ainda – lugar de vida dos Tupinambás por milhares de anos. Os Tupinambás são povos ligados à praia, diferente de muitos outros que nunca chegaram a visitar os oceanos, ficando nos interiores do continente. Primeiros povos do contato com as naus portuguesas na Bahia, são, e sempre foram, guerreiros notáveis e se espalhavam do litoral capixaba até acima da linha do Equador. Fundada pelos franceses em 1612, a ordem religiosa que acompanhava as naus das França era dos padres capuchinhos. Estes padres escreviam seus livros, diários, narrando a natureza e eventualmente os povos indígenas encontrados, não sem grandes

Figura 12 – Folha de rosto do livro *A missão dos padres capuchinhos à ilha do Maranhão e terras circunscritas* (1614)

IARA VENANZI

Fonte: D'abbeville (1614).

emoções, perdas e conflitos. Fruto de uma dessas visitas iniciais e exploratórias, os padres capuchinhos escreveram e publicaram um livro em 1614 com o título *Histoire de la mission des pères capucins en l'isle de Maragnan et terres circonvoisines: où est traicté des singularitez admirables et, des moeurs meveilleuses des indiens.*[44] Algo como "A história da missão dos padres capuchinhos nas ilhas do Maranhão e terras circunscritas ou o tratado sobre as singularidades e modos dóceis dos habitantes do país".

O livro se prefacia com uma série de exortações a deus e às pobres almas selvagens que lá se encontram. Em suas muitas páginas, há toda sorte de relatos sobre uma série de dificuldades de chegada, entrada, fixação, de contato etc. De guerras, tentativas frustradas de catequização, muitas cartas enviadas para França. Observações astronômicas feitas do local com bastante rigor técnico, assim como botânicas e animais com inumeráveis exegeses. Há muitos e muitos capítulos sobre os "índios". Sobre a estatura, o cabelo, o jeito de andar, a nudez, as moradias, as relações, o que faziam com seus capturados de guerra, os exercícios físicos, entre tantos outros aspectos. São relatos raros sobre as cenas iniciais de contato e como os Tupinambás reagiam às missas, à cruz, e ainda sobre algumas tentativas de comunicações incipientes dos missionários.

O capítulo 51, intitulado "Da natureza e dos espíritos dos maranhenses", não versa sobre os espíritos em que os Tupinambá acreditavam, mas sim sobre o humor, o comportamento e as volições deles. Destacam-se a raiva com cativos de guerra; a lascívia de órgãos genitais; a intrepidez das fortes tempestades que assustavam até os mais experientes marujos; a atenção concentrada às falas dos franceses; a inconstância e o orgulho assim denominados pelos padres por "não abrirem mão de ter razão" ou dos "seus velhos cultos e tradições diabólicas", resistentes à ideia de que deus não gosta de cabelos à altura do queixo, ou de furar as

---

44 D'abbeville, C. *Histoire de la mission des pères capucins en l'isle de Maragnan et terres circonvoisines où est traicté des singularitez admirables et, des moeurs meveilleuses des indiens.* Gallica: Bibliothèque Numérique de la Bibliothèque Nationale de France, 1995. Microfilm Reprod. de l'éd. de Paris: de l'Impr. de François Huby, 1614. Disponível em: https://archive.org/stream/histoiredelamiss00clau#page/n3/mode/2up. Acesso em: 9 out. 2024.

orelhas e narinas e pintar a si e aos seus filhos.[45] Eles descrevem com estupefação um rito "para os céus" em que os homens dançam e golpeiam o chão enquanto mulheres e crianças gritam e choram com veemência. E, no meio dessa dança, a chuva caía. Ao que parece, o expediente da "dança da chuva", popular no imaginário das pessoas sobre os "índios" brasileiros, tem um relato nessa passagem, em que o narrador o atribui ao diabo.

Continua a descrição capuchinha sobre os Tupinambá. "Não se chamam por nomes próprios, mas chamam as coisas da natureza por nomes".[46] Nesse ponto, o capítulo fica especialmente interessante. Eles, prossegue o narrador em um tratado de astronomia Tupinambá, têm nomes para a Lua, para o Sol, para as estrelas, para as constelações, para épocas de chuvas e sabem reconhecer pelas estrelas as épocas. Há descrição e nomes de constelações e suas formas: uma em forma de tesoura, outra em forma de porco, de jarro, de velho, de colmeia de abelha, de bolsa, de pupunha, da fogueira, da panela, e – segundo o narrador – "eles conhecem claramente a constelação de crux" (Cruzeiro do Sul).[47] Há dezenas de constelações citadas. Na página 320, há a passagem que me fez escrever tudo isso. O narrador afirma que os Tupinambá conhecem perfeitamente as fases da Lua, e segue: "Eles chamam o eclipse da Lua de 'Raseuh-pouyton', ou seja, 'a noite da lua'. Eles atribuem à Lua o fluxo e refluxo do mar: e notam as maiores cheias nas luas cheias e nova".[48]

O texto prossegue anotando que "eles" conhecem a trajetória do Sol (elíptica) e provavelmente podem associar o tempo do ano com 12 meses. E, como conhecem as estações da chuva, agem de maneira premeditada para caçar, colher e outras ações, conhecendo um número muito significativo de espécies e plantas. Toda essa digressão astronômica e a série de nomes levantados servem aos padres, de acordo com o argumento do capítulo, não para mostrar algum tipo de conhecimento sofisticado dos Tupinambá, mas para destacar a memória de que são dotados – "eles têm

---

45 Ao que parece, em uma passagem que me parece de difícil compreensão, o narrador (é um raro capítulo narrado em primeira pessoa) disse - ou acreditava - que os bebês indígenas nasciam brancos e que se tornavam da cor dos índios pois eram pintados desde crianças (D'abbeville, [1614] 1995, p. 315).

46 *Ibid.*, p. 316.

47 *Ibid.*, p. 318.

48 *Ibid.*, p. 320.

uma memória notável!". Não chamam a si por nomes, mas têm nomes para tudo em diferentes situações. A Lua não chama apenas Lua, mas recebe vários nomes conforme o seu lugar, forma ou época.

Mas, quando olhamos para o conteúdo das observações, são admiráveis algumas relações mesmo à época postas em discussão na Europa. Talvez uma pessoa que tenha crescido ouvindo o discurso de que povos indígenas são bárbaros, selvagens, menos inteligentes ou preguiçosos – o velho racismo perpetrado pelos invasores e capilarizado pelos livros – possa se surpreender com tais relatos. Talvez, dentro do edifício de julgamento dessa pessoa, a compreensão de um fenômeno complexo como as marés, que envolve os movimentos de rotação e translação da Terra, e a fluida dinâmica gravitacional da interação Terra-Sol-Lua não caibam dentro de uma mesma frase com "povos indígenas". Contudo, ao caminhar na praia em São Luís, tudo isso parece tão óbvio para qualquer musgo na encosta que surpreende o espanto dos outros. Se você ficar parado na areia da praia, pode, no mesmo dia, dependendo da fase da Lua, ver o mar lá longe, centenas de metros adiante e, seis horas depois, estar submerso pela água. O coeficiente de maré na capital maranhense pode ultrapassar seis metros. Essa variação é tão sentida que, na maré alta, a água salgada invade os deltas dos rios quilômetros para dentro do continente e, na maré baixa, o rio invade o mar. Uma mistura de líquidos, de vidas, de acontecimentos que é impossível não conhecer a fundo. Desconsiderar esse acontecimento pode ser letal para um sem-número de espécies, inclusive a humana. Portanto, o conhecimento está nos poros da terra e da Terra. Os animais o sabem, os Tupinambá também, há milhares de anos.

Mas o relato dos capuchinhos sobre os conhecimentos tupinambás a respeito das causas e descrições das marés, efetivamente maiores nas luas nova e cheia, é ainda mais sofisticado se comparado com aquele debatido além-mar no mesmo período por Galileu Galilei. Nesse tempo, estava o matemático na Itália escrevendo o livro que fundaria a ciência "moderna". Em 1597, Galileu começou a se corresponder por carta com Johannes Kepler, atividade que mantiveram por mais de trinta anos, até a morte de Kepler. Já nas primeiras cartas, ambos se comprometiam com a ideia de reunir o trabalho de Copérnico com as observações astronômicas de Tycho Brahe e, finalmente, produzir um material que provasse o movimento da Terra ao redor do Sol (Santillana, 1955). No ano de 1612, quando os padres capuchinhos caminhavam pelo Maranhão, Galileu prosseguia reunindo argumentos e os colocando na boca de Salvatti contra Simplício nos *Diálogo sobre os dois máximos sistemas do mundo ptolomaico e copernicano* [1632] 2011.

Para além de sua importância histórica para o heliocentrismo, Galileu, nesse livro, apresenta uma reunião de evidências empíricas, dados astronômicos, cálculos e experiências mentais para demonstrar que é a Terra que gira ao redor do Sol e não o contrário. Tal processo funda a ciência moderna sobretudo por quatro razões: 1) Um paradigma de conhecimento fora radicalmente quebrado. As provas apresentadas por Galileu são contraintuitivas, ou seja, pela primeira vez um conhecimento era erguido a partir de evidências contrárias à intuição, já que para nós a Terra parece parada. Essa ruptura dá o caráter de "moderna" à ciência. 2) Os métodos para realização dessas comprovações são ancorados em dados empíricos, medidas extraídas por meio de instrumentos. Tal disposição também era nova em relação à chamada ciência antiga, baseada em especulações filosóficas, deduções lógicas e palavras. 3) O uso da matemática e da geometria como linguagem por meio da qual as evidências se apresentam. 4) O modelo criado por Galileu tem por finalidade "provar" algo, e essa noção de prova se introjeta na investigação das filosofias naturais por meio dos instrumentos e cálculos, a fim de tecer ao final um "modelo explicativo" sobre os acontecimentos do mundo. Assim, a explicação comprovada passa a ser uma espécie de finalidade tácita do conhecimento científico.

Contudo, apesar de todas as coisas ditas, quando lemos a quarta jornada dos *Diálogos* de Galileu ([1632] 2011), na qual o autor discorre sobre as marés em busca da "causa verdadeira e primária" para o fenômeno, algo estranho aparece. Para Galileu, a maré existe porque a Terra se move. Como um balde com água no convés de um navio, a água sobe e desce. Essa seria a causa verdadeira do movimento das marés e prova inconteste do movimento da Terra – epíteto da obra galileana. Dos três tipos de movimento de marés (o diário, o mensal e o anual), o primeiro existe porque a Terra se move e a água sobre ela "não está unida e ligada ao globo terrestre" (Galilei, [1632] 2011, p. 493). O segundo, mensal, "parece ter origem no movimento da Lua; não que ela introduza outros movimentos, mas somente altera a grandeza dos já mencionados". O terceiro, anual, altera as marés nos dias de solstícios e equinócios.

Na sua argumentação no livro, questiona Salvati a Simplício: "porque manter imóvel o vaso do Mediterrâneo, e fazer que a água, que nele está contida, faça o que faz, supera a minha imaginação e talvez aquela de qualquer outro que queira penetrar até o cerne de tal especulação" (Galilei, [1632] 2011, p. 496). Nesse caso, os movimentos eram o de rotação e translação da Terra, o que se encaixa perfeitamente com o grande objetivo da publicação de oferecer elementos em favor do movimento da Terra em torno do seu eixo e em torno do Sol. As marés aparecem então como evidências desse processo. Simplício admoesta sobre a explicação de Aristóteles (de um movimento do mar profundo para a superfície), e a explicação de Marcantônio de Dominis de que a Lua, com algum tipo de "atração", levaria consigo, ao longo de seu percurso, uma porção de água com ela.[49] Ao que Salvati, "fleumático", responde para Simplício: "todos os lagos do mundo estão parados". E, quanto à Lua, "poderíeis dizer que a Lua passa a cada dia sobre todo o Mediterrâneo, mas nem por isso as águas se elevam, salvo nas suas extremidades orientais e aqui, em Veneza, onde estamos".[50] Este é o argumento utilizado para refutar a hipótese de a Lua ser a causa primária das marés.

Galileu estava bastante equivocado. Para o filósofo, historiador da ciência e responsável pela tradução brasileira comentada dos *Diálogos*, Pablo Rubem Mariconda, os especialistas em Galileu se dividem em dois grupos quando se trata de analisar essa jornada fracassada do livro (Mariconda, 1999). O primeiro grupo defende que algum tipo de interferência externa modificou a lógica de Galileu, dado que ele teria condições de detectar os próprios equívocos, contrastantes até mesmo com escritos anteriores. Por exemplo, na refutação do argumento da Lua, ele reconhece que existem movimentos diários de marés em Veneza. Somado ao fato de essa jornada encerrar-se de forma abrupta, essas pessoas preferem desconfiar de uma interferência externa a aceitar o fato de Galileu simplesmente ter errado. O outro grupo prefere aceitar que Galileu errou, e muito, inclusive nas constatações empíricas. O que, para esse grupo, não

---

49 "Trata-se de Marcantonio de Dominis (1566-1624), autor de *Euripus sive sententia de fluxu et refluxu maris* (*As sentenças de Euripus sobre o fluxo e refluxo do mar*), no qual expõe a teoria que Galileu critica" (nota 8 da quarta jornada. Mariconda em Galilei, 2011, p. 792).

50 *Ibid.*, p. 497.

é necessariamente algo ruim, pois ele mesmo, Galileu, daria exemplo de que, se o conjunto da teoria não conversar com os dados, a teoria precisa ser trocada.

Do ponto de vista histórico, em 1642 morre Galileu e nasce Isaac Newton ([1687] 2017), que viria a pôr fim na contenda sobre as marés.[51] Como se sabe, com a publicação em 1687 dos *Principia* (*Princípios Matemáticos da Filosofia Natural*), Isaac Newton apresentaria, por meio de muitas deduções matemáticas, os princípios e evidências que sustentam o fato de que corpos com massa "se atraem um ao outro com forças inversamente proporcionais ao quadrado da distância" (Newton, [1687] 2017). Após apresentar os princípios, Newton se dedica na obra a propor e analisar teoremas e seus consequentes corolários. Na proposição 65, teorema 25, analisa como as forças entre corpos podem atuar em diferentes lugares de um planeta esférico, como a força gravitacional do Sol ou da Lua podem ser diferentes conforme a latitude e longitude do ponto do globo a ser considerado, de acordo com a posição do plano da órbita entre os corpos. Dentro dessa análise, que é geométrica em sua maioria, Newton arremata, no corolário 19, exemplificando o caso dos fluxos e refluxos dos mares para demostrar por que as marés ocorrem, mas também por que os fluxos de marés são maiores próximos ao Equador em relação ao plano da órbita.

> Corolário 19. Imagine-se agora que o globo T, feito de uma matéria não fluida, aumenta e se alarga até este anel; e que existe um canal a toda a volta do seu perímetro, contendo água. E imagine-se que o globo roda uniformemente em torno do seu eixo, com o mesmo movimento periódico. Esta água, sendo alternadamente acelerada e retardada (como no corolário anterior), será mais rápida nas sizígias e mais lenta nas quadraturas que a superfície do próprio globo; e assim haverá no canal fluxos e refluxos como as marés no mar. Se a atração do corpo S fosse suprimida, a água – revolvendo agora em torno do centro em repouso do globo – não adquiriria movimento de preia-mar e baixa-mar (Newton, [1687] 2017).

51 Newton, I. *Princípios Matemáticos da Filosofia Natural*. 2. ed. Tradução e notas: J. Resina Rodrigues. Lisboa: Fundação Calouste Gulbenkian, [1687] 2017.

Aonde quero chegar com toda essa história? Não estou tentando, de maneira apressada, estabelecer paralelos entre o erro de Galileu e o conhecimento dos Tupinambás sobre os nomes e causas dos eventos relativos às marés. Tampouco trazendo o conhecimento Tupinambá das marés e comparando-o com os de Galileu. Nem creio que aos Tupinambás agradaria tal tipo de comparação. Muito menos pretendo criar algum tipo de demarcação temporal para registrar que os Tupinambás sabiam antes algo somente equacionado (literalmente) com Newton. Há duas questões importantes que essa história toda mostra.

A primeira diz respeito à internalidade do modelo galileano, que, como dito, revolucionou a epistemologia e criou a ciência moderna. Ou seja, a necessidade de um "modelo explicativo" que dê conta de ser a causa primária das coisas. Visto por essa ótica estrita, pouco importa a objetividade do modelo, desde que ele apresente a causa e dê conta de explicar as observações. Assim, a física Tupinambá, e boa parte das físicas ameríndias, calcadas nas forças intencionais (cooptadoras ou transformadoras) de seres vivos agentes, como Lua, Sol, montanha, rio, animais etc., não obstam ao critério de ser um modelo explicativo, como também de descrever observações empíricas, experimentais e periódicas. É uma "explicação" bastante científica. E, para os efeitos práticos que os modelos possam carregar, para aquele povo a vida útil está muito bem ancorada na previsibilidade dos eventos, para caçar, pegar siris, pescar, prever a chuva. Ademais, estava longe de ser óbvio para Newton, se a ele fosse perguntado: "Qual a causa da força?". Ele diria: "A massa". "Mas qual a causa da massa?" Newton nada diria, mas Higgs diria "o bóson", e assim poder-se-ia continuar *ad infinitum*.

A segunda questão importante se relaciona com a primeira. Não se trata somente do modelo explicativo, mas sobretudo da estrutura que contém esse modelo. E não só a estrutura interna, mas o reconhecimento externo sobre a efetividade ou não de determinados modelos perdurarem ao longo da história. Afinal, não foi sobre os Tupinambás ou outros povos originários que você estudou no seu livro didático quando se falou em marés. Foi sobre Newton, e as razões para isso são coloniais. A valorização de uma forma de conhecimento em detrimento de outras produz como resultado a matriz do sistema educacional e da própria realidade. Tudo parece afastado, como se cientistas fossem pessoas especiais, humanos especiais, olhando para objetos separados de si com frieza. Tudo parece girar em um estranho ritual de afastamento, que mais se assemelha a medo ou fetiche.

Fetichismo científico

Não devemos esquecer que, em contexto europeu, as verdades sobre as coisas estavam em plena disputa. E Galileu só edifica a sua obra para ir contra o geocentrismo estático aristotélico referendado pela igreja. Sem esse contexto, tudo se perde, dado que a batalha galileana é uma batalha cosmológica e talvez cosmogônica, não científica. Contudo, como resultado desse processo ainda mais radical de dessubjetificação do mundo enredado pela objetividade fria e afastada das coisas, o papel dos humanos no controle e manipulação da "natureza" aumentava cada vez mais (Mignolo, 2017). E o que pode parecer, sobretudo aos cientistas crentes da segregação de seus trabalhos da sociedade, uma revolução epistemológica encaixa-se também dentro de um engendramento político da modernidade erguida a partir da colonização. Metais, *plantations* de monocultura, expansão de universidades, invenção da imprensa, tomada de Constantinopla, Nicolau Copérnico, Colombo, Galileu são ingredientes de uma sopa que revoluciona o modo através do qual se concebe a realidade e a verdade (Whitehead, 2006). É a especulação da filosofia natural saindo de cena para a entrada da matemática e do empiricismo. Segundo a maior autoridade mundial em Galileu, o filósofo francês Alexandre Koyré, em seus *Estudios galileanos*, é com o italiano que se funda um jeito de fazer conhecimento exigente de "uma linguagem que possibilite essa interrogação bem como de um vocabulário que permita uma interpretação das respostas" (Koyré, 1990). E, hoje, o lá parido ainda é entendido como a ideia de ciência.

> Conhecimento científico é conhecimento provado. As teorias científicas são derivadas de maneira rigorosa da obtenção dos dados da experiência adquiridos por observação e experimento. A ciência é baseada no que podemos ver, ouvir, tocar etc. Opiniões ou preferências pessoais e suposições especulativas não têm lugar na ciência. A ciência é objetiva. O conhecimento científico é conhecimento confiável porque é conhecimento provado objetivamente (Chalmers, 1993, p. 23).

Há nessa definição sérios problemas. Provado? O que prova algo? Sua efetividade? Seu uso? Baseado nas nossas sensações? Não é demasiado "humanista"? Preferências pessoais não cabem? Confiável? Objetivo? Essas questões que coloco aqui, no conforto anacrônico de uma discussão *a posteriori*, também foram postas à época. Não existe mudança de paradigma sem uma fase de contestação e debate. Uma coisa é, na Grécia, defender que humanos são melhores, mais espertos, mais inteligentes ou superiores (na América isso soaria insanidade). Outra coisa é confrontar um sistema religioso cuja vida relaciona-se precisamente a valores e crenças diferentes daqueles que a atacam. Isso quer dizer que não bastará um método, uma lógica, uma forma de investigação, um modo de escrita: para os detratores cuja cosmologia atende à objetificante questão "o que é?", será necessária uma demarcação. Isso aqui é ciência e aquilo outro não é ciência.

Para Chalmers, a ciência compreende "teorias capazes de ser claramente avaliadas em termos do critério universal e que sobrevivem ao teste". Uma pessoa que adote essa postura precisa automaticamente detratar a astrologia (Chalmers, 1993). Ao demarcar a si própria enquanto exclui o restante, a ciência acaba por ser associada à verdade, portanto à virtude e às coisas boas. Ou seja, tal qual o melhor estado é aquele não selvagem, a melhor economia é aquela não feudal e local, o melhor conhecimento é aquele não "mítico", "crente" ou algo que o valha. A ciência antiga ou moderna nasce em oposição à opinião. Mas, mesmo na Europa, onde esse conhecimento emerge, havia outros, não ligados ao cristianismo, mas a conhecimentos práticos, como os de mulheres chamadas de bruxas, que resistiram precisamente ao avanço dogmático da religião e conservaram conhecimentos e práticas muito úteis baseados em outras premissas, como a testagem, o erro e a cooperação entre saberes (Stengers, 2018). Mas prevaleceu a supremacia da humanidade objetiva, ainda que isso seja um oxímoro.

As escolas europeias de pensamento como o iluminismo, o positivismo, o positivismo lógico, só modularam diferentes doses de crença em si próprias (espécie, raça e sociedade) como fiadores da verdade. O estado de "menoridade" a que se refere Kant (2008) no seu *Aufklärung* é a "incapacidade de fazer uso de seu entendimento sem a direção de outro indivíduo". Ou seja, a terceira derivada do isolamento. Primeiro, separa-se o humano da natureza. Segundo, separam-se alguns humanos de outros selvagens e escravos. E, terceiro, separam-se dentro dos humanos não selvagens aqueles que podem ou não "escolher" o estado de menoridade usando a plenitude de seus juízos e racionalidade. A prova disso é o pensamento kantiano guardado em texto escrito para a posteridade, que afirma que "os negros da África não possuem talentos para o pensamento e que a capacidade mental deles é muito diferente da dos brancos [...] Os negros são vaidosos e matraqueadores e deve dispersá-los a pauladas" (Kant, 2018, p. 114).

O positivismo foi mais além, trazendo não só o uso da razão (por aqueles poucos homens de tantos, de uma única espécie de tantas), mas o seu uso em nome de progredir, de ter mais, de avançar o conhecimento e a técnica, de produzir riquezas. O que invariavelmente significa o mal do restante dos humanos mas também do mundo não humano A natureza está lá fora (do corpo) para ser desvendada e explorada. As ciências, tal como os peões em um tabuleiro de xadrez, vão à frente munidas de espírito desbravador. Ao seu lado, financiando pesquisas, ou à sua sombra, seguem as corporações. Os cientistas dirão: eu só estava tentando entender os mecanismos de replicação do DNA na célula, não tenho relação com os alimentos transgênicos e seus impactos ecológicos. Como se todo e qualquer conhecimento não contivesse dentro dele a dimensão da responsabilidade e suas conexões profundas com as coisas existentes.

O positivismo lógico tentou de todas as formas estabelecer um critério de demarcação entre a ciência e a não ciência. Essa demarcação, entretanto, pretendia livrar-se de toda e qualquer forma de metafísica existente no mundo, sobretudo aquelas que pretendiam colocar conceitos como "deus" e "espíritos" no escopo da verdade verificável (Hahn; Neurath; Carnap, 1986). Assim, dizia-se que uma teoria precisava corresponder a uma observação e qualquer sentença científica deveria ser passível de verdade e verificação (Carnap, 2009). Foi uma tentativa de destronar de uma vez por todas as metafísicas e as religiões em nome de um conhecimento analítico e completamente objetivo (Stadler, 2011). Como se pode perceber, não deu certo. Mas outras tentativas de demarcar a ciência seguiram-se, talvez não com o mesmo objetivo de separá-la das outras coisas, mas talvez de compreendê-la, já que, disseminada pelo mundo e com resultados materiais inequívocos, não havia uma unidade muito clara.

O já citado filósofo Karl Popper procurou destacar uma característica comum a todo trabalho ou teoria que se pretendam científicos. *Grosso modo*, se um conjunto de conhecimentos é refutável – ou falseável –, ele é científico. Assim, os modelos explicativos científicos contêm inúmeras hipóteses testáveis que descrevem e explicam algo (Popper, 2013). Por um lado, essa noção evita discussões metafísicas como, por exemplo, tornar científica uma investigação acerca da existência dos espíritos. Por outro, cria um condicionante de refutação que engendra a prática investigativa. Por exemplo, se o único argumento galileano a favor do movimento da Terra fossem as marés, ao demonstrar que as marés estão associadas a outras variáveis, cria-se uma refutação – um falseamento – que obriga a teoria anterior a se rever, ou ser abandonada. Por essa razão, Popper, em fim de vida, apontou o darwinismo como uma teoria não científica, pois não seria falseável. De certo modo, essa visão geral do processo científico de Popper continua sendo bem aceita até hoje.

Essa dimensão de transformação e mudanças das teorias científicas é o foco do físico e filósofo estadunidense Thomas Kuhn, também já citado anteriormente. Toda vez que utilizei a palavra "paradigma", compreendia o conceito do modo kuhniano. No seu livro *A estrutura das revoluções científicas*, Kuhn recobra inúmeros casos históricos de mudanças de teorias e modelos a fim de exemplificar o engendramento das transformações dentro das ciências.

> *O paradigma, então, seria uma forma estabelecida de um dado conhecimento, algo que é amplamente acordado pela comunidade acadêmica e, por conseguinte, pelas instâncias educacionais. Isto é, compõe os manuais que descrevem como é aquele conhecimento.*

"Considero 'paradigmas' as realizações científicas universalmente reconhecidas que, durante algum tempo, fornecem problemas e soluções modelares para uma comunidade de praticantes de uma ciência" (Kuhn, 2006). E, na história das ciências, a todo momento em que um paradigma é trocado, tem-se uma revolução científica. Não sem antes conflitos e re-testagens, para que a teoria antiga seja efetivamente substituída por uma outra mais atual.

Dessa maneira, explicando-me, quando me refiro em capítulos anteriores aos termos *paradigma ontológico*, *paradigma da imersão* e *paradigma do acercamento*, não estou precisamente me referindo a teorias científicas, mas a formas universalmente reconhecidas de enxergar a realidade. Ou seja, formas comumente não questionadas – algo que estou me propondo a fazer. Contudo, a derivação mais importante do trabalho de Kuhn é o fato de não existir historicamente, em todos os casos levantados, um critério ou método por meio do qual essas revoluções acontecem. Pode ser aleatório, pode ser político, pode ser econômico, pode ser por meio de evidências. Assim, finalmente, depois de mais de quatro séculos de ciência moderna, pode-se pensar a ciência ocidental como uma obra de seres humanos sujeita às suas intempéries, aos seus interesses e às suas inconstâncias. O sonho da objetividade – ou o paradigma do conhecimento objetivo – começa a ser rompido dentro da própria ciência.

Paul Feyerabend viria a esticar ainda mais a corda da crítica à ciência quanto ao paradigma da objetividade. Pelo título de seus livros – *Contra o método*, depois reformulado e aprimorado em outro, *Adeus à razão* –, já se pode perceber o tom dos seus conteúdos. Apresentando inúmeros casos e relatos de teorias científicas, Feyerabend demonstra nunca ter havido algo próximo de um método científico. Pessoas e grupos seguiram caminhos diferentes, por meio de métodos muito diversos, sem uma unidade que se possa argumentar como prática científica. O que existe é um "pluralismo metodológico" sem consistência interna alguma. Pode ser movido por interesses pessoais, vaidades (o que é muito comum), dinheiro ou – pasmem – subjetividades. Ou seja, mais uma vez reforça-se aquilo sempre sabido, mas paradoxalmente negado: o conhecimento humano é feito por humanos. Para Feyerabend, negar essa característica é muito nocivo para a ciência. Ele mostra que, ao longo da história, diversos tipos de outros conhecimentos atravessaram as proposições científicas, e que isso é rico. Não existe, para ele, nenhuma ideia ou conhecimento de outro lugar, por mais antigo e absurdo, que não seja capaz de aperfeiçoar nosso conhecimento. Em suas palavras:

> R1: Todos podem lucrar com o intercâmbio cultural.
> R2: A ciência deve ser tratada como uma tradição, dentre muitas, não como padrão para avaliar aquilo que é aceito, aquilo que não é, aquilo que pode e que não pode ser aceito.

R3: As sociedades democráticas devem dar direitos iguais a todas as tradições. (não apenas oportunidades) (Feyerabend, 2010, p. 22).

Feyerabend ficaria conhecido como "anarquista epistemológico". Um termo curioso vindo dos defensores da objetividade científica, pois toma o anarquismo como pejorativo, dizendo mais sobre quem emite a sentença do que a quem ela se dirige. Não apenas pelas suas proposições, mas também pelo seu modo ácido de escrever. Por sua vez, Feyerabend, ao colocar a ciência como uma entre tantas formas de pensar, ao tirá-la do pedestal, embora tenha provocado muitas reações, não está preocupado com o que os especialistas pensam, e sim no impacto da ciência na sociedade. O mais importante em uma democracia, para Fayerabend, é a experiência dos cidadãos com todas as suas subjetividades e não o que pequenos grupos de intelectuais declaram ser real. E prossegue criticando os especialistas. Caso um especialista não goste das ideias das pessoas comuns, o que precisa fazer é conversar com elas e tentar persuadi-las a pensar de maneira diferente, e, "ao fazê-lo, ele não deve se esquecer de que ele é um pedinte e não um 'professor' tentando socar algumas verdades na cabeça de alunos de castigo" (Feyerabend, 2010, p. 357).

É possível perceber que a lógica que germinou a história da filosofia e da ciência é uma lógica de separação, de afastamento, de demarcação entre o modelo e o não modelo. Assim, veja até onde chegamos enquanto "civilização ocidental": nos separamos do globo e das teias de vida; nos separamos da natureza, dos animais e da nossa animalidade; nos separamos entre humanos, inventando a raça; nos separamos entre práticas, nos separando dentro de caixas disciplinares e paredes de escola. E agora, do alto do império do individualismo, miramos para a ruína do mundo e pensamos ainda termos verdades e conhecimentos universais a dizer aos outros. É esse o fetichismo científico de se-ver-de-fora com pretensa objetividade, como se fora houvesse. Autossegregados, alguns cientistas são *voyeurs* travestidos de uma moralidade pretensamente virtuosa e isenta, que lhes permite fazer toda sorte de testes com criaturas em nome do bem-estar de alguns poucos humanos ricos que terão acesso às tecnologias desenvolvidas. O conselho de ética de uma agência de fomento nunca olhará para o rato e pensará "ele é como eu", se fosse comigo, eu autorizaria tais moléstias? Um fato único e simples permanece intacto: é tudo para – e desde – os humanos. O fetichismo científico é também essa capacidade de se retirar completamente da responsabilidade enquanto ser cosmológico e social. Tudo isso com o pretexto da objetividade, lançando toda sorte de controle e manipulação sobre as coisas, como se elas pudessem dizer algo muito significativo sob tortura. O rato e as bactérias têm suas ciências, e não é isolando-os do mundo, tampouco mutilando seus corpos, que esta ciência será acessada.

Quanto mais especializado se torna o conhecimento, mais isolado fica e maior é a necessidade de se introduzirem critérios de demarcação. Na república das ciências, reza uma etiqueta tácita e severa, como aponta Emanuele Coccia, uma regra que impõe apenas uma disciplina exclusiva para cada objeto de conhecimento ou investigação, na qual é limitado o número de questões que podem ou não ser investigadas. Esse modelo de ultraespecificação serve, ao menos, para fazer de alguém especialista em alguma coisa. Conhecer, hoje, para a imensa maioria das pessoas do globo, é pertencer a uma corporação regrada por cronogramas, verbas, calendários, programas de pesquisa e interesses particulares. "A relação entre os diferentes objetos de conhecimento é assim definida a partir da relação jurídica e social entre as diferentes corporações de estudiosos." (Coccia, 2018, p. 113). É o saber corporativo atomizado buscando em última instância demarcar a si próprio, utilizando para isso um critério muito mais moral e social do que outra coisa. Coccia sintetiza-o lucidamente:

> Aquilo a que se chama especialismo compreende um trabalho sobre si, uma educação cognitiva e sentimental oculta ou, no mais das vezes, esquecida e recalcada. Essa ascese cognitiva não tem nada de natural; pelo contrário, é o resultado instável e incerto de longos e penosos esforços. O fruto envenenado de um exercício espiritual praticado sobre si mesmo, de uma prolongada castração da própria curiosidade. O especialismo não define um excesso de saber, mas uma renúncia consciente e voluntária ao saber dos "outros" (Coccia, 2018, p. 111, grifos do autor).

Tenho me esforçado neste livro em romper com as barreiras e limites das corporações especialistas. Passei por diferentes temas e certamente poderei ser acusado de superficialidade por especialistas. Mas nunca foi minha intenção mergulhar nos meandros profundos de uma especialidade. Essa ciência não é a única ciência e nem deveria pretender sê-la. Uma ciência castradora só poderá produzir renúncias às curiosidades, às investigações livres de tempo, de verba, de agências de fomento, de RG, CPF e CNPJ. As ciências indígenas estão na outra ponta – ainda –, mostrando-nos que os conhecimentos e as ciências dos seres são impossíveis de serem sintetizados em um método. É sobre essas ciências que falaremos a seguir, com a mão estendida para a desconstrução epistemológica.

Imagine um paper científico Kaiowá

"Meu nome é Izaque João, sou da etnia Kaiowá e vivo na região de grande Dourados... vou narrar minha trajetória de pesquisador. Com a idade de dez anos a gente ia muito na roça, com o pai, com a mãe, trabalhávamos juntos, fazíamos uma atividade de cultivo de várias espécies de plantas. O pai sempre falava que nós temos que cuidar bem dessas plantas, falava que para cultivar determinadas plantas é preciso olhar a fase da Lua, é preciso olhar a direção do vento, é preciso ficar atento ao canto dos pássaros. Mas nunca explicava por que... Meu avô me explicava que as plantas ouvem a nossa voz. Essa curiosidade persistiu na minha cabeça... Como pesquisador acadêmico, comecei a fazer isso. O aprofundamento, e dialogava frequentemente com as pessoas mais experientes que tinham esse conhecimento sobre as plantas... aprendi muito sobre as plantas e essas informações são muito complexas de se entender... A divindade Jakaira foi quem criou as plantas e deu uma regra específica para cada uma delas. E, ao criar essas plantas, também criou um diálogo especificamente para cada uma delas. Esse diálogo é um canto, um canto específico para cada planta... Sempre busco as informações principalmente com os rezadores, sou Kaiowá, procuro fazer as coisas conforme minha etnia determina... Eles sempre falam que é claro que, a partir do momento em que a gente planta de qualquer jeito e a planta não ouve mais a nossa voz, que é o canto, isso acarreta vários tipos de doenças se eu for consumir essa planta... Tem planta que precisa passar por uma ritualização e não são todas que conseguem fazer isso. Às vezes leva 30, 40 anos para aprender se a pessoa se dedicar muito, conhecer todas as regras e em que momento cantar o canto. Acredito que, se continuar deste jeito, em 2030 ou 2040, se não tiver mais pessoas para fazer, esse ritual vai desaparecer... Tem um rezador muito experiente que fala que o milho Jakira, se é plantado de qualquer maneira,

produz muita praga e coloca em risco a organização social daquele grupo ou das famílias.

Também quero mostrar aqui uma senhora com quem tive a oportunidade de diálogo... ela já é falecida e era uma das últimas que sabia fazer um canto específico para ytymbyry... Eu me lembro que, dois meses antes da sua morte, quando fui na casa dela, ela estava lá na sua roça. Com uma idade de aproximadamente noventa anos, ela não conseguia mais fazer força para limpar sua roça, mas levava um banquinho e sentava lá e, onde sua mão alcançava, retirava os matos do meio da sua batata. Quando eu chegava lá, ela me chamava para que eu levasse água para ela, mas dizia que eu não podia ajudar. Mas por que eu não posso te ajudar? "Não, deixa que eu faço esse trabalho, mas traz a água pra mim que eu bebo." Isso significa que, quando uma pessoa cuida da sua roça, é ela quem entende perfeitamente das suas plantas. Como é que elas estão dialogando com suas plantas? Eu fiz várias perguntas a respeito das plantas que ela havia plantado naquela roça, e aí ela falou pra mim "Esse daqui eu plantei tal período e já passaram vários dias, mas ainda não cresceu, eu acho que ele está anunciando minha morte" E assim ela foi contando de várias das suas plantas... Porque, no nosso sistema kaiowá, não é só apenas ser um pesquisador; se eu adquirir esses conhecimentos, não posso ficar com eles só para mim, tenho que repassar para o outro, tenho que repassar para várias pessoas esses conhecimentos. Eu não posso somente ficar comigo esses conhecimentos. Então todas as informações que ela passou para mim, repasso para as outras pessoas. E assim, nós convivemos lá na comunidade."[52]

Ciências indígenas

A antropóloga Marcela Coelho de Souza, convivendo com os Kïsêdjê, narra uma história de uma investigação científica indígena muito intrigante. Dois xamãs conversavam sobre um padrão diferente na superfície da água do rio. Xamãs são figuras reconhecidas de vastíssimos conhecimento e trânsito entre mundos de outros seres, o que lhes permite conhecer as ciências desses outros seres e conversar com eles. Para

52 Kaiowá, I. J. As plantas ouvem a nossa voz: cantos e cuidados rituais Kaiowá. In: Oliveira, J. C. de *et al.* (org.). *Vozes vegetais*: diversidade, resistências e histórias da floresta. São Paulo: Ubu, 2020. v. 1, p. 301-312.

se intrigarem com um padrão diferente na superfície da água é porque, em diferentes e muitos momentos da vida, aprendem a reconhecer cada nuance do padrão da água. No caso dos dois xamãs, restava para ambos saber o que aquilo (e quem) queria dizer. No exercício de investigação, eles foram recobrando mitos, histórias, por vezes muito antigas e esquecidas. Uma espécie de acesso ao acervo sobre o problema. Depois discutiram muito sobre o humor do rio e as inúmeras variáveis que podem afetá-lo. Ao fim, ninguém chega à conclusão nenhuma, porque a conclusão nunca foi um expediente buscado, embora, desse exercício, provavelmente ambos tenham saído com mais conhecimentos, mais informações sobre os rios e quem sabe, o mais importante talvez, mais amigos. A autora que foi testemunha do processo analisou: nessa investigação científica, importava mais uma relação transacional do que uma busca por um conhecimento sobre a água (Souza, 2014).

Em um outro caso muito intrigante, Eduardo Kohn, antropólogo da Universidade McGill, convivendo com os Runa, da Amazônia equatoriana, presenciou uma investigação em curso (Kohn, 2016). Numa manhã, os três cães da família que hospedava Eduardo desapareceram. Ao procurarem, depararam-se com os corpos dos três separados por pouco espaço e com marcas de jaguar. Uma onça os havia matado. De imediato, a dona dos cães, senhora da casa, intrigou-se por qual razão os cães não haviam pressentido a própria morte. Ela estava ao lado deles na noite anterior, ao pé da fogueira, e eles não sonharam. Só dormiram. "Cães, eu aprendi", disse ela, "sonham e, observando-os enquanto sonham, as pessoas conseguem compreender o que seus sonhos significam". Dependendo dos latidos e barulhos ao sonharem, é possível perceber se estão sonhando com o perigo. Quando sonham que são atacados por felinos fazem um grito muito característico. E, certamente, se o fizessem, os cães seriam postos para dentro de casa naquela madrugada para não entrarem na mata, e então talvez estivessem vivos. Naquela noite, os cães apenas dormiram e não sonharam. Eduardo comenta na introdução de seu artigo:

> Perceber que o sistema de interpretação dos sonhos dos cães utilizado pelas pessoas tinha falhado provocou uma crise epistemológica de vários tipos. As mulheres começaram a questionar se poderiam,

> de fato, compreender alguma coisa. América, visivelmente frustrada, perguntou, "então, como podemos saber?". Todos riram ligeiramente desconfortáveis enquanto Luisa refletiu: "como isso é compreensível? Agora, mesmo que as pessoas faleçam, nós não seremos capazes de saber". América simplesmente concluiu: "isso não era para ser compreendido" (Kohn, 2016, p. 2).

Não cometerei a indelicadeza de contar o desfecho do grande esforço investigativo, e, claro, o trabalho de Kohn. A resolução do problema não implicava ter saciada uma curiosidade sobre o que ocorrera de fato aos cães, ou encontrar algum vestígio canino-forense. A resolução do problema dos sonhos dos cães se colocava como um problema epistemológico, porque, em última instância, era o risco da vida que estava posto, tanto aos cães quanto aos Runa.

Para um professor de Física como eu, interessado em "natureza da ciência", as seções anteriores sobre a história e filosofia das ciências podem confortar ou fazer sentido em sua leitura. Muito superficialmente, traçam um panorama sobre alguns aspectos centrais das ciências ocidentais quanto aos seus modos de investigação, sua estrutura interna e a prática de seus partícipes. Contudo, quando conversamos, ouvimos e lemos povos indígenas falando sobre as suas ciências e as ciências ocidentais, o destaque é outro. Com o perdão da simplificação, tanto faz uma discussão sobre objetividade ou não dentro do método investigativo. A ciência ocidental vista pela ótica indígena é uma ciência de morte. "A ciência inteira vive subjugada por essa coisa que é a técnica", provoca Ailton Krenak (2019, p. 31), mostrando que tudo pode virar mercadoria no mundo branco. E mesmo a técnica, é ela em si, sempre fruto de uma inteligência não humana, mas que pouca gente reconhece. Diz Krenak (2022):

> O verdadeiro conhecimento, a ciência, ela é também compartilhada por seres não humanos. A abelha, a aranha, a formiga. Quem ensinou para nós os humanos a tecer? Para os nossos antepassados quem ensinou à nossa ancestral primeira, a arte de tecer uma rede foi a aranha. A abelha ensinou para nós; os peixes ensinaram para nós; os pássaros ensinaram para nós. E então, se a gente fosse fazer

> uma descrição do longo caminho para tudo que nós temos hoje como aporte, aparato, artefato e tudo que poderia ser chamado de objetos técnicos, foram doados para gente por outros seres não humanos. Tudo que a gente tem, foram os não humanos que compartilharam experiências e conhecimento com a gente. Não é à toa que os designs mais inteligentes da contemporaneidade buscam na natureza o insight para o desenvolvimento de uma ferramenta. A natureza informa a matriz de todo o design do que usamos. Não há nada que a agente tenha inventado que a natureza já não tenha inventado antes. Então seria muito bom que o que sobre de humanidade aprendesse a ouvir a voz da Terra.

Uma parte do povo Maia, no México, em seus territórios autônomos geridos pelo Exército Zapatista de Libertação Nacional (EZLN), é mais enfática em afirmar que a ciência é um braço motor do sistema capitalista, portanto, corresponsável pelas suas mazelas. Sendo o capitalismo representado como a Hidra, monstro mítico com várias cabeças, que se regeneram ao serem cortadas, a ciência é uma das cabeças. María Elena Alvarez-Buylla Roces, ecóloga mexicana, desvela um problema sensível da engenharia genética que é a colonização molecular das coisas, um nível de controle e interferência no mundo alcançando a íntima estrutura da matéria. A ciência ocidental, pela ótica maia na voz de Roces, "não é ciência pois não é o conhecimento que ela busca, mas sim o lucro, a avareza, a ânsia de acumular ou reproduzir capital. É uma ciência doente, captada pela Hidra e abandona seu objetivo principal: o impulso curioso e mágico por compreender a profundidade do que estuda" (Roces, 2016). E complementa o que Ailton Krenak (2022, p. 64) diz sobre esse desvio que a ciência faz sobre a sua própria finalidade.

> Há muito tempo não existe alguém que pense com a liberdade do que aprendemos a chamar de cientista. Acabaram os cientistas. Toda pessoa que seja capaz de trazer uma inovação nos processos que conhecemos é capturada pela máquina de fazer coisas, da mercadoria. Antes de essa pessoa contribuir, em qualquer sentido, para abrir uma janela de respiro a essa nossa ansiedade de perder o seio da mãe, vem logo um aparato artificial para dar mais um tempo de canseira na gente.

Os filósofos franceses Gilles Deleuze e Félix Guattari nomeiam essa ciência – há muito denunciada pelos povos indígenas – como uma "ciência de Estado". Isto é, uma ciência que foi apropriada por interesses e pela lógica do mercado ou do Estado. Existem investigações científicas no mundo real que podem durar gerações. Para uma ciência de Estado, isso não é possível. Ela está atrelada a nomes, números, lugares, CPF, CNPJ, grupos de pesquisa, leis, todas formas pelas quais se manifestam o Estado a ciência faz valer para si, limitando-se sobremaneira. Nas palavras do pensador quéchua Líbio Palechor, da Universidade Autônoma Indígena de Bogotá, a "ciência ocidental é mercadoria, propriedade, setorizada, fragmentada, particular, manipulada por interesses diversos financeiros e estatais, é, portanto, nociva" (Arévalo, 2010). A percepção indígena das ciências ocidentais mostra nitidamente que compreender as coisas como partes separadas não fornece muita coisa. "O pensamento ocidental constrói sua ciência através de teorias e modelos. Disseca a realidade, fragmenta-a e a reconstrói representando-a através de suas partes." (Romanelli, 1998, p. 87). E, como se não bastasse, como vimos, a ciência de Estado impõe sobre outros conhecimentos a pecha de menores ou inferiores. Tal qual a colonização das terras, das pessoas, das plantas, a uniformização de regimes, a ciência de Estado é a face colonizadora do conhecimento científico, que é muito mais amplo.

As ciências indígenas são pensadas – ou melhor, praticadas – como sistemas integrados, sempre guiados pelo conhecimento de interesse coletivo, considerando os limites das coisas existentes (Roces, 2016). "Todos da sociedade são investigadores, produzem, validam e mantêm o conhecimento. O benefício do conhecimento é coletivo e o conhecimento é inalienável, integral e busca sempre manter a qualidade de vida." (Arévalo, 2010). Repleta de indagações, de ações investigativas, de observações contínuas e às vezes prolongadas, que criam sistemas explicativos, previsões e sobretudo antevisões de acontecimentos a partir das íntimas relações com os seres em sua complexidade real, tal qual elas se dão no mundo, sem isolar algum ser – o que obviamente altera o próprio ser (Roces, 2016). Mas é também a partir das ciências diretas que plantas poderosas incorporadas ensinam de dentro ou as antevisões dos sonhos, laboratório inequívoco de mistura de possibilidades e testagem de reações. Dirão os Xakriabá, do centro de Minas Gerais, pela boca de seu velho pajé, que a ciência é, sobretudo, cautela de saber fazer alguma coisa.[53] Há sempre um sentido de cautela e de benefício para todas as espécies, dimensão diplomática a que nos referíamos outrora.

A lógica que subjaz a toda a ciência é uma lógica das relações entre seres dotados todos de personalidade. Se me é permitido reduzir em linguagem filosófica, a pergunta inquietante das investigações indígenas não seria "o que é?", como a ciência ocidental tem hábito de fazer, mas uma indagação epistemológica sobre "quem fez" acontecer e "por quê". Uma ciência das relações nunca enxerga algo separado de seu conjunto. "Quando estão as três estrelas juntas [Três Marias] e uma sai, é porque está perto de chover. Quando desaparecem todas é porque vai começar o frio", exemplifica o velho Xakriabá (Cavalcante, 2013, p. 96). E, em todas as instâncias dessas ciências ameríndias, há um profundo conhecimento de observações, constituindo um número muito grande de termos, acontecimentos, processos, nomes e princípios. Para os Kiriri, do oeste baiano, a ciência se pauta pelo sensível das relações entre as coisas, como nas danças, conversas e conhecimentos que os seres fazem uns com os outros (Côrtes, 1997). A ciência não separa prática de ideias, conhecimento de vida, educação e sobrevivência, tampouco disciplinas. Os Ashaninka, quando querem dizer que um conhecimento – ou algo apresentado, uma explicação ou coisa do tipo – é muito ruim, simplesmente dizem "Isso é pura teoria" (Narby, 2018). A ciência é epistemologia, política, arte, dança, mito, caça, pedagogia e tudo que, separado, parece fazer sentido em si, mas só faz sentido em socialidade. Para os Huni Kuin, "um conhecimento é algo estreitamente vinculado ao convívio que se mantém com ele, já que é nesse espaço-tempo de observação, de imitação e de prática que o aprendizado se dá" (Weber, 2006). As indagações sobre o que – e quem, sobretudo – está em volta é ciência. Mobilizam e criam conhecimentos, novas formas de plantas e tecnologias capazes de manter grande população sem agredir a existência das coisas viventes (Roces, 2016).

---

53 Xakriabá (Povo). *Plantar para colher, colher para plantar.* Belo Horizonte: Faculdade de Letras da UFMG, 2013b.

Ciência é todo conhecimento construído pelo povo indígena, ao longo de gerações e de séculos, acerca do seu meio, da fauna, da flora, do clima etc. Aparentemente não há nada de errado com essa afirmação. Mas apenas aparentemente. Se elas estão sendo mobilizadas em um discurso que defende a existência de conhecimentos próprios dos povos indígenas, que devem ser respeitados da mesma forma que respeitamos os conhecimentos que, na nossa sociedade chamamos de científicos, estão muito corretas. Mas se elas estão sendo postuladas – como frequentemente são – como indicadoras de conteúdo a serem ministrados nas diversas disciplinas de uma escola indígena, então elas são equivocadas, pois não é necessário escola para os povos transmitirem seus conhecimentos (D'Angelis, 2012, p. 68).

E, ao contrário do que diz o discurso vigente segundo o qual a invenção da escrita separa a Pré-História da História – os primitivos dos civilizados (antinomia racista) –, os saberes indígenas sobrevivem pelas palavras vivas das pessoas mais velhas. "Quando se escreve, desaparece da palavra o seu elemento vital." (Munduruku, 2014, p. 72). Palavras de verdade são as que têm bafo, o hálito fluxo do mundo que vem das plantas. Palavras escritas são chamadas por Davi Kopenawa Yanomami de "desenhos em peles de papel", são vãs e paralisam o pensamento dos brancos, obscurecem e esfumaçam o caminho da mente. Essas imagens fazem muitas pessoas ficarem contemplando admiradas sem notarem que perdem o rumo e enchem-se de esquecimento. "Nossos antepassados não possuíam peles de imagens e nelas não inscreveram leis. Suas únicas palavras eram as que pronunciavam suas bocas e eles não as desenhavam, de modo que elas jamais se distanciavam deles. Por isso os brancos as desconhecem desde sempre". (Kopenawa; Albert, 2015, p. 75).

Em resumo, a ciência indígena, a ciência anterior à cooptação do Estado e do mercado, é quase o oposto do que essas instituições preconizaram. No lugar da ultraespecificação, dos especialistas, das corporações acadêmicas, do isolamento de variáveis, dos "objetos de conhecimento", um conhecimento integrado, vivo, de alta complexidade dentro dos contextos reais de relações, de longo tempo, de vida e com sujeitos de conhecimento. As investigações se voltam a problemas relacionados à qualidade de vida, à curiosidade, em processos nos quais são consultados como autoridades máximas as pessoas mais velhas, que trazem a ancestralidade dos conhecimentos consigo, mas também são implementadas e testadas receitas e procedimentos a fim de resolver problemas. Por essas razões, essas ciências estão sempre mudando diante de novos acontecimentos, intervenções e conhecimentos vindos de outras ciências – seja ocidental, das plantas, seja de outros seres não humanos. Mesmo mudando, essa ciência continua capaz de realizar previsões e elaborar explicações sobre as coisas. E essas explicações são reconhecidas e compartilhadas por todos da comunidade, e, mesmo que nem todos saibam realizar determinados procedimentos, conhecem a sua importância e a maneira correta de lidar com eles.

Izaque João Kaiowá, que escreveu o *paper* científico que abriu a seção, é pós-graduado na Universidade Federal do Mato Grosso do Sul. Apesar de seu vínculo com a ciência acadêmica (de Estado), ele realizou uma pesquisa de acordo com a ciência do seu povo. E nota-se que, apesar de ele ser Kaiowá, muito diferente de ser Kiriri, Huni-Kuin, Xakriabá, Maia, Krenak ou Ashaninka, o seu artigo completo mostra muitos dos elementos dessa ciência: as pessoas mais velhas, o compartilhamento de conhecimentos com as plantas, as perguntas, a curiosidade, as relações. Se existe algum tipo de autoridade científica em uma aldeia, esse alguém é a figura do ou da pajé ou xamã. Mas a autoridade não reside no conteúdo do conhecimento especializado, como ocorre com as autoridades modernas. Trata-se de uma autoridade ancorada na capacidade sensível de transitar por mundos e acessar conhecimentos de outros seres, dialogar com eles, aprender e então ensinar aos outros. No lugar de uma autoridade restritiva, uma autoridade transitiva.

Em busca de uma união de ciências

Quando voltamos a comparar as ciências de Estado com as ciências indígenas – as ciências dos não humanos –, temos claro o apreço estético da ciência ocidental ao sintético, simples, um universal idealizado e válido para o maior número de casos possíveis. Quanto mais há disso em uma lei ou um princípio científico, melhor será. Aliás, palavras como leis, princípios, teorias e postulados que são tão preciosas para a ciência, são todas emprestadas dos jargões jurídicos anteriores à ciência moderna. O que mostra a íntima relação da ciência moderna com o Estado moderno (Gonçalves, 2018).

Por outro lado, o conhecimento indígena é calcado na relação. Não se espera muito explicar as coisas, mas conviver e viver com elas. Embora existam explicações, o valor estético é o da multiplicidade de relações.

Sobre as ciências, é preciso considerar, em síntese:

1. A ciência sempre existiu entre os povos indígenas. Sua investigação é coletiva e a finalidade dela é a qualidade de vida da sociedade em constante relação com todos os seres do cosmo.

2. As ciências dos não humanos nem sempre são disponíveis, mas, o convívio, as interrelações, a incorporação e a observação de longo prazo nestes coletivos podem ajudar a acessar e aprender estes conhecimentos, desde que os outros assim o queiram.

3. O surgimento da modernidade na colonização criou uma "ciência de Estado" diferente das ciências que havia pelo globo. É essa ciência que aparece nos livros didáticos e nas escolas, embora não exista uma lógica subjacente poderosa em comum à sua prática.

4. A ciência sempre foi parte de um modo de vida, modifica e é modificada por esse modo de vida, que é estético, ético, espiritual e ontológico.

Do ponto de vista interno às suas práticas, a objetividade deve continuar sendo buscada? Os programas de pesquisa incentivarão pesquisas interdisciplinares? As provas e demonstrações só aceitarão evidências experimentais controladas? A ciência abrirá suas portas para rever-se enquanto atividade social? Do ponto de vista externo: os(as) cientistas farão alguma coisa para modificar as formas pelas quais se realiza pesquisa? Estarão com disposição para aceitar que sua prática é demasiadamente limitada e tem pouco de universal? Entender-se-ão corresponsáveis quando o fruto do seu trabalho é implantado em nome da desigualdade? Farão pesquisas para além da universidade, das agências de fomento e/ou empresas? E as revistas acadêmicas, alterarão suas linhas editoriais para aceitar artigos cuja base não seja a episteme do objeto?

Realizo essas perguntas apenas contando com aquilo que as corporações de cientistas podem decidir. Não menciono medidas políticas de governos ou gigantescos aportes financeiros dados por multimilionários ególatras e antropogólatras para colonizar Marte, mas apenas aquilo que a ciência ocidental e seus membros podem fazer. Acaso estariam dispostos a fazê-lo? E se o fizessem? O que mudaria? Com quais atores, conhecimentos ou referências dialogariam para modificar aspectos de suas práticas? Com quais estariam dispostos a dialogar? Que tipo de ator seria considerado ilegítimo para criticar as ciências? Terraplanistas seriam considerados interlocutores?

Cientistas não podem escolher quem é ou não qualificado para uma discussão. Não podem porque não têm condições de fazer isso. Os pensadores latino-americanos do pensamento decolonial dirão que à ciência é necessário descolonizar-se. Ou seja, retirar de suas práticas os traços de colonização do pensamento e colocá-la em contato com outras práticas (Sztutman, 2018). Práticas essas que nunca deixaram de ser científicas, dirá Bruno Latour. Cabendo a essa ciência de Estado reencontrar suas vocações primárias, mergulhando em seu verdadeiro meio, qual seja, o da paixão e da curiosidade, e deixando de dissimular tolamente, como se a dissimulação fosse o seu dever (Latour, 2016). Entregar-se às relações de igual para igual com a curiosidade e respeito que essa ação requer é uma premissa de viver. Foram as bactérias que criaram Pasteur, e não o contrário. A fermentação fez o cientista, e não ele quem a descobriu (Latour, 2016). E, para o movimento zapatista, a melhor saída para descolonizar o pensamento está naqueles que resistiram por séculos em terem seu pensamento colonizado: os povos originários, suas práticas, suas ciências e seu modo de vida contra o Estado (Holloway, 2015).

No bojo dessa discussão, parece claro que as tentativas de descolonizar ou mergulhar as ciências passam por discussões, disposições e mudanças muito além do comumente pensado, abrangendo os órgãos decisórios, os programas de pesquisa, a política de financiamento e a disponibilidade das verbas. No seio de cada comunidade ou corpo editorial ou grupos universitários de pesquisa, pessoas podem provocar a intrusão paradigmática por dentro. E, de um modo muito mais amplo, se as pautas pelas quais os movimentos indígenas vêm lutando há séculos, escritas ou não em texto de lei, fossem atendidas, um horizonte mais plural para as ciências poderia ser vislumbrado. Minha preocupação enquanto professor é precisamente ensinar e refletir sobre as ciências para além das ciências de Estado curricular. Para tal, proponho apenas a ampliação da ideia de ciência. Abaixo, minha sugestão:

A **ciência** investiga problemas relacionados à qualidade de vida coletiva, implementando e testando receitas e procedimentos a fim de resolvê-los. Por isso mesmo, a ciência está sempre mudando, conforme os mundos e suas relações mudam e novos problemas se lhe apresentam. A ciência é capaz de prever acontecimentos e elaborar explicações/modelos acerca de um ou mais conhecimentos. A ciência é reconhecida, compartilhada e validada por todos da comunidade que são, inexoravelmente, afetados por ela. Desse modo, a ciência é um meio e não um fim. Um meio de, exercendo a diplomacia da multinatureza das relações no coletivo, criar soluções para a qualidade de vida de todos os seres não humanos, humanos, visíveis e invisíveis.

Não se trata de uma definição *stricto sensu*, atendente à pergunta *"o que é a ciência?"*, mas uma tentativa de unificação. Um chamamento à consideração das ciências não ocidentais e não humanas dentro das suas ontologias, que por outro lado não dispensa a paixão curiosa, os problemas, o não dogmatismo, a experiência, a previsão, as explicações e o papel social sem nenhum apego ao objetivismo. Mas, acima de tudo, algo que as ciências de Estado continuamente ignoram: um imperativo ético de manutenção da vida e da existência. Um corolário cosmo-epistêmico-político por constatação óbvia e imanente. O fim acelerado de muitas formas de existência com a conivência e coparticipação de um tipo de ciência. Há alguma pretensão universal nessa tentativa? Talvez um espraiamento pelos poros do mundo e de seus participantes. Pelo coletivo global. Qualquer forma de compreender o mundo deve assumir (implícita ou explicitamente) quais são as condições de existência das coisas, seus relacionamentos de dependência etc. "Este tipo de inventário de seres e seus relacionamentos é uma ontologia" (Blaser, 2013).

As ciências de hoje precisam assumir a finalidade da manutenção irrestrita da existência viva das coisas todas, incluídas as montanhas, os rios e as nuvens. A Ciência morre um pouco sempre que algo se extingue. Perdem-se interlocutores e professores. Mesmo pela ótica objetivista das ciências de Estado ocidentais, a extinção de um objeto de estudo torna o seu estudo imediatamente arqueológico. Com a extinção dos seres, perde-se o fio da existência e o número de partícipes do Universo, enquanto ele admite partícipes. Assim, a Ciência é também uma questão de justiça cosmológica e cosmopolítica, portanto, social.

Resta-nos uma questão. Se sabemos os caminhos pelos quais a ciência se ergueu, se não temos dúvida de que a ciência moderna tem altíssima capacidade de manipulação da natureza – de bombas atômicas ao mapeamento genômico –, se também temos certeza de que a existência de muitos seres está desaparecendo, então devemos aceitar que os métodos, produtos e interesses da investigação científica e seus financiadores estão dados ou devemos trazer de volta à ciência práticas e conhecimentos de outros seres e povos? Talvez essa seja a grande motivação deste livro. A de reconectar a investigação científica com práticas de conhecimentos muito mais antigas, poderosas e com as ciências produzidas por não humanos. E – caso ainda reste dúvidas –, acima de tudo, em nenhuma hipótese aceitar que a ciência é uma atividade humana voltada para o progresso da humanidade. As ideias de progresso e humanidade foram precisamente os caminhos pelos quais povos, espécies, montanhas sagradas e rios desapareceram do mapa da existência.

Assim, ainda que possam parecer pretensiosas ou remotas para as ciências de hoje, as perguntas aqui colocadas deveriam permanecer latentes às pessoas das corporações científicas. São questões inócuas perto da autorregulação das comunidades acadêmicas, também às voltas com problemas de financiamento e desconfiança em muitos Estados-nação. Contudo, as pessoas que realizarão Ciência no futuro estão hoje, ou ainda não chegaram, ao processo de formação educacional a lhes despertar interesse, curiosidade e incutir uma visão de ciência. É essa visão, nesses processos educacionais, que precisa abarcar todas as ciências, seus lugares e seus povos. Uma Ciência menos arrogante, menos afeita a criar distinções, que refaça conexões e recobre a curiosidade aberta da investigação. É sobre isso que versará a última parte deste livro. Uma viagem que começou no futuro, chega agora à instituição atual mais presa ao passado remoto: a escola. Quem sabe, no final desta jornada, não a reconectemos com o futuro.

PARTE 5

ENSINAMENTOS

O PRETÉRITO DO FUTURO

[EDUCAR]

Dociência

Imagine uma sala de aula. Se você pensou em uma lousa com carteiras e paredes, vale lembrar que todo lugar pode ser sala de aula. Uma sala de aula como espaço de curiosidade, compartilhamento, produção, investigação e discussão de conhecimentos, seja lá de onde venham os conhecimentos, de humanos ou outros seres, investigados de diferentes maneiras. Agora imagine nesse lugar a pessoa que foi incumbida pela sociedade em que ela vive para criar esse espaço não físico de conhecimentos. E que ela, por óbvio, quis ser escolhida, quis estar ali e ama aquilo que faz. Imagine apenas dez pessoas no papel de aprendizes dessa sala de aula. Vista os olhos de quem está no papel oficial de "quem ensina", ainda que seja nesse formato dentro de paredes e com lousa, tanto faz. Vestiu os olhos? Viu-se? Agora você está diante de dez pessoas. Você conhece a história de cada uma delas. Você sabe onde moram, conhece pais, responsáveis, sabe das casas, das dificuldades, dos eventuais abusos e traumas. Sabe se existem problemas de subnutrição, quem está ali só para comer, quem sequer alfabetizado adequadamente é. Você sabe quem gosta de música e qual gênero; você sabe dos esportes e hobbies daquelas pessoas; você presenciou já grandes histórias, desde campeonatos, conquistas, situações que encheram umas de orgulho e outras de frustração. Nas relações entre essas crianças, você sabe quem gosta mais de quem, quem já brigou, quem frequenta a casa de quem, as paixões, os romances, quem tem medo de quem, quem tem comportamento dominante ou violento, quem pratica bullying, quem é afável. Na relação deles com as coisas não humanas, você sabe quem gosta de sentar-se na janela e ter o sol no rosto, quem se esconde, quem usa a carteira para desenhar enquanto sua cabeça está distante. Quem se comunica por meio de mensagens nas tábuas. Quais pessoas gostam de ficar à sombra da árvore ou deitadas ao sol. Você sabe como essas pessoas veem você, se gostam, se te abraçam, se se abrem e contam suas angústias, se encontram na sua palavra algum gesto de conforto para problemas fora dali. Quem realmente sofre com a sua presença e não tolera você. Você sabe tudo isso e muito mais. E então, a aula começa. Nem precisa imaginar o assunto dela, certamente há uma finalidade de remexer essa curiosidade, investigar e conhecer. Imagine-se caminhando entre a turma, falando e dando exemplos.

Cada passo, olhar, palavra, situação e enunciado seu estará intimamente ligado a todo esse ecossistema complexo de existência relacional. Cada fala recebida, discussão intermediada, experimento e atividade exige quase instantaneamente que você acesse todo esse conhecimento das pessoas dentro desse ecossistema. Esse conhecimento "dos poros" se relaciona com aquilo que é a arte do seu ofício, as finalidades educativas, as estratégias estudadas para tomar melhores decisões; relaciona também com o contexto e com os conhecimentos específicos. Tudo isso é muito rápido e você reage, age, perscruta, caminha pelas palavras, transita por dentro das crianças, mergulha e volta. A cada segundo, a cada nova ação tudo isso é remexido para que novas ações sejam tomadas. Todos os seus sentidos, seus afetos e suas intuições subjetivas amalgamam-se com o seu amor e pela emoção dessa aventura em uma imersão apaixonada de memórias, gestos, coisas, seres, afetos e desejos. Essa dança frenética e intensa é uma Ciência no seu mais elevado grau de complexidade. Uma ciência cinética que, além de conhecimento, produz apreciação. Uma DOCIÊNCIA![54]

Na asa do vento

V ocê pegou sua mochila, seus cadernos de anotações e subiu na asa do vento. Andar nas costas do vento é ser levado flutuante, rápido e ligeiro pelas terras e águas. É roçar a nuca das montanhas, farfalhar as folhas da floresta e beijar a barriga do céu. E cada coisa que você visita desliza para dentro de você. Você é o sopro do vento do mundo. Deixou para trás, antes de partir, algumas coisas que pode querer de volta ou não. Para rasgar o céu feito uma arara é preciso partir leve. Ficaram na morada sedentária muitas mudas de roupa – você nem precisa de tantas assim –, alguns pares de calçados, afinal, você não é centopeia para ter tantos calçados. Dois bastam. Ficaram lá também os livros de ciências, os

---

54 O conceito de "Dociência" é desenvolvido por Machado (2020) no capítulo intitulado "A ciência cinética da docência".

manuais de filosofia, alguns preconceitos retorcidos e a inércia do como-
dismo que o impedia de sair. E ficou para trás, claro, a partir do momento
em que você saiu, o seu passado. Ao abandonar coisas assim tão pesadas,
pairou uma certa aflição, mas você decidiu preenchê-la com o néctar da
novidade. Sua missão nessa viagem é aprender e conhecer. E só se pode
conhecer aquilo que se desconhece. Você quer conhecer porque sabe
que, em alguma instância, outras pessoas aprenderão com você, sendo
um professor. E lhe aflige pensar que você pode ter sido um bloco de concreto que formou uma casa uniforme, padronizada, unidirecional, uníssona
e hermética. Uma casa sem portas nem janelas, mas que permite
dividir e proteger o privado mundo de dentro em detrimento do público
mundo lá fora. Não, se de alguma maneira você fosse o tijolo de alguma
coisa, que seja de um *playgroud*, aberto para o vento por meio do qual circulam todos os tipos de seres. Um *playground* que não discrimina quem
o frequenta. Você quer conhecer como as pessoas conhecem. O que há
de diferente nos processos, nos conteúdos e nas dinâmicas envolvidas. E
não o preocupa se por vezes apenas o silêncio lhe ensinar algo. Você não
está atrás de palestras, mas de convívio.

O amor à música faz você escolher uma trilha sonora. Por clara
correspondência, você escolhe *Na asa do vento*, de João do Vale e Luiz
Vieira, interpretada por Caetano Veloso.[55] O violão simples e voz entoa-
da compõem uma melodia muito bem ornamentada com uma viagem
pelo vento. E ele canta: "Deu meia noite, a lua faz o claro. Eu assubo
no aro vou brincar no vento leste. A aranha sobe puxando o fio da teia.
A ciência da abelha, da aranha e a minha muita gente desconhece", e
você compreende aquilo enquanto flutua. Compreende que talvez des-
conheça a ciência da abelha e a sua própria, mas você sabe que a abelha
tem uma ciência, e elas adoram produzir bebida para se embebedar e
fazer festa na sua colmeia. E quando você pensa isso, Caetano repete
nos seus ouvidos: "Muita gente desconhece ô lará viu, muita gente desconhece. Muita gente desconhece ô lará tá, muita gente desconhece". E
você é essa pessoa que desconhece e, precisamente por isso, que sabe
na asa do vento.

---

55 NA ASA do vento. Intérprete: Caetano Veloso. Compositores: João do Vale e Luiz Vieira.
   In: JOIA. Intérprete: Caetano Veloso. [*S. l.*]: Phonogram/Philips, 1975. 1 LP.

Se o vento fosse reto, você diria que o seu trajeto estaria em uma linha reta entre Belém, Florianópolis e duas passagens aéreas. Tal qual os ventos úmidos, cheios de água da floresta Amazônica descem continente abaixo apertados pela cordilheira dos Andes de um lado e pelos ventos costeiros de outro, você aproveitou o tubo tendo a imensa planície baixa e pantanosa do grande Chaco Sul-Americano do qual o Pantanal faz parte. Ainda bem que o vento não anda em linha reta. Linha reta é uma ideia geométrica, o vento é uma ideia cosmológica. Mas, ao fim das contas, é do movimento diastólico e sistólico da floresta Amazônica que o vento ganha água para viajar e se espalhar pelo continente. E das costas do ar você desliza pelo vapor úmido e cálido da Amazônia. O ar quente, denso e úmido se mistura em seu próprio vento e à sua frente há um mar verde infindável. Há pontos aqui e acolá de fumaça, o que te preocupa. Ainda assim, flutuar sobre aquele oceano de folhas aquece seu coração. Há muita vida. O ar respirável está saindo daquelas plantas e inundará o mundo.

Figura 13 – De norte a sul com curvas

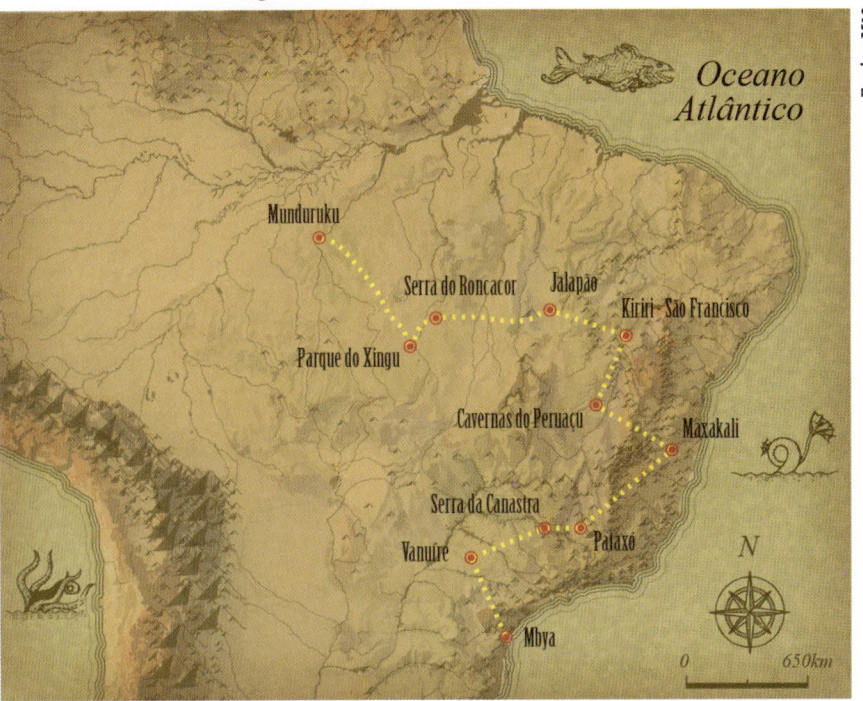

201

Você segue o caminho do rio Tapajós em direção ao sul. Ele é lindo! Imenso, de um verde escuro que se confunde com a mata densa. Na altura do rio Crepori, quase chegando no Mato Grosso, no entanto, um verde brilhante resulta da mistura de muita água barrenta amarela dos garimpos ilegais. Você interrompe o seu momento de fruição e lembra quanto ainda os territórios são tomados pela febre do metal. Um pouco mais abaixo, algo mais intrigante chama sua atenção. Uma imensa área coberta por areia e pequenas plantas. Seu desconhecimento dos biomas o impede de saber se ali está se dando uma desertificação ou se tem dedo humano. Você mergulha e, ao seu toque fluido, as areias sobem do chão. Parece, pela irregularidade, que ali era floresta há pouco tempo. Você está no meio da terra indígena Munduruku.

Figura 14 – O rio Tapajós em sua imensidão

MARCOS AMEND / PULSAR IMAGENS

Vista aérea de despejo de sedimentos e rejeitos contaminados no rio Tapajós provenientes de garimpos ilegais. Jacareacanga (PA), 2020.

Longe dos vastos campos arenosos no conforto da floresta, ao pé de uma cachoeira, está Daniel Munduruku com seu olhar sereno de paz. Apesar de querer saber tantas coisas, suas perguntas seguem o espírito da viagem: os conhecimentos e a educação. Com a voz calma e a paciência de quem fala com você como se a uma criança atendesse – o que não está muito distante da realidade se considerados os seus parcos saberes –, ele lhe apresenta os seres e os lugares. Naquela cachoeira ele mesmo esteve há muito tempo, quando criança, aprendendo a ouvir sua voz e seus ensinamentos. E conseguir fazer sobreviver esses ensinamentos é uma das missões mais valiosas que Daniel carrega consigo. Essa missão torna-se ainda mais vital quanto mais velho se fica, pois são as pessoas mais velhas que têm por experiência a maioria dos conhecimentos dos antigos antepassados e dos conhecimentos do começo do mundo. "O conhecimento, na sociedade indígena, é dominado pelos mais velhos" (Munduruku, 2016, p. 69)... ele lhe diz, e continua: "quando a gente se percebe continuador de uma história, nossa responsabilidade cresce e o respeito pela história do outro também" (Munduruku, 2016, p. 18).

Assim, educar as crianças é "formar a consciência a favor da vida, da paz no campo e na cidade, da harmonia entre os povos" (Munduruku, 2016, p. 67). Há sempre uma busca para que a educação de todos seja voltada para o respeito pelo caminho que o outro percorre. Educa-se para a compreensão e a colaboração e não para a disputa do saber; não para a competição e sim para a paz. Daniel conta a sua história. Já foi professor em escolas não indígenas no estado de São Paulo e essa experiência lhe trouxe muitas reflexões – piolhos é a imagem evocada para falar dessas coisas que ficam na nossa cabeça. Como são estranhas as escolas não indígenas quando as comparamos com a educação Munduruku (2016, p. 55-56).

> Percebi que na sociedade indígena educar é arrancar de dentro para fora, fazer brotar os sonhos e, às vezes, rir do mistério da vida [...]. Decepcionei-me ao ver que os professores [na escola não indígena] agiam ao contrário. Colocavam de fora para dentro. Os sonhos ficavam entalados dentro das crianças e jovens. Não tinham tempo para sair. Aprender, para o ocidental, é ficar inerte ouvindo uma multidão de bobagens desnecessárias. As crianças não têm tempo para sonhar, por isso consideraram a escola uma grande chantagem dos adultos para tirá-las de dentro de casa.

A água continua a cair e por vezes respinga em seu rosto. Você se incomoda, mas percebe que Daniel sorri. Ele é um educador feito, você pensa, parece que sabe usar o silêncio para dosar o tempo do processamento, como se soubesse também que aqueles piolhos não são passageiros, ficarão por muito tempo em sua cabeça, fazendo coçar toda vez que você estiver diante de alguma situação em que se veja educando outras pessoas. E, como se antevisse os caminhos pelos quais as ideias percorreram dentro de você, ele prossegue.

> O que entendemos por educação talvez não seja a mesma coisa que entendemos por ser humano. Creio que, às vezes, separamos demais estas duas realidades – educação e ser humano –, como se fossem entidades independentes. Olhamos as crianças como educandos e não como seres humanos. O aluno chegou à escola, já o ser humano ficou em casa; desejamos educar o aluno, não o ser humano: queremos disciplinar, passar conhecimentos, impor fórmulas etc. É preciso aceitar que as pessoas possuem uma história de vida que nem sempre foi fácil; mas, se somos educadores de verdade, precisamos ajudá-las a entender um caminho apropriado para o seu tipo de história. Sei que alguns dirão que não têm formação para isso, que não conseguem lidar direito com os próprios problemas, que não têm tempo, que são muitos alunos etc. Porém, não se trata disso. Ao contrário, basta apenas exercitar um dom que todos nós possuímos: a liberdade (Munduruku, 2016, p. 70-71).

Você pensa de fato como ele previu. Tantas pessoas dentro de uma sala de aula, tanta multiplicidade, um espaço físico e temporal limitado, mas ele já lhe diz: "É preciso ensinar que a Terra é sagrada e que, por isso, deve ser reverenciada como uma irmã mais velha, nossa provedora. É preciso que as crianças da cidade descubram o prazer de ouvir histórias dos antigos, permitindo que desenvolvam respeito e orgulho pelos seus antepassados" (Munduruku, 2016, p. 33).

"Um passo à frente e você não está mais no mesmo lugar" eram as primeiras palavras de um compositor recifense, falecido, de nome curioso: Chico Science. Ciência sempre lhe interessou, embora tenha demorado para notar a ciência na música e a música da Ciência. Um passo para a asa do vento é guinar a boreste. Rasgando o estado do Pará de oeste a leste dali, é só mata fechada, um colchão vivo de plantas e vasos comunicantes caudalosos. A floresta é um cérebro gigantesco. Você cruza o rio Xingu e, embora seus olhos não alcancem, você sabe que ali a norte foi erguido no centro da teia da vida um monumento à insanidade chamado Belo Monte, uma usina hidrelétrica de tamanhos colossais cuja região inundada foi o dilúvio final de muitos seres e de povos indígenas. Ali, entre Belo Monte e a Meca da mineração amazônica em Altamira, estão os Mebêngôkre (Kayapó). Eles não têm nenhuma possibilidade de recebê-lo. Sua agenda está lotada há 523 anos no *front* da batalha entre humanos e terranos. Mas grita o pajé lá de baixo para lembrar que ali educação é para lidar com o mundo de fora e lutar (Murphy, 1997). Como se, para quem lida bem com o barulho do vento, o ruído de vozes nem sempre seja tão relevante. Quando as crianças Mebêngôkre acompanham seus ensinantes, observam em silêncio e depois, por conta própria, experimentam, sem que haja comentários do professor (Murphy, 1997). Aprender é também observar, afinal os outros seres ensinantes não usam palavras para ensinar, e é preciso se conectar com eles em silêncio. Ensina-se falando-mostrando-fazendo e aprende-se ouvindo-vendo-fazendo. A voz ali mais poderosa para ensinar é das pessoas mais velhas. São pessoas conhecedoras dos fundamentos da educação de seu povo, possuem suas filosofias de vida, construíram suas próprias teorias de conhecimento e práticas de vida (Rezende, 2013).

Você pega a cauda do rio Xingu e segue em direção ao sul, no rastro das nascentes, afastando-se do Pará, chegando no parque do Xingu, no Mato Grosso. Ali pululam lagos, rios e povos. De longe você sente uma luz mais forte. A cena que se descortina entre as nuvens é inspiradora. A lagoa de Ipavu, ou lagoa do Curumirim, aparece grande e esplêndida como um espelho que reflete a luz do sol, que por sua vez vai bater no fundo dos seus olhos. Mais abaixo você vê algo familiar. As grandes casas Kamaiurá que chegam a ter mais de trinta metros de comprimento e alturas superiores a cinco metros. Elas já lhe apareceram no fundo da vista em vários momentos do passado apenas circundando centenas de Kamaiurás dançando no festival do Kuarup. Uma festa de vários dias em homenagem aos mortos, mas você não sabe muito mais sobre ela. Há livros sobre o festival, há filmes desses livros, há documentários, mas você não assistiu a nenhum deles nem os leu. Uma falha que é anotada no diário de campo.

Figura 15 – Parque Indígena do Xingu

RENATO SOARES

Índios Kamayurá se banhando na lagoa Ipavu, Aldeia Kamayurá, no Parque Indígena do Xingu. Gaúcha do Norte (MT), 2012.

Atrás das casas, você reconhece um pé de jenipapo, eles são cada vez mais reconhecíveis aos olhos. No lago, homens se banham rindo e brincando talvez. Uma jovem moça, também professora, mostra-lhe um livro que refresca ainda mais a sua memória, e você compreende muitas coisas só de ler seu nome: *Urucum, jenipapo e giz: a educação escolar indígena em debate*. É claro, as tintas do aprendizado ancestral da imaginação se juntam com as tintas da escola indígena. E, como se toda conexão não bastasse, ela lhe diz: "A educação é como uma árvore. Depois que ela nasce tem raiz, cresce e se abre. Como a árvore, ela cresce, começa a brotar, ficar mais cheia, mais aberta, dá fruto, dá futuro." (Mato Grosso, 1997). E ali, a exemplo dos Mebêngôkre, em pleno parque do Xingu, não poderia ser diferente, a educação para além do modo de vida Kamaiurá precisa levar às crianças os conhecimentos não indígenas para leitura em língua portuguesa e operações matemáticas, por exemplo. Mas a grande finalidade continua sendo a formação do corpo social. Pode-se aprender muita coisa para viver melhor, mas aprende-se a vida mesmo é na comunidade (Mato Grosso, 1997).

O vento que sopra para o leste o carrega e, pelas flutuações típicas da navegação planante, você percebe que se aproxima de uma serra, já ao lado do parque do Xingu. De longe se vê a formação rochosa soberana no vale do que um dia foi mar: a Serra do Roncador. Esse nome foi dado exatamente por conta do veículo que lhe carrega. Numa planície como aquela, as montanhas altas e quadradas com a serra fazem o vento se desviar do seu tubo corrente pelo vale. Esse abrupto desvio faz um barulho como quem dorme um sono leve. Ora se não é a própria serra que dorme, deitada no vale, no ápice de seu descanso inerte de equilíbrio energético. Do outro lado da serra, o rio Araguaia lhe aguarda, ocre e forte. E, entre ele e a serra, estão os Xavante.

Figura 16 – Serra do Roncador e os Xavante

Vista de drone de paisagem com vegetação de cerrado nativo preservado na Serra do Roncador (MT), 2022.

Infelizmente, ou felizmente, você não pode parar. Infelizmente pois lhe seria muito aprazível, além de enriquecedor estar com os Xavante. A única coisa que lhe foi permitida saber é que lá, como nas outras escolas indígenas, também se ensinam os conhecimentos não indígenas, havendo até mesmo para tal uma pessoa responsável por transitar entre esses dois conhecimentos, pesquisando de um e de outro lado para traçar diálogos entre os mundos (Peggion, 1997). A pesquisa das crianças na aldeia é arte científica essencial e um princípio dinamizador de todas as aprendizagens (Carniello, 1997). E são as crianças que elegem os seus problemas de investigação e vão buscar como fontes as pessoas mais velhas, treinar o senso de observação silenciosa das coisas, das palavras sem sons e sem desenhos.

Você experimentou uma das sensações mais poderosas que existem. Sendo partícipe do fluido aéreo do vento, você foi por alguns segundos a própria forma do som. Não é um som como a sua voz, que tem todo um sistema próprio de produção. É o som produzido pelo corpo molecular aéreo raspando a montanha, desviando seu curso e fazendo planar os urubus. Você foi o som e virou a forma pura do "aeiouavamento". Você descobriu que, quando se é o som, não se ouve o que se é. E, no silêncio da sonitude genuína, o que se pode fazer é sentir a vibração da massa de ar em deslocamento que você mesmo se tornou. Você jamais esquecerá essa sensação.

Munido dessa força, uma viagem mais longa, na mesma linha leste, por mais de mil quilômetros, vai levá-lo para o norte da Bahia, quase chegando no mar. Nessa viagem você passou por quatro dos seis biomas dessas terras chamadas Brasil. A Serra do Roncador e o Araguaia são a última fronteira do avivamento amazônico e suas densas florestas úmidas. Cruzando o rio na linha que corta o estado do Tocantins em duas partes iguais, é de notar o matiz das cores das plantas tornando-se de cor mais acastanhado. Há mais gramas e árvores pequenas, de cascas grossas e areia seca. É o cerrado superior se apresentando a você em um vasto planalto com algumas serras. Você segue para leste em grande velocidade, e o Sol vai se pondo atrás de você. Saindo do estado do Tocantins para entrar no estado da Bahia, na quádrupla fronteira entre Maranhão, Piauí, Tocantins e Bahia, aconteceu um dos momentos em que você se emocionou. O Jalapão e suas inúmeras nascentes de grandes rios se abriu aos olhos misturando vales, dunas de areia, lagunas azuis, serras e cânions. Parece que todos os biomas se encontraram para saudar o Sol, e você estava ali como testemunha inspirável.

Figura 17 – O Jalapão

JOAO D'ANDRETTA/SHUTTERSTOCK.COM

Jalapão, Mateiros (TO), 2021.

Ao olhar para trás e ver o Sol indo, você sentiu o toque de uma sensação de pequenez, mas de participação. À sua frente, a noite já se mostra, e você rasgou o norte da Bahia sentindo os grãos finos de areia seca e o calor da caatinga, seus cactos, suas árvores raras na seca, e, quanto mais perto do litoral, mais o vento úmido do mar sopra contra seu trajeto, e é preciso se segurar no que pode ser uma tempestade. Finalmente, na boca de saída da caatinga, onde o planalto encontra a Mata Atlântica do litoral baiano, você, depois de testemunhar as transformações das formas de vida numa curta reta, chega à terra dos Kiriri. Eles dançam em volta da fogueira, e a sua chegada, com a massa de ar que o carrega, aumenta a chama, a luz e as cores de quem dança. Dançar é ferramenta pedagógica ali. É dançando que se constrói conhecimento e harmonia (Côrtes, 1997). Aprender a ser Kiriri é aprender com os antepassados a sobreviver, e a dança sempre aparece nos momentos em que a vida precisa ser entendida. Explicará a você a velha professora Kiriri, ao pé do fogo, que a educação ali é como um caracol. Um movimento elíptico de dança e fumaça de uma razão que não é fria, mas uma razão sensível que move os processos de aprendizagem. "E, nessa lógica da razão sensível, as almas e os corpos das crianças são envolvidos pelas músicas e os outros corpos que dançam, um processo de comunicações diretas e interpessoais de construção de conhecimentos da 'ciência do índio'." (Côrtes, 1997, p. 145). Você sente isso mais do que compreende, desde muito tempo tem a sensação, ou intuição, de que o excesso de preocupação com conteúdo e cognitividade transformou a escola ocidental em um simulacro coxo da sociedade moderna.[56] Malfeito, pois, apesar de todos os currículos, pedagogias e metodologias, são os afetos as coisas mais fundamentais para a aprendizagem. Você compreende também que, às vezes, dançar junto é melhor do que ler um livro.

O vento nunca repousa para descansar. Ou há vento ou não há, e, se há, há movimento. É o moto-perpétuo do mundo, impossível de ser aprisionado. Um dia no litoral brasileiro, no outro causando chuvas nas savanas da Mongólia. "Deu meia noite, a lua faz o claro. Eu assubo nos aro, vou brincar no vento leste", toca Caetano, e é exatamente isso que se passa. A asa do vento leste o trouxe para a Bahia, agora é hora de descer ao sul pela costa e penetrar na parte mais radical da viagem. Minas Gerais e montanhas são sinônimos, e montanhas para os ventos é sinal de flutuações, cortes, vórtices, vácuos e dutos inesperados. Os melhores caminhos para o vento correr são ou muito acima das montanhas, mas sempre com intervenções, ou rente ao chão, pelos vales dos rios. E é isso que ocorre. O vento oeste do Atlântico somado ao seu movimento sul faz as correntes soprarem para o vale do rio São Francisco. Talvez um dos rios mais importantes deste país, cobre uma área enorme de regiões que vivem às voltas com as estiagens. Por isso, por toda sua calha se veem cidades, vilarejos, aldeias, fazendas e plantações. Do Sergipe até o sul de Minas, onde ele nasce na serra da Canastra. E você vai rumo a Minas Gerais, o estado símbolo da mineração e das montanhas devoradas. Tocando com a barriga na superfície da água em alta velocidade, faz levantar as areias das ilhas do São Francisco. De lá ao alto se veem buracos no chão.

---

56 Nas palavras de Silva (1995, p. 245): A escola corporifica as ideias de progresso constante através da razão e da ciência, de crença nas potencialidades do desenvolvimento de um sujeito autônomo e livre, de universalismo, de emancipação e libertação política e social, de autonomia e liberdade, de ampliação do espaço público através da cidadania, de nivelamento de privilégios hereditários, de mobilidade social. A escola está no centro dos ideais de justiça, igualdade e distributividade do projeto moderno de sociedade e política. Ela não apenas resume esses princípios, propósitos e impulsos; ela é a instituição encarregada de transmiti-las, de torná-los generalizados, de fazer com que se tornem parte do senso comum e da sensibilidade popular. A escola pública se confunde, assim, com o próprio projeto da modernidade. É a instituição moderna por excelência.

São cavernas, as raras oportunidades que o vento e a luz têm de soprar abaixo do solo a plenas lufadas, como o fazem acima. Você mergulha e penetra na intimidade da terra. Vê os imensos paredões e tem certeza de que aqueles buracos da rocha serviram de abrigo para povos e pessoas por milhares de anos. As pinturas rupestres ali datam de mais de 12 mil anos atrás (Bueno; Dias, 2015).

Figura 18 – As cavernas do Peruaçu

Claraboia formada por desabamento de rochas carbonáticas na Gruta do Janelão, transição dos biomas Caatinga e Cerrado, no Parque Nacional Cavernas do Peruaçu. Mosaico Sertão Veredas-Peruaçu, Januária (MG), 2023.

Ali ao lado das cavernas estão os Xakriabá, que, talvez por isso, fazem uma imagem muito poderosa sobre o mundo que habitamos. "A terra é nossa carne e nossa vida e a água é nosso sangue e nossos nervos." (Xakriabá, 2005). Cavernas são as frestas do mundo subterrâneo por onde circula ar dentro da terra. Em 2005, ali na terra indígena Xakriabá, com ajuda das crianças e jovens da escola, foram reunidos na forma de livro os saberes, falas, histórias das pessoas mais velhas da comunidade. *Com os nossos mais velhos* é um título, e uma ação, que já apresenta, para quem visita a escola da aldeia, o papel que as pessoas mais velhas têm. E esses conhecimentos são a base para uma formação sobre o povo e sobre os brancos ocidentais. Em um mundo de fronteiras e contato muito próximo, é preciso agir dos dois lados. Assim, na escola busca-se formar pessoas que valorizem sua cultura e, ao mesmo tempo, os conhecimentos da sociedade ocidental e "que oferecessem as possibilidades de continuidade escolar para aqueles que desejassem prosseguir os estudos" (Xakriabá, 2013a, p. 14).

O pátio da escola é uma grande casa circular com telhado de folha de buriti. Por ali transita a vida da comunidade para tomar decisões, discutir, festejar e aprender. Há uma frase muito comum ali que remete à educação. Dizem: "nem tudo que se vê se fala". Há muitos sentidos, você elucubra não só porque as palavras muitas vezes não dão conta de explicitar o que vemos, como também nem sempre é necessário falar daquilo que se testemunha. De um modo ou de outro, parece haver uma conjunção com um certo mistério das coisas. A escola Xakriabá sempre traz para dentro e leva para fora os problemas da comunidade, os quais também as turmas se incumbem de pesquisar e pensar soluções baseadas nos saberes ancestrais, mas também nos saberes ocidentais (Xakriabá, 2013b, p. 10). Para isso, eles entendem, "é preciso que as disciplinas deixem de ter um fim em si mesmas e passem a ser instrumentos para transformação da realidade" (Leite, 1998, p. 75).

Transformar a realidade.... transformar a realidade.... transformar a realidade... essas palavras vão ecoando nos sons inexistentes da mente enquanto você ruma para o leste mais uma vez. De um rio importante para um outro rio mais importante ainda, você adentrará mais uma vez na mistura clara e evidente entre caatinga e cerrado, que seria no norte de Minas Gerais, onde os rios Jequitinhonha e o Mucuri são o coração da vida do vale. Quando os rios secam, o que não é incomum, pessoas são obrigadas a deixar suas casas e ir buscar formas de viver em outros lugares. Poucas permanecem durante as estiagens grandes. Porém, quando voltam, as coisas estão lá esperando para recomeçar o ritmo da vida. O rio Jequitinhonha está fino, mas não está seco. E você sabe que ali na fronteira com a Mata Atlântica do sul baiano, quase no estado do Espírito Santo, vive um povo historicamente guerreiro e com muitas tecnologias de resistências para sobreviver. Os Tikumu'un, também conhecidos por Maxakali.

Figura 19 – Os meandros do Vale do Jequitinhonha

WILLEKEM/SHUTTERSTOCK.COM

Trecho do Rio Jequitinhonha em Minas Gerais.

Sueli é uma jovem professora da escola Maxakali, e, ao saber do motivo da sua viagem, já logo provoca: "a escola comum, do homem branco, não é adequada ao próprio branco" (Campos, 1998, p. 72). O que é verdade para você. E Sueli continua: "tudo aí se traduz em fichas de controle, disciplinamento, segmentação, sentenças". Falta um pouco de diversidade para a escola dos brancos. Mesmo para escolas não indígenas em periferias de cidades, as escolas estão fracassando, pois, "em busca de uma suposta igualdade, tem padronizado e homogeneizado sua experiência, tendo como referência um único grupo social: o grupo que detém o poder" (Leite, 1998, p. 72). Ali na escola Maxakali todos os conhecimentos são organizados para serem estudados, tendo quatro momentos essenciais: 1) saber o que sabemos; 2) saber melhor o que sabemos; 3) saber o que as outras culturas sabem e fazem; e 4) comparar, relacionar, articular todo esse saber de todas as culturas, para recriar novos conhecimentos e técnicas de trabalho (Prado, 1998).

O vento soprou sudoeste de volta para o interior do continente, afastando-se do litoral. E mais uma cena o toca. Você está no vale do rio Doce. Um rio que luta para sobreviver após um duro golpe dado pela mineração. O rompimento da barragem de Mariana é visto por muitas pessoas como um crime ambiental, mas todo crime ambiental é um crime social contra os seres todos e contra o próprio espírito do rio, que tem nome para os Krenak da aldeia de Resplendor, às margens do rio Doce. Uatu tem força para sobreviver embora hoje, pálido e barrento, siga o curso à vista da linha férrea e da frente da montanha Takukrak.

Essa viagem ainda lhe reservará grandes momentos, alegrias e aprendizados com o povo Krenak, mas na aldeia Vanuíre, no estado de São Paulo. Para seguir viagem, há uma reflexão importante que você leva dos Krenak em seu território original. Na língua Krenak, há uma palavra chamada Jagü.[57] O significado dessa palavra é tanto "ensinar" quanto "conhecer". Isso embala a sua viagem reflexiva, pois houve uma vez um educador recifense de nome Paulo Freire, talvez o maior pensador brasileiro já existente, que disse algo parecido. Ensinar e aprender são faces de um mesmo processo.[58] De modo que a frase "eu ensinei, mas ele não aprendeu" é completamente descabida. Só houve aprendizado se houve ensino, só há ensino se houve aprendizado, por isso as palavras são escritas de maneira bi-implicadas, ensino-aprendizagem. Mas a palavra Jagü guarda uma novidade, você reflete. Não só humanos que ensinam dentro de uma escola, como comumente essas ideias de Paulo Freire são associados para elaborar uma educação que busque a transformação do mundo e a compreensão de suas opressões. Árvores, rios, montanhas e outros seres vivos ensinam, e "conhecer" é diferente de "aprender". Por isso, enquanto flutua subindo e descendo nas montanhas mineiras, você pensa que, se expandissem a noção freiriana para o mundo multinatural todo, seria: "se conheço é porque fui ensinado". A diferença essencial está no processo de volta, isto é, se alguém quer ensinar algo, se está imbuído dessa finalidade (como docentes normalmente o são), não serão apenas as suas palavras que permitirão conhecimento, mas uma série extensa de atores humanos, não humanos, memórias, sentimentos que farão que pessoas

---

57 Na pronúncia Krenak, as palavras com "ü" possuem fonética de "í" fechado entre um "i" e um "u".

58 Freire, P. *Pedagogia da autonomia*: saberes necessários à prática educativa. Rio de Janeiro: Paz e Terra, 1996.

conheçam as coisas com ou sem a vontade da pessoa que ensina.

Chegou um segundo momento triste na viagem. Paulo Freire morreu em 2 de maio de 1997 – sim, você se recorda –, apenas doze dias depois de atearem fogo no pataxó Galdino em Brasília. No "dia do índio", 19 de abril, daquele mesmo ano, o cacique Pataxó Hã-hã-Hãe Galdino visitou Brasília para protestar. Naquela madrugada, dormia em um ponto de ônibus quando um carro com cinco jovens brancos entre 17 e 19 anos, recém-saídos de uma casa noturna, parou. Os jovens desceram do carro, despejaram um litro de gasolina sobre Galdino e, antes que ele pudesse perceber o que estava ocorrendo, atearam fogo e fugiram. O cacique morreu no local. Identificados e presos posteriormente, eles confessaram e disseram que "estavam brincando". Depois, achando que isso corrigiria alguma coisa, disseram que não sabiam se tratar de um "índio", acharam que era um mendigo, como se, mendigo fosse, estivesse tudo bem atear fogo.

Os absurdos pronunciados por aqueles jovens chocaram o fundo da alma de um já debilitado Paulo Freire. Um crente na educação, na compaixão, duplamente assolado pela morte e por estar diante de um país que deu errado ao educar as suas crianças para que elas "brinquem de matar índio". Em uma carta inflamada, Paulo Freire (2000, p. 31) terminou dizendo: "não é possível refazer este país, democratizá-lo, humanizá-lo, torná-la sério, com adolescentes brincando de matar gente, ofendendo a vida, destruindo o sonho, inviabilizando o amor. Se a educação sozinha não transforma a sociedade, sem ela tampouco a sociedade muda". Foram umas de suas últimas palavras. Você prefere pensar que Paulo Freire morreu de indignação. E é para uma aldeia Pataxó que você se dirige agora embargado. Se vivo estivesse, Freire veria os jovens, filhos de pessoas poderosas e ricas, menos de um ano depois do julgamento, em que foram condenados a 14 anos de prisão, tomarem cerveja no bar e passarem a noite na prisão. Hoje, todos são funcionários públicos, inclusive advogados e policiais.[59]

---

59 Em 2017, completados vinte anos do caso, o *Jornal de Brasília* realizou uma reportagem chamada "Caso Galdino: o que aconteceu com os envolvidos?" na qual buscava saber o que aconteceu aos jovens, disponível em: https://jornaldebrasilia.com.br/blogs-e-colunas/brasilia-assombrada/caso-galdino-o-que-aconteceu-com-os-envolvidos/ (acesso em: 9 out. 2024).

Você deve seguir pelo Uatu rumo ao sul, até chegar em um dos seus afluentes, o rio do Carmo, próximo de Ouro Preto, e rumar ao oeste para a aldeia Pataxó Muã Mimatxi. Você deveria ter feito isso para evitar o sobrevoo pela região metropolitana de Belo Horizonte, mas se esqueceu e acabou por se deparar com a densa névoa escura e tóxica que exala das grandes cidades. Nem a luz, muito mais penetrante que o vento, consegue entrar nessas nuvens de fuligem e motores a combustão. É preciso aceitar que as viagens por diferentes lugares, realidades e seres nem sempre são fugas ou imagens agradáveis. A solução é passar o mais rápido possível pela névoa e rumar para a pedra do Calhau a sudoeste.

A Pedra do Calhau é um monte isolado e abaulado que vive junto do rio Pará no centro-oeste mineiro. Permanece desnudo de árvores após bilhões de anos. Plantas são exímias ocupadoras de lugares com rocha nua. Ali, somente as espécies pioneiras sobrevivem, o que faz do monte um ponto turístico, mas também um ponto de referência para lhe informar que, após a Pedra, na rota sudoeste, está a aldeia indígena Pataxó Muã Mimatxi. Você já tinha ouvido falar dela por ser um caso muito bem-sucedido no qual a língua não corre risco de desaparecer, como também de estudantes pataxós saírem da escola e ingressarem nas universidades públicas com protagonismo e de edições de livros bilíngues com suas tradições, conhecimentos e saberes.

Embora o prédio da escola seja bem bonito e com uma arquitetura inspirada nas casas indígenas circulares, é no terreiro do clarão dentro da mata que quase sempre as grandes aprendizagens ocorrem. No inverno, é tempo da seca, "do frio, do vento rasteiro derrubando as folhas que ainda resistiram, tempo de fazer fogueira, de olhar e contar histórias do céu" (Pataxó da aldeia Muã Mimatxi, 2012). Na aldeia Muã Mimatxi, todo mundo é docente. Ninguém conversou com você em especial, o que o levou a falar com as pessoas todas. Do roçado, ao fundo, aos desenhos nas paredes da escola, sempre lhe chama a atenção o destaque que as plantas têm. De cara, uma frase muito poderosa é dita por uma senhora: "A nossa terra está precisando de ajuda para continuar viva, por isso queremos fazer alguma coisa para ajudá-la porque assim estamos também garantindo a nossa vida".[60] Você se admira com esse

---

60 Pataxó da aldeia Muã Mimatxi (Povo). *A pedagogia da lente do nosso olhar e as mãos da Natureza*. Belo Horizonte: Faculdade de Letras da UFMG, 2013. p. 13.

senso planetário de coletividade e, inevitavelmente, repensa no seu próprio senso de coletividade, ou mesmo de classe. É em torno dessa missão que a ciência se organiza tal qual a educação das crianças. Uma ciência que vem para não machucar a terra.[61] E, mais que não interferir, ativamente participar para, nas palavras dela, "fortalecer a nossa cultura, nossa educação e a cura da nossa terra".[62] E, como não é mais novidade para você a esta altura da viagem, o papel das pessoas mais velhas é essencial. E nesse momento não é a senhora que fala de si. Aliás, isso chama sua atenção. Você ouve poucas vezes as pessoas nas aldeias falando de si, enquanto nos lugares não indígenas uma máquina contadora de palavras "eu" revelaria dados alarmantes que todos conhecem. Um jovem professor, sentado num banco de madeira e mexendo em algumas coisas nas ranhuras do tronco, lhe diz: "Nossos melhores livros são os nossos velhos, nossas crianças, nossa terra, nossas plantas e toda a natureza".[63] Todas as pessoas adultas da aldeia são responsáveis pela aprendizagem da criança, diferentemente do que acontece com os não indígenas, entre os quais cada família cuida dos seus filhos. "Os mais velhos ensinavam para os jovens e as crianças tudo que servia para suas vidas: o jeito de caçar, de pescar, de morar, de fazer seus remédios, o seu AWÊ e toda a sua cultura e tradição. Mas esse jeito e modo próprio de ensinar e aprender nunca foi aceito por parte dos governantes e pelos órgãos públicos, que achavam nossos velhos, pais e mães incapazes de nos educar".[64]

Portanto, o ensino Pataxó está profundamente ligado à compreensão da natureza e suas conexões que levem à preservação da vida. Na escola, o que acontece é que, para romper com a lógica disciplinar, eles apostam nos projetos interdisciplinares que envolvem pesquisas e investigações fora das paredes da escola. Investigações sobre os ciclos da vida e da natureza através do calendário etnoambiental Pataxó, com a construção de uma agenda ambiental. E, sem esquecer dos grandes objetivos, as

61 Pataxó da aldeia Muã Mimatxi (Povo). *Calendários dos tempos*. Belo Horizonte: Faculdade de Letras da UFMG, 2012. p. 6.

62 Pataxó da aldeia Muã Mimatxi, 2013, p. 24.

63 *Ibid.*, p. 24.

64 *Ibid.*, p. 17.

crianças e jovens extraem das suas investigações problemas e projetos de soluções para todas as vidas envolvidas. Você tem curiosidade de saber se isso é apenas nas aulas de ciências, mas só de formular essa pergunta na sua cabeça, ela lhe parece boba, talvez equivocada, se se considerar que não há sentido na divisão do conhecimento em disciplinas. Mas, mesmo assim, você pergunta, ao que a resposta é: também. Suas suspeitas de uma má pergunta se confirmaram. Mas também há um momento de estudo dos conhecimentos não indígenas. Mostram-lhe um desenho no qual todo o currículo da escola se acha representado. "Um pé na aldeia e outro pé no mundo" é uma frase muito dita. "Precisamos dominar os conhecimentos produzidos pelos não índios como forma de fortalecimento, de igualdade e de sobrevivência. Assim, a gente compreende mais a vida de nosso passado, do presente e traçamos o nosso futuro".[65] Inevitável pensar se todas as escolas não indígenas dividissem seu currículo de educação básica das escolas, no qual todo ano, em seis meses, estudam-se os conhecimentos dos povos originários do país e, nos outros seis meses, os conhecimentos construídos pela sociedade ocidental colonizada. Era só uma possibilidade imaginativa que você seria capaz de falar publicamente, apenas para ver as reações das pessoas. Imaginar não custa nada (ainda). Não que não exista seriedade no pensamento.

Neste ponto da viagem, já se assomavam tantas aprendizagens, tantas histórias, lugares e silêncios pedagógicos, que não passaria pela sua cabeça o fato de a maior profundidade e proximidade ainda estarem por vir. A mesma corrente sudoeste que o trouxe do Jequitinhonha para os Pataxó, agora o arrasta para o oeste do estado de São Paulo, em direção a um encontro que se repetiria muitas vezes, não pela asa do vento, mas pelas estradas descampadas da cidade de Tupã. No caminho, você passa pela belíssima Serra da Canastra, com suas ranhuras que parecem as fibras de um músculo. Contudo, depois de deixar Minas Gerais para trás e chegar a São Paulo, já se nota no ar e na paisagem onde se está.

---

65 Pataxó da aldeia Muã Mimatxi, 2013, p. 20.

Figura 20 – A Serra da Canastra

Vista panorâmica de drone do Parque Nacional da Serra da Canastra. São Roque de Minas (MG), 2023.

Plantações e plantações avizinham-se umas às outras a perder de vista. Cana-de-açúcar, laranja, café e tantos outros cultivos que você desconhece vão se somando. Veem-se do alto muitos rios pequenos, o que não é bom, dado que os rios pequenos precisam da companhia das árvores ciliares, senão secam. Mas de quem é a responsabilidade de garantir que não morra um mesmo rio que passa por inúmeros municípios, milhares de propriedade particulares? Não há essa responsabilidade. E, não havendo, irremediavelmente nascentes secam e rios desaparecem.

Tupã não lhe é um lugar estranho. É a cidade em que sua mãe nasceu e o lugar onde você também viveu por um tempo quando criança, embora pareçam ser alguns anos à sua memória. Apesar da tenra idade, você se lembra de quase tudo com muita nitidez. Primeiro, que você com seu pai, sua mãe e seu irmão só foram parar ali porque sua avó, mãe da sua mãe, ali morava.

O nome da cidade revela que aquela região do oeste paulista sempre foi habitada por diversos povos. Contudo, a expansão bandeirante aniquilou, matou e expulsou milhares deles. E, conforme avançavam, deixavam para trás também o racismo pintado em cada fresta de rua. Você se recorda perfeitamente de ouvir na escola que havia índios ali perto, em uma aldeia, que andavam nus, que eram agressivos se você chegasse perto, que comeriam pessoas e roubariam as coisas se você não fosse esperto. Sim, você, uma criança de 5 anos cresceu ouvindo esse tipo de coisa e hoje, dentro da escola, décadas depois, você continua ouvindo. Portanto, era hora de voltar e finalmente conhecer a aldeia Vanuíre. E, claro, muito distante dos discursos racistas, você foi recebido com serenidade, sorriso no rosto e falas contundentes da professora da escola da aldeia, Lidiane Krenak. Ao pé da mangueira, com jovens ralando jenipapo felizes ao fundo, vocês conversaram por horas, depois, ao longo dos próximos anos, voltariam a se encontrar ao pé da mangueira e por contato remoto. Lidiane lhe reensinou a história do Brasil e fez você abandonar antigos preconceitos guardados. Os Krenak, antigamente chamados de maneira pejorativa de "botocudos", foram reduzidos de mais de seis mil pessoas a 42 na década de 1970. O império declarou "guerra justa" exclusiva aos botocudos que se negavam a deixar as atividades mineradoras no rio Doce, em Minas Gerais.

No período da ditadura, a estratégia utilizada pelos militares, que queriam transformar os povos indígenas em "brancos", era isolar em fazendas povos de várias etnias diferentes, que não falavam a mesma língua, pensando que eles fossem se exterminar uns aos outros. Os Krenak, que haviam lutado contra o império, depois contra o governo na passagem da linha férrea, agora eram separados e espalhados em fazendas. "Éramos proibidos de falar a língua, se não um militar vinha, batia e ameaçava. Se alguma pessoa estivesse falando sua língua nativa, o soldado entrava, mandava o capanga entrar, tirava eles de lá de dentro, surrava eles na frente da aldeia inteira e queimava a cabana deles. O sonho deles era que deixássemos de ser índio" (Krenak *apud* Machado, 2020, p. 42).

Os reformatórios indígenas foram campos de concentração do período militar pouco falados na história do Brasil.[66] Na fazenda Guarani, perto de Belo Horizonte, os indígenas foram esquecidos por lá sem comida até que conseguiram escapar. Os Krenak juntos, sabendo que seria mais difícil voltar para a aldeia nas margens do Uatu, caminharam três meses até a cidade de Tupã, onde sabiam haver uma aldeia com indígenas Kaingang. O pai de Lidiane estava nessa longa caminhada com crianças e idosos, e muitas pessoas desistiram. Ele, sentado ao lado dela, é extremamente econômico com as palavras e faz uma expressão de dor quando

---

66 Barreto e Eiterer, (2015) fizeram um estudo a partir de relatos e documentação da época para localizar diversas dessas fazendas, chamadas de colônia penal. Às vezes indígenas, por estarem embriagados, eram enviados para lá sem julgamento. "Desajustados sociais" ou infratores enquadrados no código de contravenção penal, a exemplo dos indígenas que se entregam à "ociosidade".

se lembra do que aconteceu. Assim, o quadro em 1988, com a nova Constituição, era desolador. Pouco mais de cem eram as pessoas que falavam a língua Krenak plenamente, com muitos adultos traumatizados pelas violências sofridas toda vez que demonstravam ser Krenak. A solução encontrada para não deixar a tradição morrer envolveu uma tecnologia social desempenhada pelas crianças e adolescentes da escola.[67] Uma tecnologia tão potente que foi capaz de ressuscitar também outros seres, como plantas e o rio Iacri, que estavam secos.

Na escola indígena da aldeia Vanuíre, tudo começa com as pessoas mais velhas, as máximas autoridades nos conhecimentos, nos mitos e na língua. A conversa precisa ser em torno de alguma questão de investigação. Por exemplo, o milho roxo, a caça, a história, armadilhas, pescas, plantas medicinais, os rios, entre muitas outras questões ligadas à comunidade e aos temas transversais da escola (terra, água, sustentabilidade e globalização).

> E a gente procura sentar sempre com o mais velho e perguntar. Como que era isso? Como que era aquilo? Como que chamava? A gente lança as perguntas e deixa ele ali falando. A gente vai escutando, a gente vai viajando, a gente entra dentro da mata, a gente entra dentro da cabana, que ele vivia com o pai dele, sabe? A gente vai vivendo esse momento, e depois a gente volta pra nossa realidade e a gente vê que certas coisas que ele falou dá para retomar isso com nossos jovens. Então, pela valorização que a gente passa pra eles dos mais velhos, que os nossos mais velhos são a fonte de tudo, a base do conhecimento. Então quando aparece um cientista desdenhando aquilo que foi discutido há três mil anos, eles não acham coerente, porque ele nasceu agora. Ele não estava lá há três mil anos. O que garante ele [o cientista] questionar isso? Porque ele tá questionando, sabendo que essa pessoa que falou, ela estava vivenciando isso e o cientista não. Aí a gente desperta isso neles. Olha, o seu mais velho é a fonte. O teu mais velho estava lá. Você vai questionar aquilo que tem 110 anos e você tem dez anos? (Krenak *apud* Machado, 2020, p. 204)

---

67 O currículo da Escola da aldeia Vanuíre encontra-se na íntegra em Machado (2020).

Então, por meio de um trabalho rigoroso, divertido e social de pesquisa, as crianças ficam sabendo como se cultivava determinada planta, como se fazia tal armadilha, como se mantinha o olho de uma nascente vivo e todas as tecnologias e conhecimentos ancestrais.

Após essa primeira etapa de reconexão com o passado, as crianças precisam investigar livremente os elementos cotidianos ligados àquelas questões. Trabalhos de campo, fora da escola, visitas a lugares, por exemplo, árvores específicas e antigas nascentes. As crianças conversam com pessoas, observam e registram com fotos ou desenhos as histórias, os objetos e os seres. Após esse trabalho, os estudantes então "colocam a mão na massa". Executam uma tarefa tal qual era feita no passado, com os recursos de hoje. Se necessário ou possível, buscam-se os mesmos elementos que havia no passado. Por exemplo, o mais velho citou o milho roxo que era comum, mais nutritivo, mas não existe mais na aldeia. As crianças, no lugar de trabalhar com o milho amarelo tradicional, vão atrás, com ajuda dos professores, para encontrar o milho roxo e restabelecê-lo na aldeia. Assim, as pessoas em processo de educação realizam com suas próprias forças a conexão do passado com o presente. Nesse processo, os adultos mais novos ajudam ensinando técnicas, tarefas mais simples.

Depois de todo esse processo, com coisas feitas e realizadas, é hora de falar em público. Lidiane lhe explica que neste mundo de poucos direitos, de contato direto e luta, é essencial para qualquer criança indígena, mesmo as tímidas, saber falar em público, para quando for o momento poder fazê-lo. Claro que esse processo nunca é compulsório e, se há algo que é essencial entre os Krenak, mas você observou também com os Terena e os Kaingang, é que o caminho futuro de uma criança é sempre previsto, antevisto e incentivado por toda a comunidade quando a criança é pequena. Percebem-se, por exemplo, inclinações ou talentos da criança para falar em público, ou fazer determinadas tarefas. A comunidade identifica a personalidade das crianças e incentiva as suas inclinações de gosto. Assim, uma criança cresce tendo seus talentos incentivados sem precisar responder ou questionar-se o que ser na vida. Na escola, em círculo, as crianças contam então o que fizeram, como construíram, pesquisaram, os desafios, os problemas, quem ajudou etc.

E, então, para completar o ciclo dessa pedagogia da re(in)ssurreição, as crianças precisam fazer nas suas próprias casas os processos que aprenderam e que, muitas vezes, os seus pais desconheciam pela dura infância que tiveram. Assim, as próprias crianças ensinam os pais sobre o milho roxo, plantam em casa, trocam sementes etc. E com isso adultos, velhos e crianças se integram em uma tecnologia altamente rica que não só está mantendo a tradição Krenak de pé, como também está fazendo ressurgir a própria natureza. Foi em projetos da escola que as nascentes do rio Iacri foram ressuscitadas, e as matas ciliares, recuperadas. O milho roxo, o inhame, os diferentes tipos de mandioca reapareceram entre os Krenak. Ou seja, você reflete, essa tecnologia social não é só sobre uma "cultura" guardando sua tradição, tampouco de uma "natureza" preservada, mas é uma tecnologia de vida. Uma ciência que é educação, investigação e vida ao mesmo tempo.

E, por falar em tempo, você já se alongou demais nesta parte. As pessoas que o leem podem ter se cansado. Imagens em peles de papel não têm as expressões que você faz quando fala em voz de hálito. Mas conte-lhes ao menos que você seguiu o vento para o sul do continente. Você foi até os Terena falar com Davi Terena. Você passou tristeza em São Paulo sob a poluição e foi ter lições com os Guarani Mbya e o professor Emerson. E, quando a frente fria do Antártico se fez sentir, você encerrou a viagem com os Guarani finalmente no litoral pelo qual nunca havia passado.[68] Aproveitando a corrente fria, o vento que o carregou foi para o norte em direção à linha do equador, talvez para novamente se juntar à umidade amazônica, talvez virar um furacão no Caribe ou roçar a neve do Alasca. Quem saberá? É fato que ele está aí. O tempo todo, desde que o mundo é planta.

Grafismo indígena contra o preconceito

Numa tarde quente do inverno seco do Planalto Central, em Brasília, na UnB, em 2019, eu, sentado ao fundo da sala, via duas professoras assumirem a fala. Meia hora depois eu estaria transformado. Nunca tive

---

68 Para os Wherá a educação escolar dos jovens e adultos é comprometida a reconstruir uma sociedade com qualidade de vida para todos: *A educação respeita a natureza, ensina o que é vida, o que é ruim, o que é bom. Ensina da terra, da água, da natureza.* SANTA CATARINA. Secretaria de Estado de Educação. *Projeto Político pedagógico guarani* Wherá: Yynn Moroti Wherá (Aldeia M'Biguaçú). Florianópolis: SEE-SC, 1998.).

a oportunidade de dizer isso a elas, mas talvez seja este o momento. Ana Cely de Sousa Coelho e Enilda Santos, professoras da Escola de Ensino Fundamental em Tempo Integral do Campo Irmã Dorothy Mae Stang, em Alter do Chão, no Pará, estavam, tal qual eu, no *Terceiro Congresso Internacional dos Povos Indígenas da América Latina*. Elas tinham vindo de longe para contar os acontecimentos da escola em que lecionavam, na qual metade das crianças eram da etnia Borari e a outra metade era não indígena[69]. O desafio posto já há tempos para a escola era – e continua sendo – lidar com os preconceitos raciais estruturais presentes nos pais dos estudantes não indígenas e refletidos em atitudes das crianças na escola. As crianças não indígenas eram orientadas muitas vezes em casa a não se aproximar das crianças Borari. Diziam que as crianças Borari iriam pegar-lhes a comida, que eram crianças burras, mal-educadas e selvagens, de temperamento imprevisível. Nada diferente do que acontece com toda criança, adolescente ou adulto indígena que passa a frequentar lugares repletos de não indígenas por este Brasil afora[70]. Para além de reuniões, visitas às casas para ajudar a educar os pais, era preciso também educar as crianças. Elas próprias não podem ser consideradas racistas, mas um reflexo do imaginário social racista dos lugares onde crescem. Um caminho de muito sucesso traçado pelas professoras, que levara ambas do Pará até Brasília, foi o grafismo e a pintura corporal.

Diferentemente das conhecidas tatuagens, o grafismo corporal indígena, seja diretamente com a tinta na pele, seja por meio de adereços como pulseiras, cocares, tiaras, tornozeleiras e cintos, são sempre circunscritos a um contexto específico, têm formas completamente distintas e finalidades muito específicas. Dependendo do tipo de grafismo que se faz (pintura ou artesanato de sementes, palha ou

---

69 Os Borari, assim como os Arapium de Alter do Chão, encontram-se atualmente em franca disputa jurídica para terem reconhecidas a sua identidade étnica indígena. Decisões judiciais sobre terras têm sido desfavoráveis aos Borari, ancoradas em documentação antiga que alega que estes povos foram extintos. Assim, em 2021 os Borari seguem querendo provar a sua existência. Para mais detalhes sobre este processo, ver Maduro (2018).

70 Minha professora e interlocutora na pesquisa de doutorado, Lidiane Krenak, narrava precisamente as mesmas coisas, quando alguns estudantes tinham que estudar em escolas na cidade, frequentadas por jovens não indígenas. São relatos de casos extremados de racismo, muitas vezes anuídos e às vezes partindo dos próprios professores.

cerâmica), do desenho feito, quem fez, qual material e cor se utilizam e em qual lugar do corpo ele é feito ou posto, abre-se um espectro muito grande das razões pelas quais os povos indígenas se vestem dos seus grafismos.

Quando visitei a aldeia Ekeruá, do povo Terena, no interior de São Paulo, conversei longamente com Davi Terena, professor de ciências da escola indígena da aldeia.[71] Ele estava com um cocar cuja base era feita de um trançado de palha com cores preta, vermelha e a palha crua. Parecia uma cobra-coral, mas foi ele quem deixou isso claro ao me contar que, sabendo da nossa conversa sobre coisas da escola, ele se preparou e colocou o seu cocar. "Ele é feito com o desenho da cobra. Um animal que desliza rápido. Coloquei esse cocar para meu pensamento deslizar rápido e podemos conversar melhor. A cobra me empresta um pouco das suas habilidades" (Machado, 2020, p. 240). Queixava-se ele ainda, logo na sequência, depois de tudo isso, de alguém olhar e achar que o cocar é um "enfeite". Os grafismos não são enfeites, são roupas que emprestam forças de diferentes modos. Com a pintura direta no corpo, esse processo de incorporação é literal, já que a pele absorve a tinta, portanto, a planta da qual ela veio. Assim, se fosse, permito-me arriscar, para Davi, uma tornozeleira com grafismo de cobra e penas de gavião, talvez fosse o momento de uma tarefa que exigisse muita agilidade para correr e deslocar-se. Diferentes animais e formas se misturam com a matéria da tinta e com os lugares onde são desenhados. Mas há algo comum nos grafismos. O ato de fazê-los é sempre uma tarefa de socialização, na qual as pessoas se reúnem e se preparam juntas, conversam enquanto interagem com as formas de seus grafismos.

---

71 Terra indígena Araribá localizada no município de Avaí, no estado de São Paulo.

> Crianças pequenas de ambos os sexos recebem a mesma pintura corporal. Pintar o bebê é uma manifestação de carinho e interesse da mãe pelo filho e faz parte do processo de socialização da criança. As mães Kayapó passam horas pintando seus filhos. O corpo da criança é o laboratório, a tela da jovem mãe para a aprendizagem da pintura corporal (Vidal, 1992, p. 146).

Para os Borari, contavam Ana Cely e Enilda, há um animal muito comum nos grafismos corporais: o jabuti. Aliás, Ana Cely apresentava sua fala com os grafismos de jabuti pintados nos dois braços. O jabuti é um ser de extrema resistência, e resistência é palavra de ordem para qualquer povo indígena no Brasil há mais de 500 anos. O jabuti também vive em sua forte, impenetrável e móvel casa própria, literalmente fazendo do seu corpo uma morada. Pode permanecer longos períodos sem comer, beber água, e vive com facilidade 90 anos. E, além de tudo isso, o jabuti não anda para trás. Pintar ou vestir o grafismo do jabuti é emprestar a si todas essas forças que têm impacto real nas ações e lutas. Nas articulações com parentes ou reivindicando direitos à prefeitura, ao estado ou à União, está lá o jabuti emprestando resiliência na pele com a proteção do duro casco da comunidade.

As crianças e pais Borari da escola contam todas essas histórias e explicam o papel do grafismo aos estudantes não Borari. Assim, as crianças não indígenas aprendem um pouco mais sobre aquele povo e se aproximam de seus valores. O sentido é dado do centro da ancestralidade e do respeito que esse assunto requer. Usando as analogias possíveis, podemos citar o fato de muitos não indígenas andarem com terços ou colares de crucifixo (qual seria a finalidade deste adereço?). Mas as aulas não acabam aí. As crianças todas são convidadas pelas professoras a construir o seu próprio grafismo, algo que elas julgam precisar como forças. Nesse processo, as crianças falam de si, de suas próprias personalidades, dos seus desejos e sobretudo de seus receios e fragilidades, já que o grafismo geralmente se emprega para fortalecer algo que se se reconheça como frágil e necessite de ajuda. Esse exercício de fala de si envolve toda a turma, aproxima as pessoas, cria vínculos e empatia pelas histórias. Ao fim de um trabalho de pesquisa de características dos animais e das plantas – afinal, Ana Cely e Enilda são, ambas, professoras de "ciências naturais" –, as crianças então escolhem o grafismo que representará a sala como um todo. E, em um arremate realmente muito tocante, todas pintam umas às outras, Borari e não Borari, integrando-se. Não raro, o grafismo escolhido pela turma toda é o do próprio jabuti, em um sentido de aproximação das crianças não Borari para com o povo. As professoras o descrevem assim no resumo escrito do trabalho:

> No decorrer das atividades executadas na escola, sempre há a ocorrência de identificação dos povos através das pinturas corporais com a inserção de grafismos diversos, os quais são realizados mediante autorização dos pais, o que favorece uma alteridade indígena e uma reafirmação de identidade e ainda a minimização do preconceito, pois sempre há uma resposta positiva no sentido do favorecimento à pintura, pois acreditam ser bonita, traz características de pertencimento ao grupo e respeito com os colegas indígenas. A interação no espaço escolar vem com o intuito de conscientizar o respeito por esses povos, é através da educação diferenciada que em roda de conversar, debates, pesquisa de suas raízes, é que levam o aluno a compreender a igualdade indígena (Coelho; Sousa, 2019).

Eu, professor de Física, angustiado com as minhas aulas, mas também um pesquisador a pleno motor com minhas vivências, encontrei naquelas mulheres e naquela experiência a primeira ação pedagógica de impacto e força imediata contra o preconceito racial na escola por meio das aulas de ciências. Aquela meia hora foi determinante para uma série de experiências didáticas inventadas para a escola em que eu lecionava. Para além de modificar minhas práticas em sala de aula, aquela meia hora foi importante para fazer emergir uma grande questão: Qual seria o grafismo de quem educa? Ou seja, se as professoras e os professores das escolas não indígenas tivessem de emprestar a força de seres não humanos ou aprender diretamente valores com eles, que seres seriam? E a resposta já estava na minha frente. Uma planta, com todas as suas poderosas singularidades já extensamente narradas aqui, que esse tipo de ser carrega consigo: o jenipapo.

Cultivando docentes

Imagine uma forma diferente de fazer ciência e formar futuros professoras e professores. Nessa nova forma de pesquisar, a única condição indispensável às pessoas que almejassem à docência seria o compromisso apaixonado pelo ofício. Uma vez garantido isso, imagine o seguinte desenrolar. Há alguma questão, ideia, conhecimento a ser testado em sala de aula. Algo que se queira ser sabido e estudado. Esse algo pode vir diretamente de quem ocupa a função de professora ou professor, mas pode ser coletivo, ou de outros lugares que queiram pesquisar junto com a escola. As pessoas envolvidas precisam estar entregues e engajadas nessa tarefa coletiva. O grupo precisa se imbuir de jenipapo, isto é, princípios e crenças relativas à autonomia da formação das pessoas, às memórias territoriais presentes nos seres não humanos presentes na educação, à missão de nutrir as pessoas, à indocilidade, à curiosidade e ao espírito investigativo. Esse coletivo elabora e detalha como serão as aulas, quais seus elementos e, principalmente, finalidade. Realiza-se o memorando do coletivo da turma, das pessoas da turma, das carteiras, do chão, do campeonato interclasses, de quem se gosta, de quem não se gosta, dos pais e mães nas reuniões, do rabisco romântico no batente da porta. Tudo isso conta muito nesse ecossistema de humanos e não humanos. No desenrolar de todas as aulas, é preciso construir uma memória subjetiva de tudo. Gravar, anotar, interpretar os acontecimentos tantos quanto possíveis. Nesse momento, pessoas em estágio ou formação docente podem entrar com seus olhares atentos e atenção discricional interpretativa. Depois de terminadas as aulas, todos os envolvidos no planejamento, execução e construção de memória se reúnem, mais quem tiver interesse e disponibilidade. Crianças são especialmente bem-vindas, embora provavelmente isso não as interesse. A audiência é informada sobre as finalidades planejadas. Ao assistir as gravações e acessar as anotações, a audiência elabora todo tipo de pergunta não óbvia sobre as ações daquelas pessoas. Uma pequena variação da receita pode sugerir até mesmo que a audiência assista sem som e possa imaginar, criar, pelo desenrolar das coisas, o que está acontecendo. Essas perguntas são sobre as subjetividades dos gestos, olhares, viradas, sorrisos, tons, ênfases, mas podem ser também sobre questionamentos dirigidos a estudantes, falas, exemplos utilizados, improvisações... não se proíbem perguntas. Todas as perguntas são também respondidas pela audiência. A pessoa que lecionou vai conversar com a audiência e recebe a sabatina de perguntas. Ela só não pode responder "não sei" e, se não souber, deve inventar, imaginar uma hipótese baseada em quem é enquanto ser. Por exemplo, se perguntado "Por que você caminhou naquela direção no momento da aula enquanto falava (e não em outra)?", talvez a pessoa sequer tenha notado essa ação, ou a ela não pareça consciente, mas pode e deve elucubrar sobre esse movimento de corpo e chegar a alguma hipótese. Todos juntos costuram a teia de sentidos que resulta disso tudo. Compartilham ideias e hipóteses, reveem respostas e tentam conectar aquelas ações ao objetivo final da receita testada. Os sentidos e intencionalidades explícitos se mostrarão traduzidos à cinética fina de cada gesto, olhar e palavras. Nas conexões entre os seres aprendentes e aqueles que imediatamente se apresentam às relações. Pronto, está feito. Futuros professores e professoras, que acompanharam todos os processos na interação de histórias com a turma, as intenções e manifestações envolvidas e os significados atribuídos e pensados da cinética, terão um campo potencial de reflexão e prática quando forem elas as pessoas a entrarem em uma sala para lecionar. Pesquisadores educacionais, de modo idêntico, também aprendem, acrescentam outros instrumentos, conversam com estudantes apresentando todas as etapas e significados daquelas aulas, e a turma pode dizer se aquilo faz sentido ou não e o que aprenderam de relevante.

Jenipapo

A tinta vermelha para a pele quase sempre é feita de urucum (*Bixa orellana*). Esse fruto, envolto em uma cápsula de espinho mole, raramente é comido por outros animais. Por isso, os *sapiens* sejam talvez os seus melhores dispersores de sementes, em relações de duplo favorecimento. Na composição química do urucum, a cor fortemente vermelha dos frutinhos vem da bixina, substância única – cujo nome foi dado precisamente por conta da planta em que se encontra. Mas, para além dessa substância, talvez como forma de sedução do urucuzeiro para com os *sapiens*, há óleos que oferecem proteção contra os raios ultravioleta. Assim, para além dos sentidos do grafismo, o urucum também é um protetor solar natural.

Já a tinta preta da pintura corporal vem quase sempre do jenipapo (*Genipa americana*), cujo fruto é verde na maior parte do desenvolvimento e depois fica marrom quando maduro. Mas, quando verde, se você rala o fruto, rapidamente a ação oxidativa do ar transforma as suas substâncias em um ralado de cor preta vibrante, que pode ser adicionado a carvão ou cinzas (dependendo do evento, ou ritual se for o caso) para ganhar consistência de pasta.

Em 1987, quando o Brasil formava a sua Assembleia Constituinte para construção de um novo texto, Ailton Krenak protagonizou uma forte cena emprestando a força do jenipapo. Ele, convidado indígena da Assembleia, foi à tribuna e, enquanto discursava sobre os achaques que os povos indígenas sofriam desde a invasão e que não poderiam passar ao largo do texto constitucional, ele espalhava a pasta de jenipapo no seu rosto inteiro.

O jenipapo é uma árvore única que não aceita ser cultivada e é indomesticável. Única pois é a única que fabrica uma série de moléculas que não são sintetizadas por ninguém mais no Universo, muitas das quais os *sapiens* desconhecem as finalidades, mas os jenipapos as sabem.[72] Resistente às secas, queimadas e estiagens, o jenipapeiro tem raízes profundas, cascas grossas e folhas altas. O fruto é comestível, um pouco azedo, mas necessário quando a pessoa está com malária, já que contém sulfato de quinina. Suas parentes próximas da mesma família (*Rubiaceae*) são plantas famosas produtoras de substâncias neurotransmissoras psicoativas como o café (*Coffea sp.*) e a chacrona (*Psychotria viridis*), utilizada no preparo da ayahuasca. Portanto, o jenipapo é membro de uma família muito poderosa de plantas com alta sabedoria e capacidade de ensinar e alterar comportamentos dos outros seres. Centenas de povos do continente, sem contato aparente, sabem preparar a pasta de jenipapo para a pintura corporal, o que mostra a eficácia pedagógica da planta que penetra na pele os seus ímpetos.

Os significados de uma professora ou professor usar um grafismo de jenipapo (pintado com a tinta de jenipapo) no corpo podem ser muito

---

72 Genipina, ácido genípico, ácido genipínico, ácido geniposídico, geniposídeo, genamesídeo C, genamesídeo D, genipina gentiobiosídeo, tarenosídeo, gardenosídeo, genamesídeo A, genamesídeo B, gardendiol, shanzhisídeo, éster acetílico do ácido desacetilasperulosídico, R=H genipacetal, R1=R2=H, R3= OH (genipaol). Destacando ainda as propriedades medicinais já comprovadas de algumas dessas moléculas como antiangiogênica, antiinflamatória, antioxidante e antitumoral Barbosa, D. de A. *Avaliação fitoquímica e farmacológica de Genipa americana L. (Rubiaceae)*. 2008. Dissertação (Mestrado em Ciências Farmacêuticas) – Faculdade de Farmácia, Universidade Federal do Rio de Janeiro, Rio de Janeiro, 2008.).

diferentes. Se usado na cabeça, possa talvez emprestar a paciência e à indocilidade argumentativa; nos braços a resistência de uma luta; no peito a maior parte das forças do jenipapo. Planta rompedora cosmológica de separações, criadora da imersão, cujos ensinamentos se dão nas afecções e incorporações. Plantas cuja vida é inerente à colaboração, às boas relações com todas as coisas ao redor, precisam, claro, ter as suas estratégias de atração e atenção. Plantas desejam que seus frutos sejam autônomos, e saiam o mais longe possível delas, sem o apego paternalista controlador. Oferecer a tinta não é ditar o que se pinta, mas dar a matéria-prima da imaginação a partir da qual se desenham formas, socializam-se as pessoas, fomenta-se a criatividade, o cuidado, a experimentação na pele. O jenipapo é enraizamento, nutrição da vida e da expressão, indocilidade, sociabilidade, cumplicidade, resiliência, resistência, autonomia e singularidade.[73] E, para além de tudo isso, ele ensina uma lição essencial para os dias de hoje: o silêncio é uma ferramenta poderosa de aprendizagem. Breviloquência a ser buscada para não nos tornarmos explicativistas (Machado, 2022). Em sala de aula, ou na vida, as explicações só são necessárias para demostrar a incapacidade do outro de compreender por si. "É o explicador que tem necessidade do incapaz, e não o contrário, é ele que constitui o incapaz como tal. Explicar alguma coisa a alguém é, antes de mais nada, demonstrar-lhe que não pode compreendê-la por si só" (Rancière, 2018).

Pode parecer paradoxal, mas na realidade não é. Na abertura desta parte, há um exercício de imaginação nada desconhecido de ambientes de aprendizagem. Esse conhecimento cinético referido na abertura é um conceito que Anna Tsing mobiliza para aludir aos forrageadores de cogumelos matsutake nas florestas japonesas. Esses fungos muito apreciados nascem próximos às raízes das árvores, perto de galhos mortos caídos no chão. Há uma condição climática específica para diferentes tipos de nascimento, como um sol após uma breve chuva, ou um pequeno sol depois de uma longa chuva e frio. Contudo, o mais complicado é que esses cogumelos nunca aparecem a olho nu na superfície. Eles formam pequenos montículos na terra, erguendo-a e formando um

---

73 Para um detalhamento de como entendo cada um desses predicados à luz da escola moderna atual, ver Machado (2020) entre as páginas 247 e 250.

padrão de fissuras no solo com texturas de fofice. Por isso são bastante difíceis de serem encontrados utilizando-se apenas o sentido da visão. "Para encontrar um bom cogumelo, procuram-se os sinais de seu crescimento, sua linha de atividade. Cogumelos movem o chão levemente quando surgem, e é preciso procurar por aquele local de movimento." (Tsing, 2019, p. 32). Por isso não se fala em caçar, coletar ou colher cogumelos, mas em forragear. Ou seja, agir com conhecimento analítico e instinto ao mesmo tempo.

No caso dos forrageadores de cogumelos, é preciso ver e comparar na memória as paisagens em suas mínimas diferenças a fim de perceber alguma mudança. Mas não somente ver, sobretudo ouvir, sentir a umidade e os aromas dos lugares, captar as linhas de vida da floresta e seus sinais secundários em um estado de alerta permanente. "É uma forma de conhecimento e de apreciação da floresta. Falta a integridade de um sistema de classificação. Em vez disso, a busca nos leva à vivacidade das populações não humanas experimentadas como sujeitos e não como objetos."[74] Esse novo tipo de ciência é uma insurgência na contramão dos cânones objetivistas das ciências ocidentais. Seus pressupostos são outros. Anna salienta que hoje já existem pessoas aderindo a essa proposta em estudos científicos, cuja característica principal é o amor multiespecífico. "Diferentemente das formas anteriores de estudos científicos, sua razão de ser não é, principalmente, a crítica da ciência, embora também possa ser crítica. Em vez disso, algo novo é permitido: a imersão apaixonada nas vidas dos não humanos que estão sendo estudados."[75] Como já vimos, a ausência do amor, a frieza e a objetividade caracterizam os conhecimentos "confiáveis" da ciência ocidental. Mas os novos estudos científicos transpassam qualquer barreira entre ciências humanas, naturais e exatas.

A abertura desta parte traz um movimento para mostrar que professores e professoras, mas também ensinantes de um modo geral, agem, tal qual forrageadores de cogumelos, com todos os sentidos, sentimentos, memórias e conhecimentos atentos e alertas para o fluxo de coisas invisíveis aos olhos, em uma imersão na rede de vidas, histórias e sonhos. Lecionar é lidar com o ecossistema imparável e complexo de não

---

74 Machado, 2020, p. 33.

75 *Ibid.* p. 60.

humanidade e humanidades; de visibilidades e invisibilidades. Envolve tomadas de decisão rápidas, participação e amor, além dos conhecimentos existentes e dos outros que passarão a existir. É uma ciência de pele, de relação, de subjetividade, de curiosidade, de bricolagem e de engajamento tal qual a ciência que aqui foi defendida, sem fronteira. A educação (e a docência) não é uma prática, um ofício ou uma ocupação. A dociência é a mais potente ciência construtora de mundos. Refraseando a imagem de Tsing sobre os forrageadores, reescrevo o trecho. Muito do conhecimento dos professores sobre a docência é um conhecimento cinético – conhecimento sobre como se mover pelas subjetividades, memórias, histórias, seres e coisas de quem está ali para aprender, navegando por suas vidas, vistas, perspectivas, sonhos e afetos. Alguém se torna especialista nessa profissão não somente via conversas e aulas, mas sobretudo pela imersão nos ecossistemas dos ambientes de aprendizagem, integrando todos os sentidos, os afetos e conhecimentos na direção de ensinamentos diferentes para cada pessoa com quem interage.

Quando se vislumbra a arte de ensinar tal qual uma ciência cinética, uma dança, uma dociência, cuja força emprestada seja a de um jenipapo, talvez soe uma sinestesia paradoxal, a fixidez arbórea como força motriz da ciência cinética da dociência, não só pela relatividade de quem se move desmentindo o fato, mas a potência da flora que o subjaz. As plantas são o próprio paradigma da imersão, o ser que rompe fronteiras entre o dentro e o fora e, portanto, entre o estático e o cinético. A planta, e o jenipapo em específico, são mais cinéticos que o mais rápido dos animais. Somente na pele das pessoas, a planta se espraia em uma rede não local, impossível a um jaguar cobrir, mesmo para os referenciais relativos à terra. Assim, o jenipapo é a forma concreta da ciência cinética de um fluxo de atravessamento mútuo de seres implicados entre si, incluindo *sapiens*.

Essa força se coaduna com a mais antiga regra da formação humana e que, na sociedade moderna, foi terceirizada e estratificada. Uma regra que, nas aldeias, em escolas ou não, está sempre manifesta e em conformidade com tudo o que se escreveu até agora: a *"educação é para sobreviver"* e engendrar a sobrevivência além de nós (Mato Grosso, 1997).

Esse princípio que liga educação à sobrevivência rege e costura todas as páginas até agora escritas, em um sistema-mundo em crise, que vislumbra o seu fim a binóculos fracos. O sistema-mundo menos duradouro e mais destrutivo que em menos de 600 anos caminha para a autoaniquilação. Um sistema-mundo que ergueu uma visão de conhecimento, de organização social e de economia sobre o sangue de congêneres das colônias e continua a fazê-lo sob outras máscaras. Que separou os humanos de tudo, separou-os entre si e criou a barreira imaginária da mente e da consciência.

Nesse mundo, outras pessoas, terranas, cuja palavra *resistência* se incorporou à pele, têm grandes ensinamentos a mostrar. Pessoa advindas do modo de viver que mais perdurou no planeta e continua existindo há mais de 15 mil anos. Um conhecimento que é multinatureza, cujo critério da vida não é genético, tampouco evolutivo, mas ontológico. Um conhecimento integrado com o chamado "mundo natural", no qual as agências se manifestam e é preciso acima de tudo ter cautela, pois a sobrevivência está sempre ameaçada. Um conhecimento relacional orgânico que capta, aprende, mobiliza e é mobilizado por seres não humanos. E toda essa cosmologia epistemológica não teria o menor sentido de ser não fosse para que os descendentes aprendessem a sobreviver.

A ciência e o conhecimento não são nada se deles brotarem extinções. Essas coisas só encontram sentido se permitirem que todas as existências sigam o seu caminho e que a relação entre elas ocorra. A epistemologia sem a educação é estéril. A educação não é um *download* de práticas, conhecimentos e valores estabelecidos dentro de uma comunidade. Educação é o fomento de um espírito curioso indócil que sobrevive e deixa sobreviver. É a educação que articula conhecimentos para ser uma ponte na teia da vida e não uma navalha que lhe corta os fios. E a educação é quem integra as existências, as mentes, os seres e as ciências em torno de uma seta que olha para o futuro com sinal de alerta. O fóton vermelho de luz das primeiras linhas desse livro. Vermelho de alerta e vermelho que o urucum reflete. Vermelho que é um recorte do espectro eletromagnético da luz. O espectro Jenipapo é preto, cor de tinta de Jepipapo, a cor que coleta e absorve todas as cores. O conhecimento, a educação e a ciência são para sobreviver. O Espectro Jenipapo coleta também as práticas, as danças, os ritos, as aulas, as existências e os seres. Espectro que vai do fóton quântico ao espírito xamânico, do observável ao não observável, de uma ponta a outra da existência. Espectro jenipapo é um chamado, uma bandeira, um grafismo de um mundo que precisa da força emprestada do jenipapo na T(t)erra ou na pele dos povos indígenas.

Por isso, a última parte deste livro é dedicada à educação, não só aquela de *sapiens* em escolas, mas fora dela e fora dos *sapiens*. Educação que pode ocorrer com quem lê um livro, assiste a uma aula ou conversa com uma cachoeira. Seja o que for o futuro, a educação pode conformar ou não os seres a esses futuros ou pretéritos – ou futuros-do-pretérito.

Um projeto para o futuro

Figura 21 – Quando as plantas tomam conta do concreto

As plantas retomando o concreto.

Imagine uma casa em um terreno urbano, na qual a pessoa que a comprou decida fazer uma intervenção artística misturada com investigação científica, com coletivo ocupacional e assembleia sucessória. Uma Ciência. Ela faz uma pequena casa sustentável para si nos fundos do terreno e define que, por pelo menos 200 anos, nenhum ser humano intervenha diretamente no terreno. Nem ela própria. O objetivo é acompanhar, descrever e conviver com todo o processo de reocupação, regeneração, recuperação e restauração da vida àquele lugar. Talvez possa haver alguma intervenção mediante uma consultoria especializada de pajés, que podem sugerir, eventualmente, o plantio de alguma espécie. Seria apenas uma pequena ajuda de espécies companheiras vegetais para a sucessão ecológica urbana ocorrer mais rapidamente. Mas, fora isso, a casa em ruína permanece lá para ser devorada gradativamente pelas minhocas e pela química ácida urbana. Essa pessoa, e quem mais queira se associar a ela compromete-se a escrever o seu diário/semanário/mensário desde a aparição do primeiro líquen, a grama, o cogumelo, se passou ali um pássaro e formou-se um caixa de abelhas e todo fluxo de atividades ao longo dos anos. Escreverão as pessoas, com a subjetividade poética ou não, que bem entenderem. Refletirão sobre? Pensarão? Falarão sobre a vida delas próprias e suas angústias? Tudo faz parte. Ela também fotografará o inventário transespecífico periodicamente, e tudo isso junto pode compor exposição permanente de transformação dinâmica. Mas também – como ela tem plena certeza de que o terreno não está parado em relação ao fluxo de vida – medir e descrever a intensidade das existências subjazem todo o processo. Luminosidade, acidez, pressão atmosférica, umidade, campos magnéticos, pluviometria, temperatura e essas coisas todas que sempre foram consideradas não vivas. Dados que certamente serão úteis e necessários em pouco tempo. Ainda que seja tarde.

Após a morte dessa pessoa, outras virão, devidamente ciosas do compromisso e da finalidade do projeto. Caso universidades queiram, vez ou outra, conhecer os dados e analisar ao seu modo, eles são todos de domínio e apreciação públicos. Para uma universidade seria quase impossível realizar tal missão. Os órgãos de fomento poderiam dizer que se trata de algo artístico e não científico, que não há uma linha de pesquisa específica. Sem contar o fato de a universidade ser privatizada, mudar de diretrizes e, um belo dia, 50 anos após o início do projeto, vendem o terreno para um grande empreendimento imobiliário. Por isso essa pessoa escolheu comprar o terreno e passar a escritura para alguém que, movida pela mesma paixão, dê continuidade. Se o capitalismo acabar, ou invadirem ou confiscarem o terreno, são sempre forças maiores. Em última instância, no pior dos cenários, uma porção de propriedade privada foi cedida para que cresçam plantas. E isso ela já sabe desde o início.

O futuro e o conhecimento científico

Em um mundo em que se pode tentar prever o futuro, o presente parece perder valor, ou o futuro aparenta ocupar o tempo presente disponível para a vida. Cristino Wapichana e Daniel Munduruku, em conjunto, versaram sobre isso do ponto de vista indígena, chegando no ponto mais sensível dessa discussão, que é a relação futuro-controle-acumulação. "Entre os indígenas, não existe o tempo do futuro" (Munduruku; Wapichana, 2019, p. 40).

> Viver o presente é olhar para si a cada dia e saber a necessidade daquele momento para o bom andamento da comunidade, e fazer o que for bom para ela e não para si. É dar mais atenção ao coletivo do que ao individual. E isso exige um esforço e treinamento do corpo e da mente tão intensos que torna o jovem indígena uma pessoa integral. O mais importante, no entanto, é que quem vive o presente não tem necessidade de planejar. Planejamento é a tentativa de congelar os acontecimentos que virão. É ter a ilusão de que se está prevendo o futuro. E o futuro é pura ilusão. Quando, em tempos antigos, os portugueses tentaram escravizar os indígenas, estes não aceitaram aquela imposição. Trabalhar, para o português colonizador, era acumular. Acumulação é uma das dimensões do futuro. Acumula-se, poupa-se, guarda-se com a intenção de utilizar depois, amanhã.[76]

Davi Kopenawa conta como um Yanomami doa os seus poucos objetos (facão, machado, faca) antes de morrer. Essas ferramentas duram muito mais que os humanos, não apodrecem como a carne. "É por isso que não as juntamos durante nossa vida e nunca deixamos de dá-las a quem as pede. Se não as déssemos, continuariam existindo após nossa morte, mofando sozinhas, largadas no chão de nossas casas. Só serviriam para causar tristeza nos que sobrevivem e choram nossa morte." (Kopenawa; Albert, 2015, p. 409).

A antropóloga Karen Shikatori conviveu com os Jamamadi das terras firmes do Médio Rio Purus, na divisa entre o estado do Amazonas e

---

76 *Ibid.*, p. 40.

do Acre, de língua arawá, notando como as pessoas são intimamente ligadas às plantas quando se trata das transformações corporais. O tempo do cosmo se relaciona com o tempo dos corpos das plantas e dos corpos Jamamadi, e até os mesmos nomes são utilizados. "Assim, uma criança de colo é chamada de *ewe borehe*, pessoa imatura, como um fruto verde ou um broto que acabou de se fazer visível no solo; os filhos são os pequenos de alguém, *bidi*, como os brotos que germinaram das sementes que caem de uma planta; as crianças, quando começam a andar, passam a ser chamadas de *madehe*, assim como as plantas um pouco maiores, mas ainda não maduras" (Shiratori, 2020). Portanto, *ewe borehe, bidi, madehe* e outros são etapas que não dependem dos anos absolutos, mas do tempo de cada ser estabelecido nas relações. Assim, um bebê *ewe* tem meses; uma castanheira *ewe* tem anos; um rio *ewe* tem décadas; uma montanha *ewe* tem séculos. O que importa não é o tempo transcorrido, mas o estágio em que se encontram. Para os Jamamadi, existe ritos severos para homens e mulheres, nos quais esses estados são modificados. E, quando o rito de reclusão pubertária, por exemplo, se completa, quem sai de lá não é efetivamente a mesma pessoa que entrou.

O pensamento ocidental sempre resvalou nessa percepção na qual se é efetivamente uma pessoa diferente a cada dia. Mas, entre "metamorfoses ambulantes" e poesias, a leitura dessa diferença de ser é metafórica ou espiritual. O corpo desses seres quando morrem é que se considera o fim. Mas olhe para a foto de um bebê, depois para um adulto e tente argumentar que se trata da mesma pessoa. Parece crível? Por vezes, escolhemos algumas crenças por conveniência, ou sem notar. Afinal, seria oneroso demais pensar em tantas certidões de óbito e nascimento e mercadorias acumuladas de herança em uma vida cartorial se rotineiramente fôssemos outras pessoas a cada dia.

Como os humanos se tomaram como parâmetros, foi parâmetro também o tempo arbitrário de uma vida. Mas as coisas têm seu próprio tempo, e uma pesquisa científica rápida poderá até ser boa, mas será sempre limitada. Ainda que chegue a um resultado preciso, as coisas, uma vez postas no mundo, requerem acompanhamento. Por exemplo, uma pesquisa científica ocidental que investigue processos relativos a uma planta de 600 anos poderá produzir muitos resultados, incluindo o que estima a idade da planta, mas conhecer, ter ciência da cadeia de relações, da maneira pela qual aquela planta passou os últimos 600 anos, hoje essa ciência desse jeito não consegue. E mesmo que se coloque uma câmera diante de um baobá e este seja filmado durante os próximos 500 anos, muito das relações invisíveis às câmeras se perdem. Outras ciências poderão aprender mais e melhor com essas plantas. O mesmo vale para todos os processos decorrentes na sociedade moderna. "Como falar, ou educar, do tempo dos mundos, dos seres, num lugar regido pelo tempo do relógio? Como dizer da importância de viver cada dia como um presente ganho dos céus, dos espíritos da mãe natureza, num lugar onde as pessoas vivem com a cabeça no futuro ou no passado?" (Munduruku, 2014, p. 65).

Imagine uma ciência – mas também uma educação – que abdique do tempo. Seja no tempo de um cronograma de pesquisa, no tempo de um curso de pós-graduação, seja o tempo de um projeto submetido a uma agência de fomento. Abdique do tempo também quanto a sua capacidade ou incapacidade de observar e conhecer convivências e relações muito mais longevas que a vida humana. Um tipo de investigação que abdique de autoria, ou seja, de associar um nome, uma pessoa, devidamente registrada nos termos do estado, para que ela própria possa se dizer uma pessoa muito citada. Os Pataxó da aldeia Muã Mimatxi nunca assinam o livro como um nome, mas como "povo", inusual para as instituições bibliotecárias. Fazem uma investigação sem vínculo de CPF das pessoas, ou seus holerites e seus cargos. Mesmo porque, se o tempo dessas investigações for longo, a matéria que compõe essas pessoas já terá se transformado. Uma ciência não circunscrita a nenhum programa específico, disciplina específica, área que se possa dizer "isso é uma pesquisa de física!". Não porque não as tenha, mas, ao contrário, por ter muitas e prescindirem de segregações. Uma ciência sem paredes (não a-espacial) mas que considere a mobilidade do chão. E ela nunca poderá estar fechada a esse fato, de grande interferência nas investigações. Uma ciência sem a necessidade sedenta por *papers* ou artigos, ou sem objetificar o que se estuda. Uma ciência cujo labor não é elaborar leis ou princípios que se pretendam universais, mas, talvez, produzir parentescos, convivência e descrições relevantes para a vida. Imaginou?

Agora, faça o teste com você mesmo. Vou colocar uma lista para você imaginar, hipoteticamente, que cada uma das coisas listadas foi banida da prática científica. Se você colocar "ok" na frente do item, significa:

"Ok, se a ciência não tiver isso, ela continuará sendo ciência". Ao fim da lista, você terá uma ideia do que, pessoalmente, você crê – e é de crenças que falamos mesmo – que sejam itens essenciais à prática científica. Segue a lista para imaginar uma ciência sem:

- Cronogramas.
- CPFs.
- Holerites.
- Disciplinas de conhecimento.
- Artigos acadêmicos.
- "Objetos" de estudo.
- Explicação.
- Controle de variáveis.
- Predições.
- Leis e princípios universais.

Provavelmente a pessoa que marcou "ok" em tudo pode entender muitos dos itens dessa lista, se não todos, como meios pelos quais a ciência subsiste, ou características particulares dela na forma de controles que existem hoje. No fundo, essas características são muito mais reveladoras da íntima relação da ciência com o Estado do que com os critérios internos da natureza da ciência. Por isso, imaginar uma ciência sem esses pontos é imaginar uma ciência separada do Estado. E — por que não? —, caso se queira, reinventar o próprio Estado. Eu gosto de imaginar, e tenho direcionado esforços acadêmicos para isso, mesmo desde onde vivo, da universidade, que leciono, do holerite que recebo, uma outra ciência. Não contida no tempo, transtemporal ou ancestral; com agentes não delimitados, podendo ser *sapiens*, plantas, cutias ou bactérias e suas respectivas ciências; pré--pós-transdisciplinar,[77] cuja vida, a sobrevivência de todos os seres, seja o parâmetro inegociável. Cuja precaução e cautela valem mais que a previsão. Feita por sujeitos agentes, sistêmica, complexa, relacional e interacional; mais preocupada com a descrição, com a contemplação, com o amor do que com as publicações. Ainda assim, uma

---

77 "Ainda que se queira utilizar a colonizadora fábrica de radicais gregos, o conhecimento assim exposto seria pré-pós-disciplinar. 'Pós' ontologicamente dado que eles devem superar essa fragmentação e 'pré', porque antes de haver disciplinas, já existiam as ciências e os conhecimentos." (Machado, 2020, p. 223).

ciência repleta de problemas a serem investigados, transformações, curiosidade, envolvimento, participação, referências de conhecimento e que culmine na pluralidade e não na universalidade.

Não me questiono se uma ciência assim seria possível no mundo. Isso já sabemos ser, mas se seria possível na sociedade capitalista moderna em que vivemos. E continuo acreditando que sim. Mas, para isso, requererá uma boa dose de imaginação. E é aí que voltamos a todos os exercícios de imaginação que assim se justificam.

Imagine!

Sonhando o futuro

Sidarta Ribeiro no seu livro O oráculo da noite mostrar que os sonhos são geradores de realidades alternativas para o futuro. Os sonhos são testadores de emoções e memórias que simulam possibilidades de acontecimentos, servindo assim como operadores evolutivos. A base neurológica desse argumento está no fato de que os acontecimentos vivenciados pelos seres e captados pelos seus sentidos formam um determinado caminho de neurônios no cérebro. No sono mais profundo (REM), elétrons – novamente eles –, mas também íons e moléculas, passeiam em busca de um lugar para descansar pela rede neural. Ao passar por caminhos e regiões associadas a vários tipos de memórias, reativam aquelas imagens em uma combinação aleatória que é movida pelos desejos de quem sonha,[78] seja para buscar algo que se deseja seja para evitar algo que não se deseja, como a morte. Assim, os sonhos seriam efetivamente uma maneira aleatória, mas com resultados práticos palpáveis, de evolução dos seres, pois os imperativos darwinistas (comer, não virar comida e

---

procriar) são, de certa maneira, provocados nos sonhos. Nas palavras de Sidarta Ribeiro:

> À medida que o sonho simula a satisfação de desejos e antidesejos, as emoções de almejar, realizar e frustrar-se estão frequentemente sendo reativadas na experiência onírica. Essa constatação psicológica tem respaldo nos estudos de imageamento funcional durante o sono REM. Nesses experimentos se verificou uma forte ativação da amígdala, região subcortical diretamente envolvida na valoração emocional da interação com o mundo. Isso reforça a noção de que o sonho é uma simulação de comportamentos capazes de provocar recompensa ou punição. Um mundo tutorial, virtual e imaginário, no qual o animal pode testar estratégias essenciais à sua sobrevivência sem correr riscos reais. Na medida em que se aplicam ao futuro indeterminado, trata-se de um oráculo probabilístico (Ribeiro, 2019, p. 320).

Há um belíssimo conto de Edson Krenak, posto na forma de livro ilustrado por Maurício Negro, que se chama *O sonho de Borum* ou (2015). Para resumir o conto, com o pedido de desculpas pela perda de lirismo que esse exercício acarreta, o garoto Krenak à roda do inverno sob a fogueira, ouvindo as histórias dos mais velhos, foi interpelado pelo Pajé, que lhe disse: "Amanhã você deverá nos contar um sonho na roda". Isso significava uma grande revolução e motivo de ansiedade, pois, figuras respeitabilíssimas que são, os pajés, quando pedem alguma coisa para uma criança daquela idade do garoto, é porque, ao realizar a tarefa, a pessoa passará da juventude para a vida adulta. E quem percebe o momento certo é o pajé, com cada desafio estrategicamente pensado para cada pessoa. E, também, como uma mentoria personalizada e ancestral, há um presente dado pelo pajé na conclusão da tarefa. Naquele caso, o pajé apareceu no dia seguinte de manhã com uma antiga flecha de um grande guerreiro Krenak. Um presente de valor inestimável. O problema é que, naquela noite, de ansiedade, o garoto não conseguiu dormir direito. Angustiado com a ausência da lembrança e de nada para contar, em hipótese alguma poderia não se fazer presente na roda de conversa da noite: *fugir da roda de conversa, um Borum jamais foge*. Teve com sua mãe uma conversa, ao que ela lhe aconselhou a dizer a verdade, que não havia sonhado. "O pajé vai entender", disse-lhe ela. Assim o fez, seguro. E o pajé lhe respondeu compreensivo: "Não tem problema, amanhã você conta". Mas, na segunda noite, o problema se repetiu. E ali pensando, tenso, viu um mico surgir a lhe coçar a cabeça e teve uma ideia – ou seria um sonho? Na fogueira do dia seguinte, assim que o pajé lhe perguntou sobre o sonho, ele aprumou o corpo e começou a contar.

Apareceu um mico que o levou para a montanha, depois ao vale das antas. Lá de cima, vislumbrou o grande Uatu (rio Doce), com seus peixes pulando aqui e acolá, mas perto do rio havia um filhote de onça preso em uma armadilha de brancos. Então ele, bravamente, desceu e libertou a onça, pegou um peixe, deu-lhe de comer e voltou para a aldeia. Todos à volta da fogueira ficaram muito felizes com o sonho e o parabenizaram. Foi quando o pajé lhe disse: "Muito bem, amanhã lhe entrego seu presente!." Isso o frustrou bastante, mas enfim dormiu em paz. E, na abertura da manhã, estava o pajé em frente da casa com a flecha de presente a lhe acordar. Era preciso que o garoto se apressasse para salvar a onça e o presente só seria dado após a tarefa ser completada. O pajé assoviou e o mico-leão apareceu, anunciando o começo da caminhada. Mas não foram muito longe juntos. Num determinado ponto, o pajé parou e lhe disse: "A partir daqui, você vai sozinho. Vá até grande o rio Doce. Não tema suas águas. Atravesse o rio, na trilha da onça pintada, procure a armadilha e, antes que o filhote seja preso por ela, traga-o para mim. Borum, por isso acordamos tão cedo: para evitar que o filhote da pintada seja pego".

O menino estava duplamente desesperado: por temer que seu sonho fosse uma invenção e por eventualmente encontrar a onça. Mas o pajé já lhe disse o que fazer, e ele não ousaria não o fazer. Atravessou o rio pelas pedras e, antes de subir o monte, ouviu o rosnado. Aproximou-se e viu. Não era um filhote, mas uma onça adulta, muito grande, arisca, forte, e não estava presa a armadilha alguma. Ele pulou imediatamente no rio e nadou a favor da correnteza, se afastando. Foi parar muito longe da aldeia, onde nunca havia estado, nem sozinho nem acompanhado. E ali, apavorado, deu de cara com uma caixa de madeira com uma armadilha de grilhões dentro. E uma onça grande – ele não sabe se era a mesma onça ou outra – que estava prestes a entrar na armadilha. Ele não sabia o que fazer. Sua maior missão era evitar que a onça caísse na armadilha, mas, no seu sonho, era uma onça filhote, não uma grande onça. Assoviou uma canção para distrair a onça, que, sabendo da presença dele, talvez dissuadisse os passos. Naquele momento, algo aconteceu: no curto espaço entre ele e a onça, apareceram em duas árvores diferentes uma arara azul e o mico-leão. A arara estava bem perto da caixa e da onça e parecia falar com ele. Depois de uma conversa que parecia durar muito, a onça se afastou e, de repente, virou-se. Ali estavam, em torno de uma caixa de armadilha de brancos, um garoto Borum, um mico-leão, uma arara e uma onça se olhando. Esse instante durou o tempo suficiente para que o garoto tivesse certeza de que o sonho era real. Depois todo mundo foi embora sem preocupações. A arara voou, o mico pulou e a onça virou-se a caminhar. Ainda arrebatado pelo acontecimento, o garoto se lembrou da sua missão. E, para sua sorte, Uatu ali ao lado trazia um cardume grande, do qual conseguiu agarrar uns peixes. Pegou a armadilha, os peixes e caminhou toda a distância pela qual havia se afastado da aldeia. Assim que chegou na aldeia, à entrada estava o pajé junto ao seu pai e sua mãe. O pajé, o pai e a mãe sorriam o sorriso mais lindo que ele já havia visto. Folhas de bananeira, sempre usadas para receber visitas e preparar o peixe na brasa, estavam com eles, assim como a flecha do grande guerreiro Krenak. Ele correu na direção deles. Sua ânsia de contar o que havia acontecido, a aventura e aquele evento mágico lhe saltou à boca. Mas o pajé interrompeu: "Agora não é hora de falar, agora é hora de comer o peixe. Na hora certa você contará a sua história para todos. O que aconteceu na mata deve ser guardado e pensado em seu coração, porque, a partir de agora, esses acontecimentos fazem parte da sua vida, da sua história. E todos que olhem você e virem a flecha mágica em suas mãos, saberão que é um grande guerreiro, cheio de coragem e sabedoria". O pajé então colocou a ponta da flecha sobre a cabeça do garoto lhe soprando no rosto uma brisa muito poderosa. Suas mãos então receberam a flecha, e seu peito estourou de alegria, que foi recebida com os abraços de seu pai e sua mãe.

Ressonhar

O principal responsável pela educação de Daniel Munduruku foi seu avô, um sábio de grande respeito por todos na comunidade. Um pajé, portanto cientista, Munduruku. Ensinou-lhe, conta Daniel, a arte das investigações e a luta para defender os indígenas. Um dia, Daniel tomou coragem e perguntou ao seu avô de onde vinham tantos conhecimentos, ao que respondeu o velho: "Eu sonho, meu neto. Sonho com os espíritos de nossa gente e eles vão me dizendo o que devo fazer para curar as pessoas" (2014, p. 35). Mas, ainda intrigado, perguntou ao pai sobre os sonhos. E a resposta do pai foi: "O sonho, meu filho, é como um mensageiro dos espíritos de nossos antepassados. Por meio dele, nos ensinam, nos dão conselhos, nos protegem e nos comunicam os acontecimentos. Nós dormimos para sonhar. Não esqueça disso" (2014, p. 35). E então reflete Daniel, mais velho, que aquele sonho aos quais professores costumam perguntar aos seus estudantes e às suas estudantes são formas de imaginar o futuro. E professores são confessores de sonhos.

> Fui professor, ou melhor, fui confessor de meus sonhos. Pois foi com eles que aprendi que não é preciso saber tudo, mas é importante confessar o que deseja; aprendi que o prazer de ensinar nasce junto com o prazer de aprender; aprendi que para ensinar é preciso estar cheio, não de conhecimentos, mas de futuro, de esperança, de tolerância e de orgulho (2014, p. 11).

Sidarta Ribeiro lembra que o sonho é um simulador de situações possíveis e probabilidades de futuro. Como, diferentemente do que ocorre entre os povos originários, os sonhos foram delegados ao Universo das coisas irreais, não triviais e menos importantes pela sociedade moderna; uma consequência direta disso é que nós estamos perdendo a capacidade de pensar alternativas para um mundo que ameaça a nossa sobrevivência enquanto espécie. Os sonhos são o passo primário – evolutivamente ou não – da imaginação de outros mundos possíveis a partir dessa realidade dada, que, aliás, nos tomou os sonhos no sentido literal e no figurado.

O escritor *punk* Mark Fisher ficou famoso pela frase: "É mais fácil imaginar o fim do mundo do que o fim do capitalismo". No seu livro

Realismo capitalista (Autonomia literária, 2020), Fisher explora detalhadamente como determinadas ideias cujos valores são totalmente questionáveis se incorporaram ao discurso das pessoas, formando um beco sem saída em que o capitalismo é dado e não existiria alternativa a ele. No senso comum, mas no acadêmico também, muitas vezes, aceitamos como verdade que coisas são mais bem administradas no setor privado; aceitamos como verdade que o nosso estresse e nossa saúde mental são problemas individuais e não da sociedade em que vivemos; aceitamos que o papel da educação e das famílias é preparar crianças para um mundo competitivo e um trabalho "digno"; aceitamos que uma pessoa trabalhadora do século XXI é aquela que não para incessantemente de incorporar competências no seu currículo em busca de um cargo melhor; aceitamos que a educação escolar se resuma a relatórios e vigilância e rendimento de pessoas, que podem ser expulsas (ou abandonam por si próprias) se os relatórios de produtividade não estiverem de acordo com o que se julga exigível; aceitamos que as metas são tão naturais quanto a gravidade; aceitamos que as pessoas constantemente se autodepreciem para sempre poderem dizer aquilo que elas deveriam melhorar. E assim, qualquer pessoa ou movimento que vive ou tente viver sem esses dogmas da ontologia realista capitalista moderna é sumariamente excluída. De modo que se impõe até à pessoa mais "progressista" a autovigilância de concluir pelos próprios pensamentos de que talvez não seja melhor falar isso, ou fazer aquilo, ou seria melhor escrever uma coisa mais amena, em um fluxo contínuo de eufemismos que conforma e circunscreve a realidade. O realismo capitalista, tal qual aquele realismo "da árvore que caiu num bosque desabitado" ou aquele do "tempo é uma invenção", é uma ontologia profundamente arraigada. E é aí que as coisas todas se encontram. No final do livro, quando Fisher se vê às voltas com a questão do que fazer então diante de uma realidade tão posta, além de elencar várias alternativas políticas, termina dizendo que é preciso pensar novas alternativas e não as deixar morrer pela máquina que torna tais ideias aparentemente utópicas. É um apelo, penso eu, à arte da imaginação que nos foi cooptada. A imaginação que também foi extraída da capacidade de sonhar, de antever, de elucubrar, de criar novas ideias e alternativas.

Devo confessar que, ao iniciar este livro com o fim do mundo, talvez tenha sido um signatário sem percepção da armadilha de um realismo sem alternativa. E, longe de responder aos anseios muito bem engendrados de Fisher, mas me permitindo imaginar alternativas à prática científica, ao mundo e à elucubração filosófica, iniciei cada parte deste livro com exercícios imaginativos, que não têm pretensão nenhuma além de ajudar a imaginar. Imaginar uma outra ciência, uma outra educação, imaginar outras ideias e outras imagens. E, como se percebe, não teci esses exercícios exclusivamente pela minha própria imaginação – talvez falte muito ainda para que eu possa fazer isso –, mas tendo como horizonte aquilo que sempre nos foi mostrado: os conhecimentos e as ciências dos povos indígenas. Que nos recordam a existência do fato elementar, quer se olhe da perspectiva da biologia evolutiva, quer se olhe sob as ontologias ameríndias, de que, se viemos de um mesmo ancestral, somos todos parentes. Guardamos até mesmo parentesco com a carne do Sol.

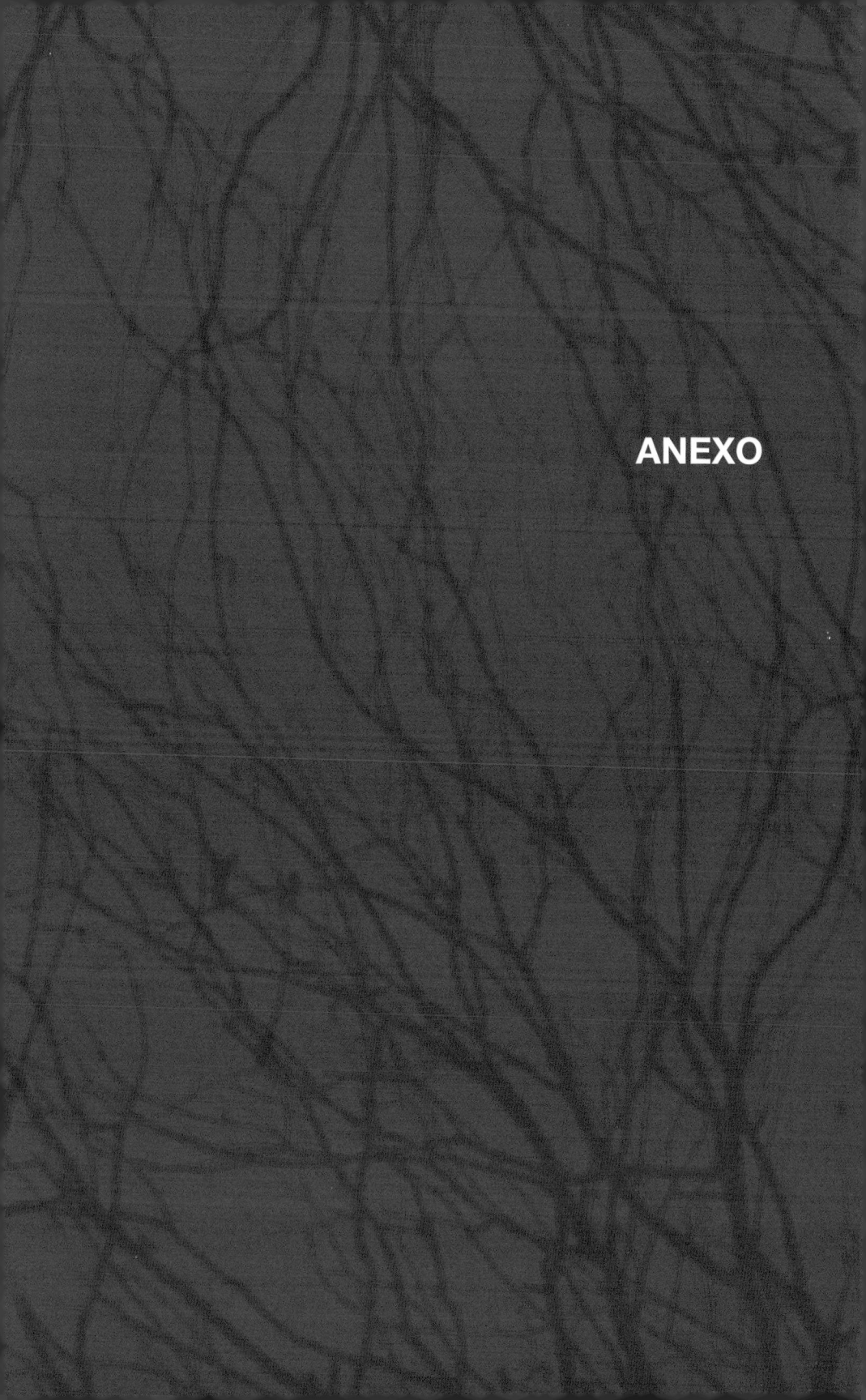

ANEXO

Gabarito das perguntas sobre o realismo, tal qual consta no livro (Pessoa Jr., 2003, p. 190):

Q1) Imagine que uma árvore caiu em um bosque completamente desabitado. Ela emitiu som ao cair?

( ) Sim = realismo ontológico.

( ) Não = idealismo subjetivista.

( ) Essa pergunta não faz sentido = positivismo lógico.

( ) Essa pergunta faz sentido mas não tem resposta = ceticismo.

( ) Não sei. = um "perfeccionismo" oposto ao falibilismo.

Q2) Depois que você morrer (se você morrer), o mundo continuará existindo?

( ) Sim = realismo ontológico.

( ) Não = idealismo solipsista.

( ) Essa pergunta não faz sentido = positivismo lógico.

( ) Não sei = alguma forma de ceticismo.

Q3) Se toda a humanidade morresse (ou todos os seres pensantes do Universo), e não houvesse tempo de uma nova civilização evoluir, o mundo continuaria existindo?

( ) Sim = realismo ontológico.

( ) Não = idealismo subjetivista.

( ) Essa pergunta não faz sentido = positivismo lógico.

( ) Não sei = alguma forma de positivismo.

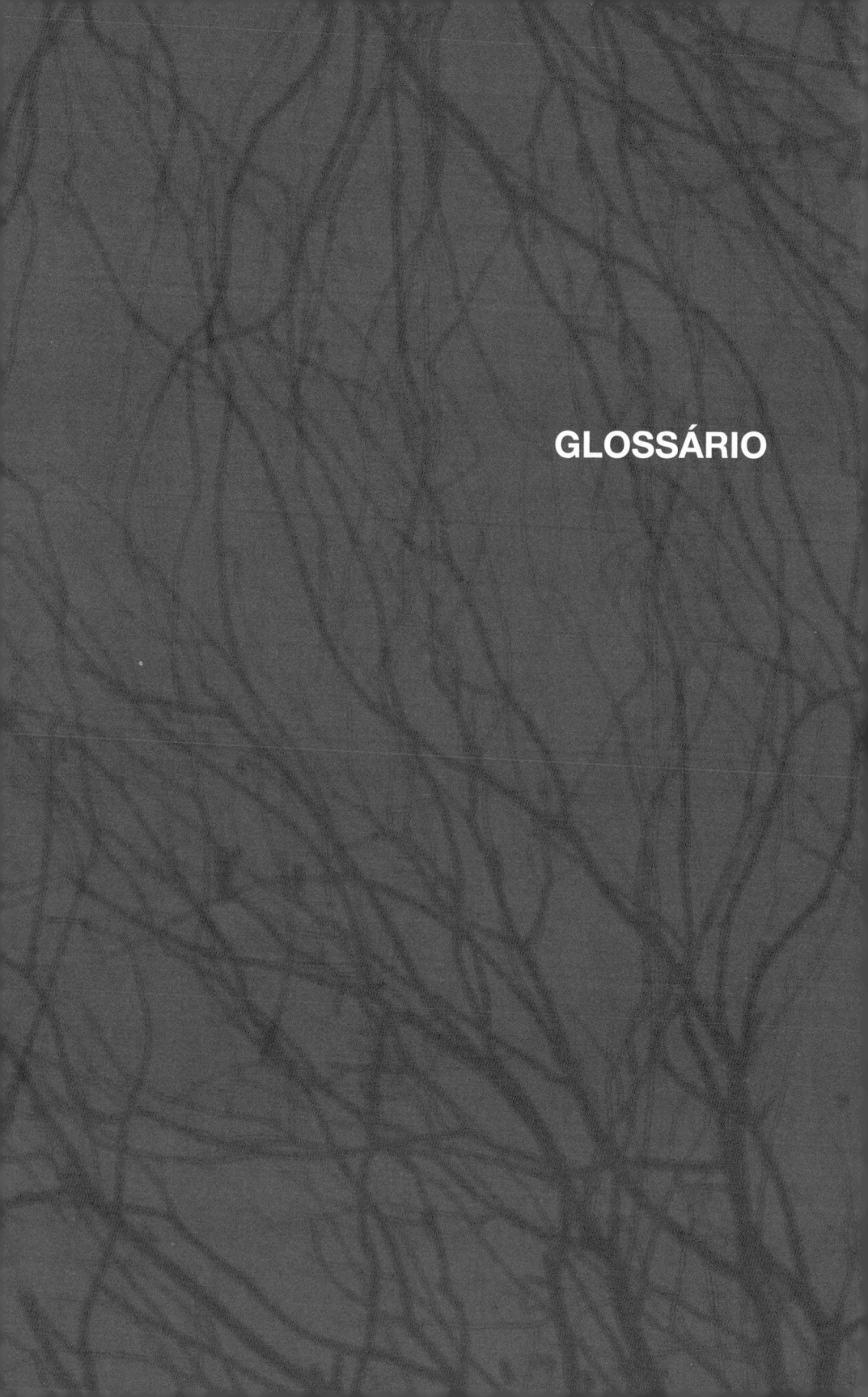

GLOSSÁRIO

Acreção

É um conceito da astrofísica conhecido como o processo de acúmulo de massa na superfície de um corpo. Corpos celestes com mais massa atraem gravitacionalmente outras massas que "caem" ou colidem com o primeiro. No processo de formação dos planetas a acreção é especialmente importante para a esfericidade, manutenção do magma e características geológicas dos planetas.

Anã vermelha

Uma anã vermelha é uma categoria para classificar as menores (anãs) e menos energéticas (vermelhas) estrelas que existem. São estrelas com massa entre 0,08 e 0,45 massas solares. Ou seja, um planeta gasoso com 0,079 massas solares está muito perto da energia necessária para iniciar o processo de fusão, mas como não o fez, ainda é conhecido como um planeta.

Antropoceno

O Antropoceno é um conceito formulado originalmente pelo químico holandês Paul Josef Crutzen em 1965 e diz respeito a uma nomenclatura geológica, tal qual o Haloceno (iniciado há cerca de 11 mil anos), na qual o ser humano (*antropo*) se tornou uma força transformadora em larga escala. Mudou relevos do planeta, interferiu na vida das espécies, provocou mudanças no clima, entre tantas outras coisas que levam a considerar essa nova era geológica, o Antropoceno. Mais recentemente, tem-se substituído o termo por "capitaloceno" para marcar que esses processo não diz respeito ao sapiens, mas a um modo de vida capitalista responsável por essas transformações.

Antropogênica/ Biogênica

Em sentido literal, antropo (humano) gênico (gênese, construção) é aquilo que foi gerado, criado, construído, causado, originado pelos seres humanos. No contexto empregado no livro, diz-se que as florestas amazônicas são antropogênicas para ressaltar que a distribuição do bioma amazônico hoje indica que tal disposição de espécies dominantes e hiperdominantes são diretamente relacionadas com a presença humana em convivência com a floresta por milhares de anos. Ou seja, ao menos nos últimos milhares de anos a formação da floresta amazônica possui íntima relação com a espécie humana. E, antes da presença humana no continente, essa floresta também era resultado de ações **biogênicas**, ou seja, da interação dinâmica com espécies de aves, mamíferos, répteis e artrópodes.

Biofotônica

A noção de biofotônica tem passado por transformações ao longo dos tempos. O termo original vem da descoberta dos biofótons, ou seja, emissões de fótons de luz (partículas) por tecidos de seres vivos de diferentes espécies. O papel dessas emissões e eventuais funções para os seres vivos encontra-se em plena descoberta ainda hoje. Neste livro, ao trazermos os trabalhos de Fritz-Albert Popp, estamos nos referindo a esses fenômenos e as hipóteses deste fenômeno associado ao DNA. Contudo, mais recentemente, tem se utilizado a palavra biofotônica associada a laboratórios ou ciências experimentais que visam produzir tecnologias a partir de emissão de fótons para fins médicos e terapêuticos em humanos. Uma área recente e ainda vista com certo ceticismo pelas ciências médicas.

Ciclos convectivos

Convecção é o conceito físico que expressa a troca de calor realizada pelo deslocamento de moléculas. Quando uma amostra de material fluido ou plasmático (água, ar, estrela) tem regiões com diferentes temperaturas ou em contato com diferentes fontes de calor, estabelece-se um deslocamento de moléculas ou partículas mais quentes em direção à região menos quente e vice-versa. Em uma sala com ar-condicionado ligado para refrigerar, o ar quente sobe e o ar frio desce; em uma estrela na qual o núcleo é muito quente e a fronteira com a superfície é menos quente há ciclos convectivos de matéria do núcleo para a superfície e da superfície para o núcleo. Esse movimento cíclico troca calor entre as moléculas soltas desse material tendendo a uniformizar a temperatura de todas.

Ciência

É o processo de investigação e elaboração de conhecimentos a partir de problemas relacionados à qualidade de vida coletiva, implementando e testando receitas e procedimentos a fim de resolvê-los. Por isso mesmo, a ciência está sempre mudando, conforme os mundos e suas relações mudam e novos problemas se lhe apresentam. A ciência é capaz de prever acontecimentos e elaborar explicações/modelos acerca de um ou mais conhecimentos. A ciência é reconhecida, compartilhada e validada por todos da comunidade que são, inexoravelmente, afetados por ela. Deste modo, a ciência é um meio e não um fim. Um meio de, exercendo a diplomacia da multinatureza das relações no coletivo, criar soluções para a qualidade de vida de todos os seres não humanos, humanos, visíveis e invisíveis.

Coerência das ondas

Do ponto de vista do comportamento ondulatório da luz, toda emissão se propaga seguindo um padrão de ondas. Para a maioria das emissões, essas ondas não são iguais, pois apresentam diferenças de fase, eventualmente de comprimento e, no caso da luz branca que contém diferentes ondas das cores dentro dela, diferença de frequência. Quando um mesmo tipo de onda (vermelho, por exemplo) é emitido de maneira idêntica e da mesma posição, dizemos que essas ondas são coerentes, pois o desenho da onda é coincidente (estão em fase). Veja a imagem explicativa a seguir.

Figura 22 – Vista do comportamento ondulatório da luz

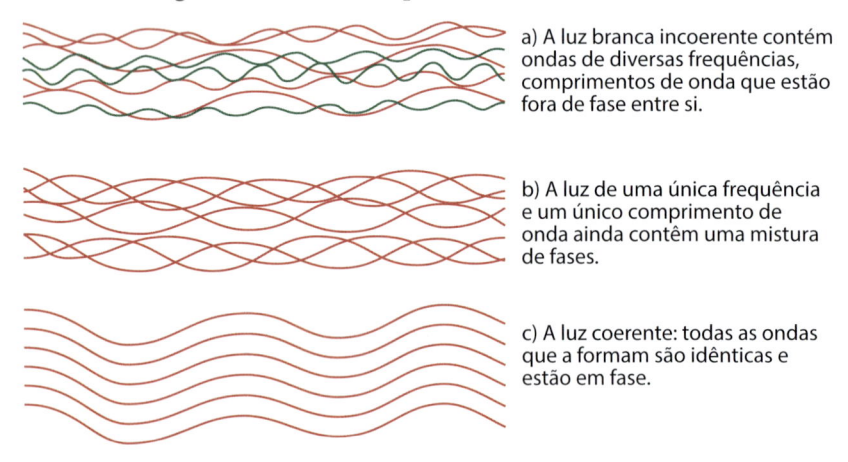

a) A luz branca incoerente contém ondas de diversas frequências, comprimentos de onda que estão fora de fase entre si.

b) A luz de uma única frequência e um único comprimento de onda ainda contêm uma mistura de fases.

c) A luz coerente: todas as ondas que a formam são idênticas e estão em fase.

No livro, refere-se a esse acontecimento pois a luz emitida na biofotônica é uma luz coerente. E com esta evidência, a hipótese de Popp foi a de que o DNA seria o seu responsável, dado que estruturas periódicas e cristais estão associados a emissões coerentes.

Combustão

Para haver combustão de um elemento, é necessário que exista energia molecular na forma de vibração. De tanto vibrar, o hidrogênio de um composto orgânico (como um galho de uma árvore, por exemplo), ligado ao carbono, ao entrar em contato com o gás de oxigênio do ar (O_2), separa os dois átomos dessa molécula (que também está cheia de vibração). Depois o hidrogênio desprende-se e se liga com um desses átomos de oxigênio. O outro imediatamente se prende ao carbono livre. Quando esses dois se juntam, elétrons são trocados, mudando de camadas no átomo e liberando luz e ondas de calor. Tem-se o fogo. O calor liberado na reação ajuda a aquecer ainda mais a madeira, que vai pegando mais oxigênio do ar e fazendo mais essa transformação, liberando mais calor, mais luz e, assim, queimando. Ou seja, o chamado ponto de autoignição da madeira se dá aos 260 ºC quando ela, sozinha, na presença de oxigênio, pega fogo.

Dualismo substancial

Em Filosofia, especificamente filosofia da mente, resgata-se uma dimensão que a mente e o corpo (dualismo) existem e são substancialmente diferentes. O corpo é operado por substâncias materiais, físicas enquanto a mente e os estados mentais são operados por uma entidade não física, que poderia, em tese, continuar existindo mesmo após a morte do corpo físico. No trecho citado no livro, fala-se do dualismo substancial cartesiano, que distingue essas duas coisas aferindo, inclusive, leis e descrições diferentes. Para Descartes, nas meditações metafísicas, a prova da existência de Deus é realizada por meio da *res cogitans*, isto é, a lógica.

Eletroencefalograma

Tipo de exame médico no qual eletrodos são colocados na cabeça e, diante de uma série de situações, comandos e operações que a pessoa faça que envolvam atividades cerebrais, os sinais elétricos são captados e padrões (ou irregularidades) são estabelecidos para determinadas regiões, que, por sua vez, são associadas com funções do cérebro.

Entropia

Entropia é uma grandeza física que mede o grau de desordem de um sistema. E desordem aqui se relaciona com os estados energéticos de qualquer sistema. O exemplo clássico disso é um *spray*. Uma vez que o botão é acionado e o líquido pressurizado sai do *spray*, todas aquelas moléculas mudaram o seu estado energético. Antes estavam presas, agora estão soltas pelo ar. E, ao saírem, espalham-se em configurações muito maiores do que onde estavam. Ou seja, a entropia desse sistema aumentou, pois muita desordem foi adicionada. Do ponto de vista energético, para fazer cada molécula liberada voltar para dentro da lata, seria necessário gastar muito mais energia do que se gastou para fazer as moléculas saírem. Portanto, existe uma associação muito forte entre entropia e energia. Se a entropia dos sistemas tende a aumentar, significa que existem muitos processos que são naturalmente irreversíveis. Uma pedra que cai de uma montanha jamais voltará para cima sozinha.

Epigenética

O prefixo grego *"epi"* indica o sentido de "algo sobre", "por cima de", "fora de", "por fora de". Sentido que se expressa em tecido epitelial (camada mais fina sobre a pele), por exemplo, ou epitáfio (mensagem sobre a lápide). De igual modo, em biologia, existem mudanças epigenéticas, isto é, aquelas que acontecem nos organismos e não estão associadas estritamente ao código genético. Por exemplo, já se tem mostrado que netos ou filhos de famílias com escassez regular de alimentos têm maior risco de desenvolver doenças cardiovasculares e diabetes. Isso não envolve nenhum tipo de modificação genética, mas são transformações fenotípicas epigenéticas. No texto, utilizei o termo "memória epigenética" para se referir a características da planta que guardou a informação de estímulo de suas folhas, sendo, portanto, algo que permaneceu na planta sem que nenhuma estrutura genética tenha sido alterada.

Equação de Schrödinger

Na física quântica, a equação de Schrödinger, criada pelo físico alemão Erwin Schrödinger, oferece a probabilidade de encontrar uma partícula quântica em uma certa região, já que sua localização exata não é possível de ser determinada pela rapidez e pelo princípio da incerteza associado aos objetos quânticos.

$$- \frac{\hbar^2}{2m} \frac{\partial^2 \Psi(x,t)}{\partial x^2} + V(x,t)\, \Psi(x,t) = i\hbar \frac{\partial \Psi(x,t)}{\partial t}$$

Nessa equação, o quadrado da variável psi (Ψ) representa a probabilidade de encontrar uma partícula em uma certa posição (x). Condição essa que depende da energia do sistema (V), e tal processo ocorre de maneira discreta (não contínua, ou seja, em pequenos pacotes de energia chamados de quantuns), característica fundamental dos objetos quânticos, por isso a mediação da constante de Planck (h) na equação. Essa equação é fundamental para descrever processos e dinâmicas de objetos quânticos e por essa natureza descritiva é conhecida como a fundadora da mecânica quântica. E uma curiosidade sobre ela é que, diferentemente da maioria das equações na física, essa equação não é originária de um processo de dedução matemática a partir de outras leis, mas foi montada com a finalidade de reunir, de maneira viável matematicamente, pressupostos da física quântica que estavam disponíveis naquela época, como os postulados de Einstein e de De Broglie, a relatividade e a equação de Planck.

Evento de Carrington:
Acontecimento solar nomeado em homenagem ao astrônomo amador inglês Richard Carrington, que, em 1859, registrou e sistematizou uma tempestade solar de partículas carregadas em alta intensidade e fluxo. A chuva de partículas observada por ele foi tão intensa que acontecimentos como as auroras boreais e austrais, comuns apenas nos polos magnéticos da Terra, foram observadas e registradas até na Colômbia (Moreno-Cárdenas; Cristancho-Sánchez; Vargas-Domínguez, 2016). Tal evento envolve os ciclos de atividade do Sol e a energia de suas partículas, e pode induzir correntes elétricas em qualquer circuito elétrico danificando seus componentes.

Evolução
Conjunto de estudos e descrições específicas das muitas e variadas formas que a fita de DNA encontrou para continuar se replicando. Não é um processo teleológico, mas um *continuum* que sempre considera as

relações materiais das formas de existências. Nesse sentido, o humano não é mais evoluído que o macaco. Ao contrário, entre o humano e uma samambaia ou uma bactéria, estas últimas, que conseguiram manter a sua forma e seu processo de trânsito de matéria por milhões de anos, são formas de existência mais seguras.

Existência

É a disposição de se relacionar com algo capaz de perceber. A garantia da existência está na interação de matéria, não em algum tipo de consciência capaz de aferir ou não se as coisas existem.

Fim

O fim definitivo das coisas (fim de toda existência) é a impossibilidade de qualquer pedaço de matéria interagir de algum modo com outra matéria ou campo. Isso ocorrerá na morte térmica do Universo, quando distendido o espaço-tempo de tal modo que sequer um pulso de luz conseguirá sair de um ponto e ser notado em outro. Assim, tampouco o campo gravitacional, elétrico ou magnético se fará perceptível. No zero absoluto da energia degradada, no limite máximo da entropia, e sem nenhum tipo de contato entre a mais elementar das partículas-onda no imenso Universo.

Funcionalista

É a ênfase que se dá para a explicação de acontecimentos sociais, políticos ou biológicos a partir das funções ou funcionalidade que os subjazem. Na filosofia funcionalista da mente, por exemplo, regiões do cérebro são responsáveis por determinadas funções no organismo. A leitura funcionalista ignora, muitas vezes, as razões, as causas, as implicações daqueles acontecimentos.

GABA

GABA é a sigla em inglês para *Gamma-AminoButyric Acid,* ou ácido gama-aminobutírico é uma molécula produzida nos neurônicos responsável por transmitir ou não sinais de um neurônio ao outro (neurotransmissor). Nos seres humanos, esse tipo de neurotransmissor está associado à musculatura e ao relaxamento.

Inerticidade

Aqui entendida como a capacidade de a matéria não mais reagir. Em condições de temperatura e pressão específicas como as da Terra, essa inerticidade é uma proeza. Mas para condições de temperatura reduzida do espaço aberto em expansão esta é a regra para a qual toda matéria correrá no curso da vida do Universo, quando todas as estrelas deixarem de produzir energia por fusão. Visto pelo conhecimento cosmológico atual, se a expansão do Universo não for um processo reversível, a inerticidade material pode ser vista como o caminho em comum para tudo que existe no Universo.

Movimento browniano

Em 1828, o botânico inglês Robert Brown observou que pequenos grãos de pólen na superfície da água faziam um movimento errático, incessante e nunca faziam curva. Em virtude disso, esse movimento de pequenas partículas imersas em fluidos, foi chamado de movimento browniano. Foi apenas em 1905 que físico alemão Albert Einstein construiu uma explicação e um modelo para este movimento. Trata-se de um movimento causado pelas colisões das moléculas do fluido com a partícula. Einstein formulou uma relação de dependência desse "deslocamento quadrático médio" de uma partícula em um fluido, ou seja, de que maneira, como e com qual taxa de variação uma partícula realiza esse movimento. Essa equação mostra que o movimento browniano depende fundamentalmente da quantidade de moléculas do fluido (constante de Avogadro), da viscosidade dele (grau de liberdade para se movimentar) e da temperatura (grau de vibração das moléculas do meio). Várias revisões nessa formulação foram realizadas ao longo dos anos, embora suas variáveis principais permaneçam as mesmas.

Figura 23 – Descrição do movimento de uma partícula movida
pelo movimento browoniano

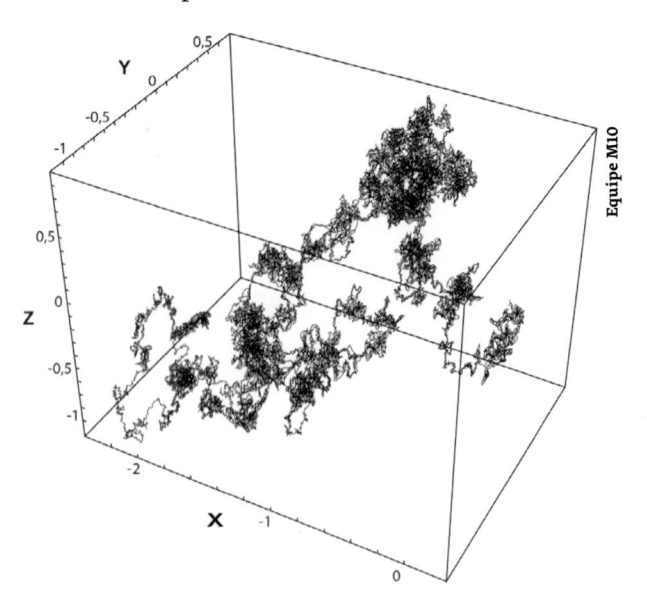

No contexto citado no livro, o movimento browniano tem importância literalmente vital para a hipótese abiogênica de origem da vida. Isso porque imersas em água salobra, proteínas e outras moléculas são movidas por forças de movimento browniano e eletromagnéticas para realizar operações como transcrição e montagem da fita cromossômica. É esse movimento que faz com que proteínas e moléculas possam se aproximar e eventualmente se associar. Item indispensável para o processo de funcionalidades de proteínas.

Nebulosa molecular

É uma nuvem composta basicamente de gás de hidrogênio e seus isótopos. Este é o mais simples e único átomo passível de ser formado espontaneamente após o *Big Bang*. As nebulosas moleculares foram por 300 milhões de anos as únicas coisas existentes no Universo, até a aparição das primeiras estrelas, que nascem da fusão do próprio gás hidrogênio.

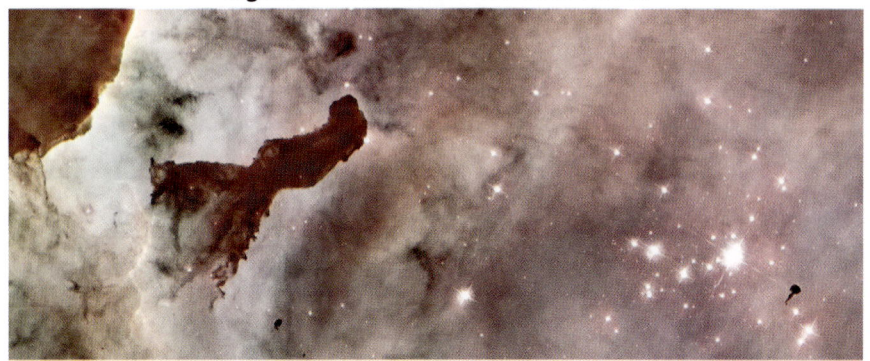

Figura 24 – Trecho da Nebulosa de Carina

Hubble Image: NASA, ESA, N. Smith (University of California, Berkeley), and The Hubble Heritage Team (STScI/AURA); CTIO Image: N. Smith (University of California, Berkeley) and NOAO/AURA/NSF

Taurina

O ácido 2-aminoetanossulfónico, também conhecido como taurina, é um ácido orgânico responsável por transmitir sinais de um neurônio a outro (neurotransmissor) mas também possui outras funções no organismo ligadas à absorção intestinal. No cérebro, ele auxilia o neutransmissor GABA potencializando seus efeitos ligados ao relaxamento muscular e ao sono.

Objetos quânticos

Em física moderna, os objetos quânticos são aqueles a partir dos quais a descrição do seu comportamento é mais precisa com as leis da mecânica quântica do que pelas leis da mecânica clássica. Normalmente esse limite é mais evidente a partir de uma escala de tamanho inferior ao núcleo atômico (aproximadamente 10-15m). O termo "objetos quânticos", portanto, denota não apenas um recorte de tamanho que acaba sendo aplicado para partículas subatômicas (existem mais de duas centenas de partículas assim entre instáveis e estáveis), mas também caracteriza o comportamento desses corpos a partir dos fenômenos descritos pela mecânica quântica.

Ontologia

Termo oriundo da filosofia grega que na acepção da palavra indica o estudo do ser. Naquele contexto, perscrutando questões sobre "O que é o ser?, "O que significa a existência do ser?", questões que permanecem até hoje nos pensamentos filosóficos atuais. Contudo, essas discussões filosóficas sobre o ser e suas características tomavam como premissa que o "ser" é apenas um, o humano. No campo dos estudos antropológicos e etnológicos, a chamada "virada ontológica" passou a olhar para diferentes povos e as formas pelas quais esses povos reconhecem o ser e a existência. Assim, neste livro, quando utilizo a palavra ontologia aponto para uma dimensão mais ampla de **construção da realidade** das coisas, da natureza e dos seres.

Paradigma do acercamento

Trata-se da distinguibilidade entre o indivíduo e o meio que fora construída sob uma certa dimensão de corpo e de seres. Sob a perspectiva aqui colocada, embora se possa pensar que existe corpo ou uma fronteira entre o que separa o lado de dentro de uma célula e o lado de fora dela, dado que a matéria transita entre o dentro e o fora e suas moléculas estão sempre sendo trocadas, a existência do corpo é mais formal do que material. Sob este último ponto de vista, o corpo pode ser visto como um conjunto de seres existindo localmente, mas ele não separa nada entre o dentro e o fora.

Pensamento

É todo processo de troca material. Enquanto há matéria disponível para reagir e trocar existem processos acontecendo com informações. Muitas vezes essas informações podem ser transferidas como em raízes de plantas, micorrizas de fungos, sinapses de cérebros, correntes marinhas e atmosféricas, névoas, correntezas, radiação solar, fluxo de magma, alimentação (incorporação). Em outros casos, como reações químicas ou nucleares, são pulsos pontuais cuja transmissão é mais difícil.

Percepção

Toda percepção pode ser resumida à interação possível entre matéria. Olhar é a troca de partículas de campo eletromagnético (fótons). Asteroides orbitando um ao outro além do Universo observável percebem-se reciprocamente. Assim, essa percepção recíproca é a garantia mínima de que existe uma relação entre essas formas materiais. E que, portanto, elas existem.

Perigeu e periélio, afélio e apogeu

Em astronomia, sabemos que as órbitas dos corpos celestes são elípticas; isso significa que o corpo central está em um dos dois centros da elipse. Assim, ao longo de sua trajetória, seja a Terra em torno do Sol, seja a Lua em torno da Terra, têm um ponto em que estão mais próximos do corpo orbitável e outro em que estão mais distantes. Quando a Terra está mais próxima do Sol, chamamos de periélio. Quando a Lua está mais próxima da Terra, chamamos de perigeu. Os pontos mais distantes são chamados, respectivamente, de afélio e apogeu.

Quarks

No estudo da física de partículas descrito pela mecânica quântica, quark é um tipo de partícula elementar (que não se divide e não é constituída de outras coisas) da ordem de 10-18m (um quintilionésimo de metro). Existem seis tipos de quark (*up, down, charm, strange, top e botom*), sendo que o mundo como conhecemos é constituído sobretudo dos *up* e *down* que juntos formam os prótons (dois *ups* e um *down*) e os nêutrons (dois *downs* e um *up*), que por sua vez formam todo núcleo da matéria conhecida.

Existem outros quarks maiores cuja existência foi mais comum em um período mais energético do Universo.

Quimioluminescência

Algumas reações químicas, quando acontecem, liberam fótons de luz como resultado do balanceamento energético de algumas moléculas em específico. O luminol é um exemplo de reação química desse tipo.

Radiação cósmica

Radiação é o nome dado aos processos de emissão de energia na forma de ondas eletromagnéticas (que também podem ser vistas como partículas, eventualmente). As radiações cósmicas são essas emissões de partículas ou ondas advindas de processos de formação estelar, colisões, fusão nuclear no interior de estrelas e eventuais reações espontâneas de outras partículas. O Universo está repleto dessas radiações, e o planeta Terra recebe muitas delas, sendo atravessado por outras ou defletindo outras por meio de seu campo magnético.

Realidade
É o conjunto de relações/interações/afecções entre formas de existência se fazendo umas às outras.

Relatividade restrita (Teoria da)
Também conhecida como teoria da relatividade especial de Einstein, foi proposta em 1905 em um artigo de título "Sobre a eletrodinâmica dos corpos em movimento". O argumento de Einstein nesse famoso texto é de que não há em nenhuma área da física uma dependência da ideia de um espaço absoluto, sendo que processos físicos podem ser vistos de maneira relativa aos seus respectivos referenciais e sistemas de coordenadas. As principais implicações físicas deste trabalho decorrem do postulado de que a luz se propaga com a mais alta velocidade possível de maneira constante. Não havendo nada mais rápido que a luz, se um feixe de luz for emitido por um objeto em movimento, a velocidade da luz não pode se somar à velocidade do objeto, como acontece com a relatividade dos corpos mecânicos. Dessa maneira, tanto o espaço quanto o tempo se tornam dimensões relativas e dependentes de referenciais. Em linhas gerais, para objetos com velocidades muito próximas à da luz o espaço se contrai e o tempo se dilata. Ou seja, para um objeto se movendo próximo à velocidade da luz, o tempo passa mais devagar e o espaço é mais reduzido. O tempo, portanto, é também uma dimensão espacial – por isso o uso do termo espaço-tempo. A teoria da relatividade especial foi amplamente comprovada empiricamente com experimentos envolvendo relógios de alta precisão em estações espaciais (altas velocidades) que são comparados com os relógios que ficaram na Terra. Das muitas maneiras que vi e li até agora para falar sobre a relatividade restrita a um público amplo, sem sombra de dúvidas a mais didática está no livro de divulgação do cosmólogo naturalizado norte-americano George Gamow, chamado *O incrível mundo da física moderna*, do qual recomendo a leitura.

Relatividade geral (Teoria da)

Seguindo o rastro da teoria da relatividade restrita no sentido da relativização das descrições físicas para diferentes referenciais e ausência de um espaço absoluto, Einstein, em uma série de artigos a partir de 1915, publicou uma nova descrição geométrica do espaço e da lei da gravitação. Se não existe espaço absoluto, descrever um objeto caindo em direção ao solo na Terra é igual a descrever uma Terra subindo em direção a um objeto, dependendo dos referenciais que se adotam. Nessa direção, os corpos orbitam outros não pela ação de uma força, mas porque a massa deforma o espaço-tempo e essa deformação consegue manter por um tempo corpos em órbita. De igual sentido, corpos muito massivos – como buracos negros, por exemplo – deformam mais, e nas suas proximidades o espaço-tempo se deforma tal qual o tempo transcorrido nele. A comprovação da teoria da relatividade geral aconteceu em um experimento em Sobral, cidade do interior do Ceará, em 1919, quando o advento de um eclipse permitiu medir qual a deflexão da luz de estrelas quando passa próximo do Sol. Pela teoria da relatividade, ainda que pouco, a luz emitida de uma estrela longínqua, ao passar próximo do Sol e chegar à Terra, deveria ser desviada pela curvatura espaço-temporal que o Sol causa. E isso de fato foi verificado, comprovando a teoria. Sobre a relatividade geral, recomendo a leitura do livro *O Universo numa casca de noz*, de Stephen Hawking, de grande qualidade diádica.

Renascença psicodélica

Substâncias psicodélicas são aquelas que induzem mudanças nos padrões de pensamentos, sensoriais e de percepção. Na história dos *sapiens* não há registro de povo que não tenha alguma substância psicodélica como parte de seu modo de vida ou ritualística. Muitas dessas substâncias comuns em diversos povos foram consideradas drogas ilícitas por governos ao redor do mundo (e muitas ainda o são) sobretudo a partir da política radical antidrogas dos Estados Unidos na década de 1970, como consequência e repressão aos movimentos *hippies* do final dos anos 1960. Assim, o potencial medicinal ou terapêutico dessas substâncias que começavam a ser estudadas foi duramente reprimido em grande parte do mundo. Mais recentemente, o aumento substancial de casos de distúrbios mentais como ansiedade e depressão, aliado à baixa resposta das terapias farmacológicas sobre esses distúrbios, tem feito com que grandes centros de pesquisa no mundo invistam em pesquisa para verificar a viabilidade de terapias psicodélicas contra diversos tipos de distúrbios. A volta para essa abordagem tem sido chamada de "Renascença psicodélica". Os resultados têm sido muito promissores como terapias auxiliares ao acompanhamento psicológico para substâncias como dimetiltriptamina (DMT), molécula presente na ayahuasca; psilocibina, ibogaína, mescalina e dietilamida do ácido lisérgico (LSD).

Ressonância magnética funcional
É um tipo de exame médico de imagem que consegue gerar com precisão imagens internas do corpo por meio de um campo magnético intenso que reorienta os prótons dos átomos de hidrogênio presentes no corpo. Não é invasivo, tampouco utiliza radiação ionizante e consegue gerar imagens precisas até de tecidos moles devido à grande presença de hidrogênio em todos os tecidos humanos biológicos.

Sucessões ecológicas
É o nome do processo em que espécies de seres vivos vão se sucedendo em um ambiente. Na formação ou exposição de um solo sem vida, formado por erupções vulcânicas ou degelos, por exemplo, alguns tipos específicos de seres conseguem se instalar nesse lugar vindos de longe. São chamadas espécies pioneiras, como liquens, algas verdes, fungos, bactérias, ervas daninhas, gramíneas cujas sementes ou esporos chegam pelo ar trazidos de outra parte do globo. Com o tempo, essas espécies conseguem degradar a rocha e torná-la mais nutritiva, permitindo a chegada de outras espécies não vegetais como insetos ou aves. Este processo continua aumentando a diversidade de espécies e a biomassa total do lugar.

Teoria da Atividade (Leontiev)
A teoria da atividade de Leontiev diferencia os termos operação, ação e atividade quanto ao grau de intencionalidade e consciência. Operação é o ato desprovido de consciência, como escovar os dentes, andar, dirigir etc. E alienação seria ter uma vida regulada por operações, coisa que o trabalho, no modo de produção capitalista, causa. A ação é um ato movido por uma meta individual. E a atividade é movida por um objetivo coletivo.

Terceira Lei de Kepler

A terceira lei de Kepler, conhecida como "Lei harmônica", indica uma relação entre o tempo que um corpo celeste demora para dar uma volta em torno do astro que orbita (período [T]) e a distância que esse corpo está daquele que orbita (ka). Na prática, quanto mais perto se está de um corpo central, mais rápido é o período de órbita, e quanto mais longe, mais devagar. Mas essa não é uma relação linear e sim mediada por exponenciais ao quadrado e ao cubo, conforme a formulação $T^2 = ka^3$.

Vida

Tudo que existe vive. E tudo que vive tende a acelerar a inerticidade da matéria. Uma estrela é viva pois assim o faz, o Universo em expansão idem, um rio idem, um asteroide idem, uma montanha, cristais, e também os seres que replicam DNA assim o fazem. O que muda nesses exemplos é a escala de tempo e de influência "local" que esses seres vivos são capazes de acelerar esse processo. Localmente, uma estrela coleta a matéria e a degrada, liberando energia, mas ao fim de sua vida a matéria liberada está mais inerte do que no início. Um planeta que recebe a energia liberada de uma estrela e a retém parcialmente, localmente tem mais dificuldade de tornar inerte a matéria (sobretudo gasosa e líquida). Assim sua reorganização molecular localmente faz o mesmo que uma estrela faz: capta a matéria disponível, transforma gás em sólido (DNA) e replica isso acelerando o processo.

Virada ontológica

No estudo dos povos originários e seus modos de enxergar o mundo e a existência, a antropologia passou por movimentos conceituais (epistemológicos) que foram alterando essa relação com o passar do tempo. O observador neutro convivendo com um povo indígena e tirando conclusões idiossincráticas a partir do seu juízo já foi visto como um modo correto do trabalho antropológico. No século XX, teorias como o perspectivismo ameríndio deslocaram o papel da alteridade epistemológica do observador para uma necessidade de se "levar a sério" o pensamento nativo. Assim, por exemplo, quando as pessoas de um povo falam sobre a personalidade de um rio, esse pensamento precisa ser tomado a sério sem o pré-juízo de que rios não possuem personalidade. Esse movimento impacta sobremaneira no modo que a pesquisa antropológica incide seus estudos, forçando quem deseja compreender outros povos a mergulhar nas ontologias por meio das quais esses povos constroem a realidade e os seres. Por isso esse movimento é conhecido como virada ontológica e resulta em uma revisão do compromisso etnológico em evitar representações e de mergulhar nas outras ontologias e outros mundos. Conferir SOARES, Antonio Carlos. Conceitos outros: as coisas e a Virada Ontológica. *Oficina do historiador*, Porto Alegre, v. 13, n. 1, p. 1-12, jan./jun. 2020. Disponível em: https://revistaseletronicas.pucrs.br/oficinadohistoriador/article/view/36312/19625. Acesso em: 9 out. 2024.

Xamã

Palavra originária dos povos da Sibéria (šaman) que significa "aquele que sabe". No contexto daqueles povos, esse nome denota uma pessoa que sabe como transitar entre mundos dos humanos e de outros seres. Possui, também por isso, papel religioso e ritualístico importante para diversos povos. A palavra, com o tempo, foi disseminada com diferentes grafias em russo, alemão, francês, inglês e no Brasil mantendo o mesmo sentido de pessoas com papel religioso, medicinal e intermediador para seus povos. Por conta das traduções das obras estrangeiras da antropologia, o termo em português também ficou conhecido. No Brasil, muitas vezes, entretanto, os povos indígenas falantes do português se referem aos seus xamãs pela palavra "*pajé*", para além das outras de suas respectivas línguas. Figura diferente do papel de "cacique", pessoa com atribuições de mediação política dentro das aldeias.

Zero absoluto

É a temperatura mais baixa do Universo, equivalente a – 273 ºC. Esse é o limite inferior de temperatura. Não existe nada com temperatura inferior a esse valor, pois a compreensão de temperatura está associada ao grau de vibração molecular e nessa temperatura as vibrações moleculares cessam. Por isso, na escala Kelvin, a unidade oficial de temperatura do Sistema Internacional de Unidades (SI), esse valor é chamado de zero absoluto, ou "zero kelvin", dado que nessa escala não existem temperaturas negativas.

REFERÊNCIAS

Abreu, J. C. Rã-txa hu-ni-ku-i...: A língua dos Caxinauás do Rio Ibuacú Afluente do Murú. 2. ed. Sociedade Capistrano de Abreu, 1914.

Aleman, I. et al. Herschel Planetary Nebula Survey (HerPlaNS): First Detection of OH+ in Planetary Nebulae. A&A, v. 566, n. A79, 2014. Disponível em: https://doi.org/10.1051/0004-6361/201322940. Acesso em: 9 out. 2024.

Alpi, A. et al. Plant neurobiology: no brain, no gain? Trends Plant Sci, v. 12, n. 4, p. 135-136, 2007. Disponível em: https://doi.org/10.1016/j.tplants.2007.03.002. Acesso em: 9 out. 2024.

Amoroso, M. A descoberta do manhafã: seguindo as trilhas da floresta com os Mura. In: Oliveira, J. C. de et al. (org.). Vozes vegetais: diversidade, resistências e histórias da floresta. São Paulo: Ubu, 2020. v. 1, p. 167-186.

Aparicio, M. Contradomesticação na Amazônia indígena: a botânica da pre-caução. In: Oliveira, J. C. de et al. (org.). Vozes vegetais: diversidade, resistên-cias e histórias da floresta. São Paulo: Ubu, 2020. v. 1, p. 189-212.

Arévalo, L. P. Epistemología e investigación indígena desde lo propio. Revista Guatemalteca de Educación, Guatemala, ano 2, n. 3, p. 195-227, jan./jun. 2010.

Aristóteles. De Anima. Apresentação, tradução e notas de Maria Cecília Gomes Reis. São Paulo: Editora 34, 2006.

Aristóteles. Política. Tradução e notas de Antônio C. Amaral e Carlos Gomes. Edição bilíngue. Belo Horizonte: Vega, 1998.

Auster, P. O livro das ilusões. São Paulo: Companhia das Letras, 2002.

Bagdonas, A. Controvérsias envolvendo a natureza da ciência em sequências didáticas sobre cosmologia. 2015. Tese (Doutorado em Ensino de Ciências) – Interunidades em Ensino de Ciências, Universidade de São Paulo, São Paulo, 2015.

Barbosa, D. de A. Avaliação fitoquímica e farmacológica de Genipa america-na L. (Rubiaceae). 2008. Dissertação (Mestrado em Ciências Farmacêuticas) – Faculdade de Farmácia, Universidade Federal do Rio de Janeiro, Rio de Janeiro, 2008.

Bar-on, Y. M.; Phillips, R.; Milo, R. *The Biomass Distribution on Earth. Biological Sciences*, v. 115, n. 25, p. 6506-6511, 2018. Disponível em: https://doi.org/10.1073/pnas.1711842115. Acesso em: 9 out. 2024.

Barreto, M. R.; Eiterer, E. *Memórias indígenas na ditadura: cárcere e tortura no reformatório Krenak-MG*. In: CONGRESSO INTERNACIONAL DE HISTÓRIA, 7., 2015, Maringá. Anais [...]. Maringá: Universidade Estadual de Maringá, 2015. p. 2673-2685.

Bartheld, C. V.; Bahney, J.; Herculano-Houzel, S. *The Search for true Numbers of Neurons and Glial Cells in the Human Brain: A Review of 150 Years of Cell Counting. Journal of Comparative Neurology*, v. 524, n. 18, p. 3865-3895, 2016. Disponível em: https://doi.org/10.1002/cne.24040. Acesso em: 9 out. 2024.

Bennett, C.m.; Miller, M.b.; Wolford, G.L. *Neural correlates of interspecies perspective taking in the post-mortem Atlantic Salmon: an argument for multiple comparisons correction. Organization for Human Brain Mapping Abstracts*, v. 47, supl. 1, 2009.

Berbee, M. L. et al. *Genomic and fossil windows into the secret lives of the most ancient fungi. Nature Reviews Microbiology*, n. 18, p. 717-730, 2020. Disponível em: https://doi.org/10.1038/s41579-020-0426-8. Acesso em: 9 out. 2024.

Blaser, M. *Reflexiones sobre la ontología política de los conflictos socioambientales*. In: GREEN, Lesley (ed.). *Contested Ecologies: Nature and Knowledge*. HSRC Press, 2013.

Boldrini, M. et al. *Human Hippocampal Neurogenesis Persists throughout Aging. Cell Stem Cell*, v. 22, n. 4, p. 589-599, 2018. Disponível em: https://doi.org/10.1016/j.stem.2018.03.015. Acesso em: 9 out. 2024.

Bouwers, L. *A Spoonful of Molybdenum, some Ulysses and the Origin of Life, Scientific American*, 12 abr. 2012.

Bueno, L.; Dias, A. *Povoamento inicial da América do Sul: contribuições do contexto brasileiro. Estudos Avançados*, v. 29, n. 83, p. 119-147, 2015. Disponível em: https://doi.org/10.1590/S0103-40142015000100009. Acesso em: 9 out. 2024.

Callendar, G. S. *The artificial production of carbon dioxide and its influence on temperature*. Quarterly Journal of the Royal Meteorological Society, n. 64, p. 223, 1938. Disponível em: https://rmets.onlinelibrary.wiley.com/doi/abs/10.1002/qj.49706427503. Acesso em: 9 out. 2024.

Campbell, J. *O poder do mito*. São Paulo: Palas Athena, 1991.

Campos, R. C. *Não aponte o dedo para Aquarinã*. In: MINAS GERAIS. Secretaria Estadual da Educação. BAY: a educação escolar indígena em Minas Gerais. Belo Horizonte: SEE/MG, 1998.

Camprubí, E. et al. *The Emergence of Life*. Space Science Reviews, v. 215, n. 56, 2019. Disponível em: https://doi.org/10.1007/s11214-019-0624-8. Acesso em: 9 out. 2024.

Cangussu, D. *A história vegetal dos caminhos humanos*. In: Britos, A. G. V.; Chizzolini, B.; Pitombo, R. (org.). Verdejar ante a ruína: escritos para cultivar novos mundos. São Paulo: Anai Graciela Vera Britos, 2021a. p. 48-57.

Cangussu, D. *Manual do indigenista mateiro: princípios de botânica e arqueologia aplicados ao monitoramento e proteção dos territórios dos povos indígenas isolados na Amazônia*. 2021. Dissertação (Mestrado em Gestão de Áreas Protegidas na Amazônia) – Instituto Nacional de Pesquisa da Amazônia, Manaus, 2021b.

Cariello, R. *O antropólogo contra o Estado*. Revista Piauí, ed. 88, 2014. Disponível em: https://piaui.folha.uol.com.br/materia/o-antropologo-contra-o-estado/. Acesso em: 24 out. 2024.

Carnap, R. *A superação da metafísica pela análise lógica da linguagem*. Tradução: William Steinle. Cognitio, São Paulo, v. 10, n. 2, p. 293-309, 2009. Disponível em: https://revistas.pucsp.br/index.php/cognitiofilosofia/article/view/13441/9965. Acesso em: 9 out. 2024.

Carniello, M. A. *Ciências naturais do projeto tucum: uma breve conversa*. In: MATO GROSSO. Secretaria de Estado da Educação. Urucum, jenipapo e giz: a educação escolar indígena em debate. Cuiabá: SEE, 1997. p. 159-166.

Casadevall, A.; Damman, C. Updating the fungal infection-mammalian selection hypothesis at the end of the Cretaceous Period. PLoS Pathog, v. 16, n. 7, e1008451, 2020. Disponível em: https://doi.org/10.1371/journal.ppat.1008451. Acesso em: 9 out. 2024.

Castro, E. V. de. A inconstância da alma selvagem. São Paulo: Cosac Naify, 2001.

Castro, E. V. de. Metafísicas canibais. São Paulo: Cosac Naify, 2015.

Cavalcante, C. et al. (org.). Poesia sobre os conhecimentos Xakriabá. Belo Horizonte: Literaterras, 2013. Disponível em: https://issuu.com/casaparaisopolis/docs/poesiaxakriaba_catalogo. Acesso em: 9 out. 2024.

Chalmers, A. F. O que é ciência afinal? São Paulo: Brasiliense, 1993.

Chmyz, I.; Sauner, Z. C. Nota prévia sobre as pesquisas arqueológicas no vale do rio Piquiri. Dédalo, ano 7, n. 13, p. 7-36, 1971.

Clastres, P. A sociedade contra o Estado: pesquisas de antropologia política. São Paulo: Cosac Naify, 2013.

Clemente, J. C. et al. The microbiome of uncontacted Amerindians. Science Advances, v. 1, n. 3, 2015. Disponível em: http://dx.doi.org/10.1126/sciadv.1500183. Acesso em: 9 out. 2024.

Coccia, E. A vida das plantas: uma metafísica da mistura. Tradução: Fernando Sheibe. Florianópolis: Cultura e Barbárie, 2018.

Coelho, A. C. S.; Sousa, E. S. A pintura corporal: grafismo como ferramenta de respeito escolar na educação diferenciada entre a autoafirmação indígena e o preconceito minimizado. 2019.

Côrtes, C. N. O aprendizado no ritual Toré Kiriri: uma pedagogia do caracol. In: MATO GROSSO. Secretaria de Estado da Educação. Urucum, jenipapo e giz: a educação escolar indígena em debate. Cuiabá: SEE, 1997.

D'abbeville, C. Histoire de la mission des pères capucins en l'isle de Maragnan et terres circonvoisines où est traicté des singularitez admirables et, des moeurs meveilleuses des indiens. Gallica: Bibliothèque Numérique de la Bibliothèque Nationale de France, [1614] 1995. Microfilm Reprod. de l'éd. de Paris: de

l'Impr. de François Huby, 1614. Disponível em: https://archive.org/stream/
histoiredelamiss00clau#page/n3/mode/2up. Acesso em: 9 out. 2024.

D'angelis, W. R. Aprisionando sonhos: a educação escolar indígena no Brasil. Campinas: Curt Nimuendaju, 2012.

Danowski, D.; Castro, E. V. de. Há mundo por vir?: ensaio sobre os medos e os fins. Florianópolis: Cultura e Barbárie, 2015.

Darwin, C. A origem das espécies. Tradução: Ana Afonso. 6. ed. Editora Planeta Vivo, 2009.

Darwin, C. R.; Darwin, F. The Power of Movement in Plants. Londres: John Murray, 1880.

Davenport, E. R. et al. The human microbiome in evolution. BMC Biology, v. 15, n. 127, 2017. Disponível em: https://doi.org/10.1186/s12915-017-0454-7. Acesso em: 9 out. 2024.

De La Cadena, M. Earth Beings: Ecologies of Practice across Andean Worlds. Durham: Duke University Press, 2015.

Del Monte, U. Does the cell number 109 still really fit one gram of tumor tissue. Cell Cycle, v. 8, n. 3, p. 505-506, 2009. Disponível em: https://doi.org/10.4161/cc.8.3.7608. Acesso em: 9 out. 2024.

Deleuze, G. Logique du Sens. Paris: Les Éditions de Minuit, 1969.

Dussel, E. Europa, modernidade e eurocentrismo. In: LANDER, E. (org.). A colonialidade do saber: eurocentrismo e ciências sociais. Perspectivas latino--americanas. Buenos Aires: Clacso, 2005. p. 55-70.

Elgar, G.; Vavouri, T. Tuning in to the signals: noncoding sequence conservation in vertebrate genomes. Trends in Genetics, v. 24, n. 7, p. 344–352, 2008. Disponível em: https://www.sciencedirect.com/science/article/abs/pii/S0168952508001510. Acesso em: 9 out. 2024.

Emperaire, L. Dissonâncias vegetais: entre roças e tratados. In: Oliveira, J. C. de et al. (org.). Vozes vegetais: diversidade, resistências e histórias da floresta. São Paulo: Ubu, 2020. v. 1, p. 57-76.

Fernandes, M. R. *O mundo num ouriço de castanha: a mitopoética dos índios Apurinã e o espírito ancestral das castanheiras*. In: Oliveira, J. C. de et al. (org.). *Vozes vegetais: diversidade, resistências e histórias da floresta*. São Paulo: Ubu, 2020. v. 1, p. 247-265.

Feyerabend, P. *Adeus à razão*. São Paulo: Unesp, 2010.

Feyerabend, P. *Contra o método*. São Paulo: Unesp, 2009.

Fisher, M. *Realismo capitalista: é mais fácil imaginar o fim do mundo do que o fim do capitalismo?* Tradução: Rodrigo Gonsalves, Jorge Adeodato e Maikel da Silveira. São Paulo: Autonomia Literária, 2020.

Frassetto, P. T. *Vocabulário Unificado Português-Krenak (Botocudo), Krenak-Português do século XIX: Maximilian Wied-Neuwied, Charles Frederick Hartt, Claro Monteiro do Amaral*. Brasília, DF: Funai, 2018.

Freire, J. R. B.; Malheiros, M. *Aldeamentos indígenas do Rio de Janeiro*. 2. ed. Rio de Janeiro: EdUERJ, 2009. v. 1.

Freire, P. *Pedagogia da autonomia: saberes necessários à prática educativa*. Rio de Janeiro: Paz e Terra, 1996.

Freire, P. *Pedagogia da indignação: cartas pedagógicas e outros escritos*. São Paulo: Unesp, 2000.

Furquim, L. P. *O acúmulo das diferenças: nota arqueológica sobre a relação entre sócio e biodiversidade na Amazônia antiga*. In: Oliveira, J. C. de et al. (org.). *Vozes vegetais: diversidade, resistências e histórias da floresta*. São Paulo: Ubu, 2020. v. 1, p. 125-139.

Galilei, G. *Diálogo sobre os dois máximos sistemas do mundo ptolomaico e copernicano*. Tradução, introdução e notas: P. R. Mariconda. São Paulo: Editora 34, [1632] 2011.

Galison, P. *Os relógios de Einstein e os mapas de Poincaré: impérios do tempo*. Lisboa: Gradiva, 2005.

Gamow, G. *O incrível mundo da física moderna*. São Paulo: Ibrasa, 1976.

Gardner, H. *A nova ciência da mente*. São Paulo: Edusp, 2003.

Garzón, P. C.; Keijzer, F. *Plants: Adaptive behavior, root-brains, and minimal cognition*. Adaptive behavior, v. 19, n. 3, p. 155-171, 2011. Disponível em: https://doi.org/10.1177/1059712311409446. Acesso em: 9 out. 2024.

Gonçalves, C. W. *Os (des)caminhos do meio ambiente*. São Paulo: Contexto, 2018.

Gray, J. *Cachorros de palha*. Rio de Janeiro: Record, 2006.

Hahn, H.; Neurath, O.; Carnap, R. A. *Concepção científica do mundo: o Círculo de Viena*. Cadernos de História e Filosofia da Ciência, v. 10, série 1, p. 5-20, 1986. Disponível em: https://www.cle.unicamp.br/eprints/index.php/cadernos/article/view/1220. Acesso em: 9 out. 2024.

Hawking, S. *O Universo numa casca de noz*. Rio de Janeiro: Intrínseca, 2016.

Hayman, J. et al. *The illnesses of Charles Darwin and his children: a lesson in consanguinity*. Biological Journal of the Linnean Society, v. 121, n. 2, p. 458-468, 2017. Disponível em: https://doi.org/10.1093/biolinnean/blw041. Acesso em: 9 out. 2024.

Herculano-Houzel, S. *Ciência e centavos*. Revista Piauí, ed. 107, 2015. Disponível em: https://piaui.folha.uol.com.br/materia/ciencia-e-centavos/. Acesso em: 9 out. 2024.

Herculano-Houzel, S. *Longevity and sexual maturity vary across species with number of cortical neurons, and humans are no exception*. The Journal of Comparative Neurology, v. 527, n. 10, p. 1689-1706, 2019. Disponível em: https://doi.org/10.1002/cne.24564. Acesso em: 9 out. 2024.

Herculano-Houzel, S. *The human brain in numbers: a linearly scaled-up primate brain*. Front. Hum. Neurosci., v. 3, 2009. Disponível em: https://doi.org/10.3389/neuro.09.031.2009. Acesso em: 9 out. 2024.

Hof, A. E. V. et al. *The industrial melanism mutation in British peppered moths is a transposable element*. Nature, ed. 534, p. 102-105, 2016. Disponível em: https://doi.org/10.1038/nature17951. Acesso em: 9 out. 2024.

Holloway, J. El pensamiento crítico frente à la hidra capitalista. In: COMISIÓN SEXTA DEL EZLN. El pensamiento crítico frente a la hidra capitalista III. México: Comisión Sexta Adherente, 2015. p. 170-174.

Inácio, A. N. Vênh Kanhrãn. In: Bergamaschi, M. A.; Venzon, R. A. Pensando a educação Kaingang. Pelotas: Editora Universitária UFPEL, 2010.

James, T. Y. et al. Reconstructing the early evolution of Fungi using a six-gene phylogeny. Nature, ed. 443, p. 818-822, 2006. Disponível em: https://doi.org/10.1038/nature05110. Acesso em: 9 out. 2024.

Jonas, H. O princípio vida: fundamentos para uma biologia filosófica. Tradução: Carlos Almeida Pereira. Petrópolis: Vozes, 2004.

Kaiowá, I. J. As plantas ouvem a nossa voz: cantos e cuidados rituais Kaiowá. In: Oliveira, J. C. de et al. (org.). Vozes vegetais: diversidade, resistências e histórias da floresta. São Paulo: Ubu, 2020. v. 1, p. 201-302.

Kant, I. Crítica da Razão Pura. Tradução: Valerio Rohden e Baldur Moosburger. São Paulo: Nova Cultural, 1999.

Kant, I. Observações sobre o sentimento do belo e do sublime e Ensaios sobre as doenças mentais. Introdução, tradução e estudo: Vinicius Figueiredo. Editora Clandestina, 2018.

Kant, I. Resposta à pergunta: que é Esclarecimento? Tradução: Luiz Paulo Rouanet. Casa das Musas, 2008.

Keeling, C. D. The concentration and isotopic abundances of carbon dioxide in the atmosphere. Tellus, v. 12, n. 2, p. 200–203, 1960. Disponível em: https://onlinelibrary.wiley.com/doi/abs/10.1111/j.2153-3490.1960.tb01300.x. Acesso em: 9 out. 2024.

Koch, A. et al. Earth system impacts of the European arrival and Great Dying in the Americas after 1492. Quaternary Science Reviews, v. 207, n. 1, p. 13-36, 2019. Disponível em: https://doi.org/10.1016/j.quascirev.2018.12.004. Acesso em: 9 out. 2024.

Kohn, E. Como os cães sonham: naturezas amazônicas e as políticas de engajamento transespécies. Ponto Urbe, v. 19, 2016.

Kopenawa, D.; Albert, B. *A queda do céu: palavras de um xamã yanomami*. São Paulo: Companhia das Letras, 2015.

Koyré, A. *Estudios galileanos*. Buenos Aires: Siglo XXI, 1990.

Krenak, A. *Ideias para adiar o fim do mundo*. São Paulo: Companhia das Letras, 2019.

Krenak, E. *O sonho de Borum*. Ilustrações: Maurício Negro. Belo Horizonte: Autêntica, 2015.

Kuhn, T. *A estrutura das revoluções científicas*. São Paulo: Perspectiva, 2006.

Kuper, A. *Cultura, a visão dos antropólogos*. Bauru: Edusc, 2002.

Ladeira, M. E. De "povos ágrafos" a "cidadãos analfabetos": as concepções teóricas subjacentes às propostas educacionais para os povos indígenas. In: Cunha, M. C. da; Cesarino, P. (org.). *Políticas culturais e povos indígenas*. São Paulo: Unesp, 2014. p. 435-454.

Las Casas, B. *Brevíssima relação da destruição das Índias: o paraíso destruído*. Tradução: Heraldo Barbuy. Porto Alegre: L&PM, [1542] 1984.

Latour, B. *A esperança de Pandora*. São Paulo: Editora Unesp, 2017.

Latour, B. *Cogitamus: seis cartas sobre as humanidades científicas*. Tradução: Jamille Pinheiro Dias. São Paulo: Editora 34, 2016.

Latour, B. *Diante de Gaia: oito conferências sobre a natureza do Antropoceno*. São Paulo: Ubu: Ateliê de Humanidades, 2020.

Leite, L. H. A. Aprendendo com a educação indígena. In: MINAS GERAIS. Secretaria Estadual da Educação. *BAY: a educação escolar indígena em Minas Gerais*. Belo Horizonte: SEE/MG, 1998.

Leontiev, A. N. *O desenvolvimento do psiquismo*. Lisboa: Livros Horizonte, 1978.

Lévi-Strauss, C. *Antropologia estrutural dois*. São Paulo: Ubu, 2017.

Lévi-Strauss, C. Do mel às cinzas: Mitológicas II. São Paulo: Cosac Naify, 2005.

Lévi-Strauss, C. O cru e o cozido: Mitológicas I. São Paulo: Cosac Naify, 2004.

Lévi-Strauss, C. O homem nu: Mitológicas IV. São Paulo: Cosac Naify, 2006.

López, A. M. Las señas: una aproximación a las cosmo-políticas de los moqoit del Chaco. Etnografías Contemporáneas, v. 3, n. 4, p. 92-127, 2017. Disponível em: https://revistasacademicas.unsam.edu.ar/index.php/etnocontemp/article/view/430. Acesso em: 9 out. 2024.

Machado, V. F. O hálito das palavras: ciências (multi)naturais contra o preconceito. 2020. Tese (Doutorado em Educação) – Faculdade de Educação, Universidade de São Paulo, São Paulo, 2020.

Machado, V. F. Silêncio docente e emancipação: entre lições indígenas, Freire e Rancière. Educação e Pesquisa, São Paulo, v. 49, e251220, 2022. Disponível em: https://doi.org/10.1590/S1678-4634202349251220. Acesso em: 9 out. 2024.

Maduro, R. P. O processo de afirmação da identidade étnica dos Borari de Alter do Chão-PA. 2018. Dissertação (Mestrado em Ciências Humanas) – Universidade do Estado do Amazonas, Manaus, 2018. Disponível em: http://repositorioinstitucional.uea.edu.br//handle/riuea/2159. Acesso em: 9 out. 2024.

Maia, V. A. et al. The carbon sink of tropical seasonal forests in southeastern Brazil can be under threat. Science Advances, v. 6, n. 51, eabd4548, 2020. Disponível em: https://doi.org/10.1126/sciadv.abd4548. Acesso em: 9 out. 2024.

Maizza, F. Especulações sobre pupunheiras ou cuidar com parentes-planta. In: Oliveira, J. C. de et al. (org.). Vozes vegetais: diversidade, resistências e histórias da floresta. São Paulo: Ubu, 2020. v. 1, p. 213-277.

Mancuso, S. Revolução das plantas: um novo modelo para o futuro. Tradução: Regina Silva. São Paulo: Ubu, 2019.

Mariconda, P. R. Galileu e teoria das marés. Caderno de História e Filosofia da Ciência, v. 9, n. 1-2, p. 33-71, jan./dez. 1999. Disponível em: https://biblio.fflch.usp.br/Mariconda_PR_15_1182219_GalileuEATeoriaDasMares.pdf. Acesso em: 9 out. 2024.

Mato Grosso. Secretaria de Estado da Educação. *Urucum, jenipapo e giz: a educação escolar indígena em debate*. Cuiabá: SEE, 1997.

Maturana, H.; Varela, F. J. *A árvore do conhecimento: as bases biológicas do entendimento humano*. Campinas: Psy II, 1995.

Microplásticos na atmosfera podem afetar sistema respiratório. *Jornal da USP*, São Paulo, 7 out. 2020. Disponível em: https://jornal.usp.br/ciencias/microplasticos-na-atmosfera-podem-afetar-sistema-respiratorio-de-forma-grave/. Acesso em: 9 out. 2024.

Mignolo, W. D. Colonialidade: o lado mais escuro da modernidade. *Revista Brasileira de Ciências Sociais*, v. 32, n. 94, 2017. Disponível em: http://dx.doi.org/10.17666/329402/2017. Acesso em: 9 out. 2024.

Montaigne, M. *Ensaios*. Tradução: Sérgio Milliet. Revisão técnica e notas: Edson Querubini. São Paulo: Editora 34, 2016.

Mora, C. et al. How many species are there on Earth and in the ocean? *PLOS Biology*, v. 9, n. 8, 2011. Disponível em: https://doi.org/10.1371/journal.pbio.1001127. Acesso em: 9 out. 2024.

Moraes, V. "Pátria minha". In: *Vinicius de Moraes: poesia completa e prosa*. Organização: Alexei Bueno. Rio de Janeiro: Nova Aguilar, 1998. p. 383-385.

Moreira, P. A. Memórias sobre as cuias: o que contam os quintais e florestas alagáveis na Amazônia brasileira? In: Oliveira, J. C. de et al. (org.). *Vozes vegetais: diversidade, resistências e histórias da floresta*. São Paulo: Ubu, 2020. v. 1, p. 154-166.

Moreno-Cárdenas, F.; Cristancho-Sánchez, S.; Vargas-Domínguez, S. The grand aurorae borealis seen in Colombia in 1859. *Advances in Space Research*, v. 57, n. 1, p. 257-267, 2016. Disponível em: https://doi.org/10.1016/j.asr.2015.08.026. Acesso em: 9 out. 2024.

Munduruku, D. *Tempo de histórias: antologia de contos indígenas de ensinamento*. São Paulo: Moderna, 2014.

Munduruku, D. *O banquete dos deuses*. São Paulo: Global Editora, 2016.

Munduruku, D.; Wapichana, C. *Currículo da cidade: povos indígenas: orientações pedagógicas*. Secretaria Municipal de Educação. Coordenadoria Pedagógica. São Paulo: SME: COPED, 2019.

Murphy, I. *Educação indígena Kayapó: orientações para professores não kayapó*. In: MATO GROSSO. Secretaria Estadual de Educação. *Ameríndia: tecendo os caminhos da educação escolar*. Cuiabá: SEPLAN: PRODEAGRO, 1997.

Na Asa do vento. Intérprete: Caetano Veloso. Compositores: João do Vale e Luiz Vieira. In: JOIA. Intérprete: Caetano Veloso. [S. l.]: Phonogram/Philips, 1975. 1 LP.

Narby, J. *A serpente cósmica: o DNA e as origens do saber*. Rio de Janeiro: Dantes, 2018.

Neves, E. G. *Castanha, pinhão e pequi ou a alma antiga dos bosques do Brasil*. In: Oliveira, J. C. de et al. (org.). *Vozes vegetais: diversidade, resistências e histórias da floresta*. São Paulo: Ubu, 2020. v. 1, p. 109-124.

Newton, I. *Princípios Matemáticos da Filosofia Natural*. 2. ed. Tradução e notas: J. Resina Rodrigues. Lisboa: Fundação Calouste Gulbenkian, [1687] 2017.

Nimuendaju, Curt. *As lendas da criação e destruição do mundo como fundamentos da religião dos Apapocuva-Guarani*. São Paulo: Hucitec: Edusp, [1914] 1987.

Oliveira, J. C. de et al. (org.). *Vozes vegetais: diversidade, resistências e histórias da floresta*. São Paulo: Ubu, 2020. v. 1.

Oliveira, J. C. de. *Agricultura contra o Estado*. In: Oliveira, J. C. et al. (org.). *Vozes vegetais: diversidade, resistências e histórias da floresta*. 1. ed. São Paulo: Ubu, 2020. v. 1, p. 77-96.

Oliveira, J. C. de; Santos, L. K. *"Perguntas de mais": multiplicidades de modos de conhecer em uma experiência de formação de pesquisadores Guarani Mbya*. In: Cunha, M. C. da; Cesarino, P. (org.). *Políticas culturais e povos indígenas*. São Paulo: Unesp, 2014. p. 113-114.

Pasold, G. R. B. *Paraísos, monstros e um náufrago português: Aleixo Garcia e a mitologia da conquista ibérica (1300-1745)*. Revista Santa Catarina em História, v. 7, n. 1, p. 24-43, 2013. Disponível em: https://ojs.sites.ufsc.br/index.php/sceh/issue/view/51. Acesso em: 9 out. 2024.

Pataxó da aldeia Muã Mimatxi (Povo). *A pedagogia da lente do nosso olhar e as mãos da Natureza.* Belo Horizonte: Faculdade de Letras da UFMG, 2013.

Pataxó da aldeia Muã Mimatxi (Povo). *Calendários dos tempos.* Belo Horizonte: Faculdade de Letras da UFMG, 2012.

Peggion, E. A. *Notas sobre o papel do professor na educação escolar indígena.* In: MATO GROSSO. Secretaria de Estado da Educação. *Urucum, jenipapo e giz: a educação escolar indígena em debate.* Cuiabá: SEE, 1997.

Pessoa Jr., O. *Conceitos de física quântica.* São Paulo: Livraria da Física, 2003. v. 1.

Pessoa, M. A. M. *O mito do Dilúvio nas Américas. The Deluge Myth in the Americas. Estudo analítico e bibliográfico.* Revista do Museu Paulista, Nova Série, São Paulo, v. IV, p. 7-48, 1950.

Pinker, S. *Como a mente funciona.* São Paulo: Companhia das Letras, 2004.

Plass, G. N. *The Carbon Dioxide Theory of Climatic Change.* Tellus, v. 8, n. 2, 140-153, 1956. Disponível em: https://onlinelibrary.wiley.com/doi/abs/10.1111/j.2153-3490.1956.tb01206.x. Acesso em: 9 out. 2024.

Popp, F. A. *On the coherence of ultraweak photoemission from living tissues.* In: Kilmister, C. W. (ed.). *Disequilibrium and Self-Organization.* Dordrecht: D. Reidel Publishing Company, 1986. p. 207-230.

Popp, F. A. *Some Essential Questions of Biophoton Research and Probable Answers.* In: Popp, F. A.; Li, K. H.; Gu, Q. (ed.). *Recent Advances in Biophoton Research and its Applications.* Singapura: World Scientific, 1992. p. 1-46.

Popper, K. *A lógica da pesquisa científica.* São Paulo: Cultrix, 2013.

Popper, K. *Unended Quest: an intellectual autobiography.* Londres: Nova York: Routledge, 2002.

Prado, F. de B. L. *O dia e a noite.* In: MINAS GERAIS. Secretaria Estadual da Educação. *BAY: a educação escolar indígena em Minas Gerais.* Belo Horizonte: SEE/MG, 1998.

Pugliese, J. Biopolitics of the More-Than-Human: Forensic Ecologies of Violence. Durham: Duke University Press, 2020.

Quijano, A. Colonialidade do poder, eurocentrismo e América Latina. In: Lander, E. (org.). A colonialidade do saber: eurocentrismo e ciências sociais. Perspectivas latino-americanas. Buenos Aires: Clacso, 2005. p. 107-130.

Rancière, J. O Mestre Ignorante: cinco lições sobre a emancipação intelectual. Tradução: Lilian do Valle. Belo Horizonte: Autêntica, 2018.

Rezende, J. S. Ciências e Saberes Tradicionais. Revista Tellus, ano 13, n. 25, p. 201-213, 2013. Disponível em: https://www.tellus.ucdb.br/tellus/article/view/338. Acesso em: 9 out. 2024.

Ribeiro, S. O oráculo da noite: história e a ciência do sonho. São Paulo: Companhia da Letras, 2019.

Ricardo, B.; Ricardo, F. (ed.). Povos indígenas no Brasil: 2011-2016. São Paulo: Instituto Socioambiental, 2017.

Roces, A-B. E. Los cultivos transgénicos y la ciencia internalizada: otra cara de la Hidra Capitalista o la Hidra Capitalista disfrazada de "maíz" y de "ciencia". In: COMISIÓN SEXTA DEL EZLN. El pensamiento crítico frente a la hidra capitalista II. México: Comisión Sexta Adherente, 2016. p. 172-183.

Romanelli, L. O ensino de. In: MINAS GERAIS. Secretaria Estadual da Educação. BAY: a educação escolar indígena em Minas Gerais. Belo Horizonte: SEE/MG, 1998. p. 87.

Rufino, L. Exu e a pedagogia das encruzilhadas. 2017. Tese (Doutorado em Educação) – Faculdade de Educação, Universidade do Estado do Rio de Janeiro, Rio de Janeiro, 2017. Disponível em: http://www.bdtd.uerj.br/handle/1/10434. Acesso em: 9 out. 2024.

Santa Catarina. Secretaria de Estado de Educação. Projeto Político pedagógico guarani Wherá: Yynn Moroti Wherá (Aldeia M'Biguaçú). Florianópolis: SEE-SC, 1998.

Santarine, G. A.; Domingos, R. N. Tempestades geomagneticas e o Evento Carrington. HOLOS Environment, v. 14, n. 1, p. 103-113, 2014. Disponível em: https://doi.org/10.14295/holos.v14i1.8080. Acesso em: 9 out. 2024.

Santillana, G. The Crime of Galileo. Chicago: The University of Chicago Press, 1955.

Santos, G. M. Transformar as plantas, cultivar o corpo. In: Oliveira, J. C. de et al. (org.). Vozes vegetais: diversidade, resistências e histórias da floresta. São Paulo: Ubu, 2020. v. 1, p. 140-153.

Schaden, E. A origem dos homens, o dilúvio e outros mitos Kaingang. Revista de Antropologia, v. 1, n. 2, p. 139-141, 1953. Disponível em: http://www. etnolinguistica.org/biblio:schaden-1953-origen. Acesso em: 9 out. 2024.

Schrödinger, E. O que é vida?: aspecto físico da célula viva seguido de mente e matéria e fragmentos autobiográficos. São Paulo: Unesp, 1997.

Searle, J. R. O mistério da consciência e discussões com Daniel C. Dennett e David J. Chalmers. São Paulo: Paz e Terra, 1998.

Sender, R.; Fuchs, S.; Milo, R. Revised Estimates for the number of Human and Bacteria Cells in the Body. PLOS Biology, v. 14, n. 8, e1002533, 2016. Disponível em: https://doi.org/10.1371/journal.pbio.1002533. Acesso em: 9 out. 2024.

Shiratori, K. Vegetalidade humana e o medo do olhar feminino. In: Oliveira, J. C. de et al. (org.). Vozes vegetais: diversidade, resistências e histórias da floresta. São Paulo: Ubu, 2020. v. 1, p. 228-254.

Silva, T. T. da. O projeto educacional moderno: identidade terminal? In: Veiga-Neto, A. (org.). Crítica pós-estruturalista e educação. Porto Alegre: Sulina, 1995. p. 245-260.

Skinner, B. F. The Operational Analysis of Psychological Terms. In: Skinner, B. F. (org.). Cumulative record. Nova York: Appleton-Century-Crofts, 1945. p. 370-384.

Soares, G. H. Neurobiologia das plantas: uma perspectiva interespecífica sobre o debate. Revista do Instituto de Estudos Brasileiros, n. 69, p. 226-249, 2018. Disponível em: https://doi.org/10.11606/issn.2316-901X.v0i69p226-249. Acesso em: 9 out. 2024.

Souza, M. S. C. de. *Conhecimento indígena e seus conhecedores: uma ciência duas vezes concreta. In: CUNHA, M. C. da; CESARINO, P. (org.). Políticas culturais e povos indígenas. São Paulo: Unesp, 2014. p. 195-218.*

Stadler, F. *El Círculo de Viena: empirismo lógico, ciencia, cultura y política. Tradução: Luis Felipe Segura Martínez. México, D. F.: Fondo de Cultura Económica, 2011.*

Stengers, I. *The Challange of Ontological Politics. In: De La Cadena, M.; Blaser, M. A World of Many Worlds. Durham: Duke University Press, 2018.*

Strathern, M. *O efeito etnográfico. São Paulo: Cosac Naify, 2014.*

Strigari, L. E. et al. *Nomads of the Galaxy. Monthly Notices of the Royal Astronomical Society, v. 423, n. 2, p. 1856-1865, 2012. Disponível em: https:// doi.org/10.1111/j.1365-2966.2012.21009.x. Acesso em: 9 out. 2024.*

Sztutman, R. *Reativar a feitiçaria e outras receitas de resistência: pensando com Isabelle Stengers. Revista do Instituto de Estudos Brasileiros, n. 69, p. 338-360, 2018. Disponível em: https://doi.org/10.11606/issn.2316-901X. v0i69p338-360. Acesso em: 9 out. 2024.*

Teixeira, W. et al. *Decifrando a Terra. São Paulo: Companhia Editora Nacional, 2009.*

Tófoli, L. F.; Rehen, S.; Ribeiro, S. *Biological and Psychological Mechanisms Underlying the Therapeutic Use of Ayahuasca. In: Grob, C. S.; Grigsby, J. Handbook of Medical Hallucinogens. Nova York: Guilford Press, 2021.*

Tsing, A. *Viver nas ruínas: paisagens multiespécies no Antropoceno. Tradução: Thiago Mota Cardoso. Brasília, DF: Mil Folhas do IEB, 2019.*

Tukano, D. *Apropriação cultural, antropofagismo, multiculturalidade, globalização, pensamento decolonial e outros carnavais. In: Ribeiro, O. A. et al. Tecendo redes antirracistas, Áfricas, Brasil, Portugal. Belo Horizonte: Autêntica, 2019. p. 99-108.*

Turing, A. M. *Computing Machinery and Intelligence. Mind, v. 59, n. 236, p. 433-460, 1950. Disponível em: https://redirect.cs.umbc.edu/courses/471/ papers/turing.pdf. Acesso em: 9 out. 2024.*

Vidal, L. (org.). *Grafismo indígena: estudos de antropologia estética.* São Paulo: Studio Nobel: Edusp, 1992.

Weber, I. *Um copo de cultura: os Huni Kuin (Kaxinawá) do Rio Humaitá e a escola.* Rio Branco: Edufac, 2006.

Whitehead, A. N. *A ciência e o mundo moderno.* São Paulo: Paulus, 2006. (Coleção Philosophica).

Xakriabá (Povo). *Com os mais velhos.* Belo Horizonte: Faculdade de Letras da UFMG, 2005.

Xakriabá (Povo). *Nem tudo que se vê, se fala: ciência, crença e sabedoria Xakriabá.* Belo Horizonte: Faculdade de Letras da UFMG, 2013a.

Xakriabá (Povo). *Plantar para colher, colher para plantar.* Belo Horizonte: Faculdade de Letras da UFMG, 2013b.

SOBRE O AUTOR

VITOR FABRÍCIO MACHADO SOUZA é professor adjunto da área de Ciências e Educação na Universidade Federal do Paraná (UFPR), Setor Litoral. É pós-doutor em Estudos culturais pela Escola de Artes, Ciências e Humanidades (EACH) da Universidade de São Paulo (USP) com a pesquisa *"Investigação científica à luz dos saberes indígenas e do pensamento decolonial"*. É doutor em Educação pela Faculdade de Educação da USP com a pesquisa *"O hálito das palavras: ciências (multi)naturais contra o preconceito"*. Mestre em Ensino de Ciências, modalidade, ensino de Física pelo Instituto de Física (IFUSP – 2012) com a dissertação *"A importância da pergunta na promoção da alfabetização científica dos alunos em aulas investigativas de física"*. É bacharel em Filosofia pela Universidade Federal do ABC. (UFABC – 2018), bacharel em Ciências e Humanidades pela Universidade Federal do ABC (UFABC – 2016) e Licenciado em Física no Instituto Federal de Educação Ciência e Tecnologia de São Paulo (IFSP – 2009). É autor, editor e revisor de livros, materiais instrucionais e didáticos sobre filosofia da ciência, física, ciências, ensino de física e ciências, pedagogia, matemática e educação profissional. Foi professor de Física da escola básica na rede estadual de São Paulo entre 2009 e 2019, e antes disso, livreiro de rua.